Hans-Jürgen Glinka
Das narrative Interview

Edition Soziale Arbeit

Herausgegeben von Hans-Uwe Otto und Hans Thiersch

Hans-Jürgen Glinka

Das narrative Interview

Eine Einführung für Sozialpädagogen

3. Auflage 2009

Juventa Verlag Weinheim und München

Der Autor

Hans-Jürgen Glinka, Jg. 1949, Dr. rer. pol., arbeitet als Sozialwissenschaftler mit dem Verfahren der Forschungswerkstatt in Lehre und Forschung. Gegenwärtig konzentriert sich seine Arbeit auf den Bereich der Sozialpädagogik und die Lebens- und Problemlagen von Kindern und Jugendlichen.

Bibliografische Information der Deutschen Nationalbibliothek

Die Deutsche Nationalbibliothek verzeichnet diese Publikation in der Deutschen Nationalbibliografie; detaillierte bibliografische Daten sind im Internet über http://dnb.d-nb.de abrufbar.

1. Auflage 1998
2. Auflage 2003
3. Auflage 2009

Umschlaggestaltung: Atelier Warminski, 63654 Büdingen
Umschlagabbildung: Giorgio de Chirico „Der Archäologe“, 1927
Printed in Germany

ISBN 978-3-7799-1207-1

Vorwort

Wenn mit dem Titel dieses Buches bei dem einen oder anderen Leser die Erwartungshaltung auf ein neues Forschungsverfahren geweckt worden ist, dann muss ich diese Perspektive von vorne herein ad absurdum führen. Die Menschen, von denen und mit denen gemeinsam ich in das Forschungsverfahren „narratives Interview" einsozialisiert worden bin, sind in einer Mitarbeitergruppe um Fritz Schütze zu finden. Derjenige, der dazu ganz wesentlich beigetragen hat, dass sich dieses spannende und erkenntnisgenerierende Verfahren an deutschen Universitäten (u.a. Bielefeld, Kassel und Magdeburg) erfolgreich etablieren konnte, und der es vor allen Dingen im Analysebereich in den letzten zwanzig Jahren weiterentwickelt und verfeinert hat, ist mein ehemaliger Doktorvater Fritz Schütze. Wie viel ich ihm verdanke, kann ich auch nicht annähernd angemessen zum Ausdruck bringen. Das detaillierte Wissen um dieses qualitative Forschungsverfahren und meine anschließenden Erfahrungen damit verdanke ich aber ebenso einigen Freunden aus der Forschungswerkstatt von Fritz Schütze, von denen ich hier stellvertretend Thomas Reim und Gerhard Riemann nennen möchte. Der analytische Blick ist vor allem von diesen lieb gewonnenen Menschen in der ständigen argumentativ-diskursiven Auseinandersetzung in der Forschungswerkstatt und in der langjährigen Zusammenarbeit mit ihnen begleitend ausgerichtet und geschärft worden.

Ich bin mir durchaus der Unzulänglichkeit bewusst, nicht alle Wissensbestände, die ursprünglich aus dem brillianten Ideenreichtum von Fritz Schütze, aber auch von Thomas Reim, Gerhard Riemann und den vielen anderen Mitakteuren auf dem Interaktionstableau der Forschungswerkstatt hervorgegangen sind, entsprechend und gebührend als solche gekennzeichnet zu haben. Aber das ist m.E. auch eine unaufhebbare Paradoxie für den Autor in der Rolle des ehemaligen Schülers und Kollegen. Und es kann und soll auch gar nicht darum gehen, das Geschriebene als Erkenntnisprodukt des Autors zur präsentieren, sondern darum, vom aktuellen Stand meiner Erfahrung ausgehend - und die habe ich in einer sozialen Welt gemacht, die von den Personen, die ich oben genannt habe, ganz wesentlich mithervorgebracht und gestaltet wurde und wird - Studierenden und Praktikern, die vielleicht wie ich damals als Novize vor Problemen stehen, mit diesem Buch eine begleitende Einsozialisierung in das Forschungsverfahren „narratives Interview" anzubieten.

Ich selbst bin auch gar nicht auf die Idee gekommen, eine Veröffentlichung mit Lehrbuchcharakter zu schreiben, sondern es waren immer wieder die Studierenden in meinen Seminaren, die mich wiederholt darum baten und bitten, und die damit natürlich auch die Erwartungshaltung entsprechend hochgetrieben haben. Ihnen allen - ob in Halle, in Magdeburg oder in Hamburg - bin ich zu Dank verpflichtet, dass dieses Buch zustande gekommen ist. Aber vor allem danke ich meinem Freund Werner Schefold, der nicht locker gelassen hat, mich an meine Verpflichtung gegenüber den Nachfragern zu erinnern, und der immer wieder bereit war, Teile des Manuskripts zu lesen und im argumentativen Diskurs zu verfeinern. Für die kritisch-konstruktiven und erkenntnisgenerierenden Diskussionen in der Arbeitsgruppe um Werner Schefold bedanke ich mich ebenso bei Friederike Tilemann, Christa Neuberger und Josef Faltermeyer.

Und nicht zuletzt danke ich all den Menschen für ihr Vertrauen und für ihr Entgegenkommen, die mir mit ihrer Bereitschaft zum narrativen Interview die empirischen Grundlagen, auf die ich mich in diesem Buch immer wieder stützen konnte, lieferten. Dieses Vertrauen der Menschen und ihre positiven Reaktionen und Rückmeldungen bestärken mich immer wieder in der Überzeugung, dass es für *alle* Beteiligten sinnvoll ist, mit diesem Forschungsinstrument zu arbeiten.

Kassel, im Herbst 1996

Inhalt

1. Das Forschungsverfahren „narratives Interview“

1.1 Einleitende Bemerkungen zum Forschungsverfahren „narratives Interview“

Das narrative Interview stellt eine besondere Form des offenen Interviews dar. In der gemeinsam mit dem potentiellen Erzähler herzustellenden Interviewsituation wird der Informant darum gebeten und darin unterstützt, seine eigenen Erlebnisse als **Geschichte** zu erzählen. Dabei geht es in der Regel um Erlebnisse mit sozialwissenschaftlich interessierenden lebensgeschichtlichen, alltäglichen, situativen und/oder kollektiv-historischen Ereignisabläufen, in die er selbst verwickelt war. Und diese Ereignisabläufe soll er in einer **Stegreiferzählung** wiedergeben.

Mit der Kategorie „Stegreiferzählung“ wird nun Folgendes vorausgesetzt: der potentielle Informant hat vor dem Interviewgespräch keine systematische Vorbereitung auf die beabsichtigte Erzählthematik vornehmen können; der potentielle Informant hat vor dem Interviewgespräch seine Formulierungen weder kalkulieren noch schriftlich abfassen und sie dann für die Präsentation einüben können. Stegreiferzählungen entstehen aus der Situation heraus als etwas Neues.

Das **Ziel** des narrativen Interviews besteht in Folgendem: Im Stegreiferzählvorgang eigener Ereignisverwicklungen soll die in die Gegenwart transportierte **Erfahrungsaufschichtung** durch die Dynamik des Erzählvorgangs wieder verflüssigt werden. In den alltäglichen Interaktionsabläufen wird auf diese Erfahrungsaufschichtung nur ganz allgemein Bezug genommen. In der Situation „narratives Interview“ dagegen soll nun diese zunächst statische Angelegenheit wieder in Bewegung gesetzt werden. Die zurückliegenden Erlebnisse werden sozusagen wieder „lebendig“. Sie beginnen vor dem inneren Auge des Erzählers wie ein Film abzulaufen. Und wie im Film, in dem eine vorab festgelegte Thematik und die relative Begrenztheit der Zeit die Darstellungsorientierung leiten, kann es dann auch in der Darstellungsarbeit des Erzählers durchaus zu Raffungen von einzelnen Ereignissen kommen. Andererseits kann die Darstellung aber auch an einigen Stellen durch Erinnerungsverluste gekennzeichnet sein. Und durch die dynamisierenden Elemente im Erzählvorgang wird dann die Erfahrungsaufschichtung des Gedächtnisses konkretisiert und aufgefrischt. Dass das so ist, werde ich im Folgenden immer wieder am empirischen Datenmaterial zeigen.

Beim Forschungsverfahren „narratives Interview“ gehen wir also davon aus, dass die **Dynamik des Erzählvorgangs** die retrospektiven Vorstellungen des Erzählers in Gang setzt und ihn noch einmal in die damaligen Handlungs- und Erleidenssituationen versetzt. Der Informant wird sich also im Erzählvorgang Schritt für Schritt und immer ad hoc erneut seiner Erfahrungsaufschichtung vergewissern. Und auf diese Weise werden dann auch außerordentlich komplexe kollektiv-historische und biographische Erfahrungszusammenhänge über die Erinnerung in den Aufmerksamkeitsfokus gerückt. Sie werden sozusagen in den in der Interviewsituation von neuem **aktualisierten Erlebnisstrom** des Informanten eingesogen.

Die Verfahrenstechnik beim narrativen Interview läuft zunächst einmal so ab, dass der Forscher den Erzähltext mit dem Tonband aufgezeichnet. Anschließend wird die Tonbandaufzeichnung dann verschriftlicht - sie wird **transkribiert**. Damit ist die Voraussetzung dafür geschaffen, dass die in der Interviewsituation reaktualisierte und verflüssigte Erlebnisaufschichtung und die ihr entsprechenden Erfahrungszusammenhänge der Analyse zugeführt werden können.

1.2 Der Ablauf des narrativen Interviews

1.2.1 Die Aushandlungsphase

Der Forscher gibt dem potentiellen Informanten ein Thema vor und setzt damit einen Erzählstimulus. In unserer Beispielserzählung - es handelt sich dabei um ein autobiographisch-narratives Interview -, die uns von nun an als empirisch erhobenes Primärdatenmaterial „begleiten“ wird - sieht der Erzählstimulus folgendermaßen aus:

> *Also äh.. ich möchte Sie dann bitten, sich zurückzuerinnern und ihre Lebensgeschichte zu erzählen... wie nach und nach so eins zum anderen gekommen ist. (65/10-12)*

Der Stimulus fokussiert den Bereich des jeweils sozialwissenschaftlich interessierenden Ereignisses. In unserer Beispielserzählung wird die Lebensgeschichte eines Menschen in den Blick gerückt. Das interessierende Ereignis ist also der mehr oder weniger große Teilabschnitt eines Menschenlebens, der in die aktuelle Interviewsituation hineinreicht und, je nach Relevanzsetzung des Erzählers, planungsorientiert dargestellt auch noch darüber hinausreichen kann. Ebenso kann es der Informant als notwendig erachten, dass er mit seiner Erzählung noch vor dem Zeitpunkt seiner Geburt einsetzt. Das Thema enthält darüber hinaus für den Informanten einen erzählerischen Gestaltungsappell folgender Art: es muss für den Informanten den Charakter einer zu erzählenden Geschichte aufweisen und es muss ihm sinnvoll erscheinen, diese Geschichte zu erzählen. In unserer Beispielserzählung sehen die für den potentiellen Informanten sinnstiftenden Hinweise folgendermaßen aus:

Es handelt sich dabei um den Vater einer Familie, der sich (schließlich zusammen mit seiner Ehefrau) im Rahmen eines Hilfeplanverfahrens zur Fremdunterbringung des vor kurzem geborenen Kindes entschieden hat. In der der Aushandlungsphase vorangegangenen Kontaktaufnahme hat der Forscher dem Vater u.a. klargemacht, warum gerade er ein so wichtiger Interviewpartner sei. Das Hilfeplanverfahren, so der Forscher, werde erst seit einem Jahr zum Einsatz gebracht, und von daher gäbe es bisher kaum Erfahrungswerte hinsichtlich der Effizienz und Wirkung - schon gar nicht aus der Erlebensperspektive der Eltern, die sich im Rahmen dieses Verfahrens für eine Fremdunterbringung ihres Kindes entschieden hätten. Und im Rahmen seiner Erhebung, so die weitere Argumentation des Forschers, habe er bisher nur Interviews mit Müttern machen können. Ihm sei aber die Perspektive eines Vaters außerordentlich wichtig, weil nicht nur aufgrund der bisher relativ kleinen Zahl der in Gang gesetzten Hilfeplanverfahren die Zahl der Fälle, in denen beide Elternteile auch nach der Fremdunterbringung weiterhin zusammenleben, noch geringer sei, sondern weil er die begründete Annahme vertrete, dass die Perspektive der Väter in diesen Fällen unterrepräsentiert bleiben werde. Diese argumentative Begründung des Forschers macht für den Vater Sinn und er kann ein Verständnis dafür entwickeln, dass kaum jemand außer ihm dem Forscher vor dem Hintergrund dieser wissenschaftlichen Fragestellung ein autobiographisch-narratives Interview wird geben können. Er erlebt sich in gewisser Weise auserwählt und aufgefordert zugleich.

Der Forscher unterstützt nun den Informanten darin, seine Erzählung über eigene Erlebnisse in Gang zu setzen oder, wie in unserem Fallbeispiel, mit dem Erzählen der Lebensgeschichte zu beginnen. Er hat ihm ja bereits seine Idee intuitiv und nachvollziehbar vorgetragen. Und nun versucht er darüber hinaus, den Informanten auf seine Erinnerungsbestände auszurichten und seine Darstellungsmotivation sowie sein Interesse an der Selbstvergewisserung zu wecken. Letzteres - und das werden wir in der Rolle des Forschers immer wieder feststellen können - stellt fast immer einen besonderen Anreiz für den potentiellen Informanten dar. Ihm wird nicht nur die Wichtigkeit und die Aufmerksamkeit, die seiner Person und der Geschichte, die er erzählen könnte, plötzlich und völlig unerwartet beigemessen wird, bewusst, sondern er entwickelt auch eine erste Ahnung davon, wie hilfreich gerade auch für ihn die reflexiven Komponenten, die das Erzählen eigenerlebter Ereignisverwicklungen oder gar der kompletten bisherigen Lebensgeschichte enthält, sein könnten.

Der Forscher handelt also mit dem Informanten die endgültige **Erzählthematik** aus. Das geschieht in einem Prozess gegenseitiger und verständnisvoller Abstimmung. Dazu gehört auch, wie ich schon angedeutet habe, dass der Forscher dem Informanten den Sinn des Interviews hinreichend erläutert und ihm behilflich ist, eine eigene Sinngebung für das Interview zu entwickeln. Und darüber hinaus muss mit dem Informanten das Verfahren des Interviewablaufs besprochen und abgeklärt werden. Der Forscher erklärt dem potentiellen Informanten also u.a. die beiden voneinander zu unterscheidenden Teile des narrativen Interviews - die Funktion der Haupterzählung und die des Nachfrageteils. Wir sprechen hier von der **Aushandlungsphase des Interviews**.

In diese Aushandlungsphase gehört ebenso die eindeutige **Rollenverteilung**: dem Informanten wird das uneingeschränkte Rederecht bis zum Abschluss seiner Geschichte übertragen, während der Forscher für den gesamten Ablauf der Darstellungsarbeit des Erzählers die Rolle des aufmerksamen Zuhörers einnimmt. Den Schluss der Aushandlungsphase und gleichzeitig den Übergang in die Darstellungsarbeit bilden dann die **Ratifizierung** seitens des Informanten, und zwar sowohl hinsichtlich des Verfahrens als auch im Hinblick auf das Handlungsschema „Erzählen". Das sieht in unserem Fallbeispiel folgendermaßen aus:

Erzähler: Kann's schon losgehen? Das läuft da, ja?

Interviewer: Ja, ist alles soweit klar. Sie können anfangen.

Erzähler: Gut... ja/äh... Ja also da werde ich Ihnen nichts Lustiges erzählen können. Das war für uns alle bestimmt nicht einfach... (65/13-17)

1.2.2 Die Haupterzählung

Wenn der Informant einmal begonnen hat zu erzählen, dann sind über die gesamte Dauer der Haupterzählung keine weiteren thematischen Interventionen des Forschers notwendig. Zu begründen ist das damit, dass die in der Stegreiferzählung reaktualisierten Erlebnisgestalten den Informanten sozusagen „an die Hand nehmen" und ihm die Darstellungslinien vorgeben. Während der Haupterzählung unterstützt der Forscher den Informanten lediglich durch sein aufmerksames Zuhören und indem er mit der Erzähldarstellung einfühlend mitgeht. Das bedeutet jedoch, dass der interviewende Forscher also auch während der Haupterzählung keinesfalls untätig ist. Er bringt seine Arbeit des Zuhörens durch entsprechende Aufmerksamkeitsmarkierer zum Ausdruck. Diese Markierer werden im face-to-face-Kontakt durch die Mimik, und durch kurze emotionale Rückmeldungen (wie Lachen, Seufzen oder mitgehende Formulierungen wie beispielsweise „Das war ja wirklich hart") zum Ausdruck gebracht.

Wir haben solche Markierer wiederholt auch in unserem Fallbeispiel. Der Vater erzählt von der Verstrickung in die Alkoholproblematik und ist in seinem Erleben in der Wehrdienstzeit angekommen. Um zu schildern, welche Ausmaße der Alkoholkonsum angenommen hat, präsentiert er in einer Belegerzählung, in der er gerade nicht der Ereignisträger ist, die Hinweise für Kontrollverluste am Beispiel zweier Kameraden, die wegen einer Wochenendsperre nicht nach Hause fahren konnten und sich daraufhin am Sonntag in der Kaserne voll laufen lassen und in Folge das Zimmer demolieren. Der Forscher, der sich im Zuge dieser Darstellungspassage an vergleichbare Situationen während seiner Bundeswehrzeit erinnert fühlt, kann sich emotional durchaus einfühlend in die Rolle des außenstehenden Beobachters, die für dieses Ereignis der Erzähler einnimmt, hineinversetzen. Und beide können daraufhin gemeinsam über die in der dargestellten Belegerzählung enthaltene Komik lachen.

In diesem Lachen ist für den Erzähler eine kurze emotionale Rückmeldung dahingehend enthalten, dass er nicht nur der vollen Aufmerksamkeit des Zuhörers, sondern darüber hinaus auch noch seines gelungenen Einfühlens in die dargestellte Situationsentwicklung sicher sein kann. Es ist ihm aufgrund seiner Darstellungsarbeit und der im konkreten Fall vorliegenden Parallelisierungsmöglichkeit mit ganz ähnlich vom Zuhörer erlebten Situationen gelungen, sein Interaktionsgegenüber sehr dicht an die damalige Ereignisentwicklung heranzuführen. Beide können also in diesem Fall von einer hohen Stufe sozialer Reziprozität ausgehend über die im Belegbeispiel transportierte Komik lachen. Und dazu gehört natürlich auch, dass beide diesem nochmaligen Erleben der Ereignisgestalt ganz ähnliche Bedeutungsgehalte zuschreiben können. Auch der Forscher ist in diesem Moment derart von dem vom Erzähler gut inszeniert dargestellten Ereignisablauf und dem Ereignishöhepunkt eingefangen, dass er in der Vergegenwärtigung der tragikkomischen Geschichte ebenso wie der Erzähler damals zunächst auch nur auf die Anteile der Komik reagiert (gemeinsames Lachen) und die tragischen Elemente, die in der Belegerzählung (und dort stellvertretend für das Fortschreiten der Entwicklung von Verlaufskurvenpotentialen beim Erzähler selbst) ebenso enthalten sind, ausblendet. An dieser Stelle des Interaktionsprozesses „narratives Interview" haben die Interaktionspartner eine Verständnis- und Bedeutungsebene erreicht, die relativ hohe Anteile an gemeinsam geteiltem Wissen erkennen lässt. Der Transkriptionsausschnitt sieht folgendermaßen aus:

> *Na da hatten die sich also erst so richtig zulaufen lassen und haben dann im besoffenen Kopp mit vollen Bierpullen so lange auf 'n äh..äh.. Schalter geworfen, bis das Licht endlich aus war. Naja, Schalter kaputt, Flaschen kaputt und die Bude schwamm im Bier. (beide lachen bis *) Hatten nur Glück, dass wir damals schon Reservisten waren und so'n bombigen Hauptfeld hatten. (*) (71/32-37)*

Ebenso können diese emotionalen Rückmeldungen natürlich auch durch ein Seufzen oder durch mitgehende Formulierungen zum Ausdruck gebracht werden. Solche mitgehenden Formulierungen gebraucht der Interviewer als Rückmeldung u.a. nach der vom Erzähler geschilderten Mexico-Geschichte (*„Muss ja 'n Schock gewesen sein, so in der Fremde?" 70/7-8*), nach dem Betrachten des Fotos (*„War ja wirklich auffallend schön, Ihre Frau." 72/25*) oder nach der Schilderung der Geschichte, wie der Erzähler nach dem Entzug und gleichzeitig äußerst günstigen Rahmenbedingungen hinsichtlich der Auftragslage in seiner ehemaligen Firma wie durch ein Wunder seine früher dort ausgeübte Tätigkeit als Konstrukteur wieder aufnehmen kann (*„Das muß ja wie'n Geschenk des Himmels für Sie gewesen sein. 81/14-15*).

Der Aufmerksamkeitsmarkierer „hm" wird - wie wir ebenso in unserer Beispielserzählung sehen können - in der Regel am häufigsten zum Einsatz gebracht. Das Durchhalten der Rolle des Interviewers während der Haupterzählung (hohe Aufmerksamkeitsleistung und möglichst keine Zwischenfragen oder bewertenden Kommentare) bedeutet aber auch, dass eventuelle nicht zu vermeidende Kommentare seitens des Forschers während der Haupterzählung auf keinen Fall neu thematisierenden Charakter annehmen dürfen. Auch dafür können wir in unserem Fallbeispiel entsprechende Beiträge seitens der Forschers finden. So etwa an der Stelle der Darstellung, als der Erzähler dem Weinen nahe ist, nachdem er von der auch heute noch vorhandenen absoluten Loyalität seiner Frau ihm gegenüber - obwohl er sie ja wiederholt enttäuscht und sogar physisch verletzt hat - erzählt hat. Und der Forscher reagiert darauf mit einem mitgehend-zustimmenden und bewertenden Kommentar: *„ham se aber wirklich 'ne phantastische Frau."* (81/36).

Wie wir in der Transkription weiter sehen können, wird mit diesem Kommentar seitens des Forschers keineswegs ein neues Erzählthema angeschnitten. Der Kommentar steht vielmehr für das Ein- und Mitfühlungsvermögen des Interviewers, das in dieser hochemotionalen Situation ebenso entspannend als auch stabilisierend auf den Interaktionspartner wirkt:

> *... ne?... wenn ich die nicht hätte, ich glaube, dann wär' manches anders gelaufen. Wüsste gar nicht, ob ich heute noch hier wäre.. (putzt sich die Nase).. Gut äh... dann auch gleich die Wohnung. (81/37-80/1)*

Es sollte deutlich geworden sein, dass es sich beim Forschungsinstrument „narratives Interview" um eine kommunikative Situation handelt, wenngleich der Informant in der Haupterzählung des Interviews seine eigenen Erlebnisse und ihre thematische Entwicklung monologisch erzählt. Nachdem dann der Informant seine Darstellungsarbeit zum Abschluss gebracht hat, beendet er von sich aus und für den Zuhörer deutlich nachvollziehbar die Haupterzählung: ... *So, jetzt weiß ich nichts mehr, jetzt müssen Sie mal fragen... (83/1-2).* In nahezu allen narrativen Interviews wird vom Informanten das Ende der Haupterzählung derart eindeutig formuliert wie in unserem Fallbeispiel.

1.2.3 Der Nachfrageteil

Nach Abschluss der Haupterzählung darf der Forscher nun thematisch aktiv werden und - wie er ja dem Erzähler bereits vorab angekündigt hat - Nachfragen stellen. Genau genommen können wir den Nachfrageteil noch einmal in zwei Teilbereiche unterteilen:

Zunächst wird der Forscher versuchen, das **Erzählpotential** des Informanten weiter auszuschöpfen. Er bittet den Informanten, noch weitere Aspekte und Hintergründe des Ereignisablaufs zu erzählen. Diese zusätzlichen Aspekte und Hintergrundsgeschehnisse sind bereits in der Anfangserzählung als weiteres Erzählpotential vom Informanten andeutungsweise thematisiert worden. In diesem Zusammenhang sind dann auch Verständnisfragen zu stellen, die die Lücken in der Haupterzählung schließen sollen und eine in sich abgerundete und nachvollziehbare Gesamtformung der Geschichte möglich machen. In diesem ersten Nachfrageteil besteht also die Kunst des Interviewers vor allem darin, **Fragen mit narrativer Generierungskraft** zu stellen - Fragen also, die selbst wiederum geeignet sind, das Erzählen weiterer kleiner Geschichten in Gang zu setzen. Als Faustregel können wir uns merken: Die Frage nach dem „Wie“ (von Ereignisabläufen) bekommt hier einen zentralen Stellenwert, weil sie im Gegensatz zu „Was-“, „Wann-“, „Wo-“ oder „Wieso-Fragen“ Ablaufprozesse von Ereignissen in den Blick rückt, die erneut das Handlungsschema „Erzählen“ beim Informanten einfordern.

Ich werde später noch auf den Erzählzapfen „Londontrips“ in unserem Fallbeispiel ausführlicher eingehen. In diesem Darstellungszusammenhang geht es mir zunächst um seine Funktion als Hinweis auf ein zusätzliches Erzählpotential. Der Informant könnte, wenn er die thematisch fokussierte und natürlich irgendwo implizit auch zeitlich begrenzte Interviewsituation nicht permanent mitdenken würde, an dieser Stelle seine Erzählung ebenfalls expandieren lassen. Er kondensiert jedoch im Rahmen seiner Gesamtdarstellungsabsicht die Geschichte von den „Londontrips“ und deutet sie lediglich auf einen Erzählsatz verkürzt im Zusammenhang mit seinen Suchbewegungen in der time-off-Phase an. Diesen Erzählzapfen greift der Forscher im Nachfrageteil nun wieder auf:

> *I.: Und Sie haben ja, als Sie über Ihre Mexico-Reise erzählt haben, und äh,. dass damals auch viele Kontakte über gleiche Musikinteressen zustande gekommen sind äh.. haben Sie ja auch erwähnt, dass sie mehrmals zu Konzerten von den Stones nach London getrampt sind. Ja.. können Sie denn nochmal ausführlicher erzählen, wie das damals abgelaufen ist..äh.. wie Sie das erlebt haben?*

V.: Ja, das war ja damals so die Zeit äh.. könn' se sich sicher auch noch erinnern äh..

Wenn wir uns diese Nachfrage genauer ansehen, werden wir feststellen, dass sie die Aufforderung, noch einmal ins Handlungsschema „Erzählen" einzusteigen, geradezu provoziert. Der Forscher stellt zunächst einmal den Bezug zu dem, was unmittelbar vorher vom Informanten erzählt worden ist (Mexico-Reise), dar. Weiterhin knüpft er an das vom Erzähler selbst eingeführte und segmentübergreifende Thema (soziale Kontaktherstellung lief damals ganz wesentlich über gleiche Musikinteressen) an. In diesem Fall ist es also der Interviewer, der den Informanten sozusagen nochmal an die Hand nimmt und ihn in der von ihm dargestellten (Lebens-) Geschichte an einen konkreten Ereigniszusammenhang zurückführt und ihn auch wieder in den übergeordneten Erlebens- und Bedeutungszusammenhang einführt.

Zusätzlich zu dieser orientierungsleitenden Unterstützung seitens des Interviewer kommt nun im Hinblick auf den erzählgenerierenden Charakter seiner Frage die implizite Thematisierung der Prozesshaftigkeit des damaligen Erlebens hinzu (wie sind diese Erlebnisse damals abgelaufen). Neben der inhaltlichen und räumlichen Dimensionierung des damaligen Erlebens (Konzerte der Stones in London) wird hier vom Interviewer ebenso die zeitliche Dimension in den Blick gerückt. Das jeweilige Gesamtereignis hatte ja auch eine zeitliche Ablaufstruktur.

Und wie wir dann in der daraufhin einsetzenden Erzählung des Informanten erfahren, hatten diese Reisen zunächst einen kollektiv-historischen Charakter. Auf viele Mitglieder seiner Generation (und darin schließt der Erzähler auch den Interviewer ein) habe damals die revolutionäre Rockmusik der Stones, die ja neben den Beatles zu den großen Protagonisten dieses neuen Musikstils gehören, eine derart handlungsorientierende Sogwirkung ausgeübt, dass zumindest für bestimmte Lebensabschnitte die biographische Großplanung daran ausgerichtet wurde. Und das darin aufscheinende Wir-Gefühl dieser Generationsmitglieder hätte sich eben sehr stark in den besonderen Orten - so beispielweise in den Räumen, in denen die Stones ihre Konzerte gaben - herausbilden und stabilisieren können.

Man hätte nun einen Zugang zu dieser Subkultur und ihrem Milieu haben müssen, um an den jeweiligen informellen Netzstrukturen partizipieren zu können - musste also um diese Interaktionstableaus, auf denen gemeinsam geteiltes Wissen hervorgebracht wurde, auf denen sich das entsprechende Relevanzsystem entwickeln und stabilisieren konnte und auf denen man selbstverständlich nationenübergreifend Gleichgesinnte fand, wissen. Der Erzähler präsentiert sich in dieser Geschichte nicht nur als Mitglied, sondern darüber hinaus auch als Experte einer Subkultur, die die Sinn- und Handlungsorientierung einer ganzen Generation der „westlichen Welt" über mehrere Jahre hinweg weitgehend dominierte. Er vermittelt dem Forscher einen Zugang zu diesem Milieu und den darin aufscheinenden besonderen

Orten, in denen die kultur- und milieuspezifische Sinn- und Bedeutungszuschreibung hervorgebracht wurde.

Und er vermittelt ihm ebenso einen Eindruck von den organisatorischen und koordinierenden Fähigkeiten, von den Fähigkeiten zur Improvisation und sprachlichen Verständigung - um nur einige zu nennen -, die er damals besaß und die eindeutige Hinweise auf intentionales Handeln, auf Identitätsentwicklungspotentiale im Zusammenhang mit selbstsicherer sozialer Ein- und Zuordnung und auch Abgrenzung gegenüber anderen (subkulturellen) Wir-Gemeinschaften, auf Alltagsorganisation u.v.a.m. erkennen lassen. All das sind ja Fähigkeiten, die ihm schon bald mit der Anhäufung der Verlaufskurvenpotentiale, die die Sucht hervorbringt, verloren gehen werden. Ohne das Aufgreifen dieses Erzählzapfens und die entsprechend erzählgenerierend formulierte Nachfrage seitens der Interviewers wären diese besonderen Fähigkeiten, die der Erzähler ja offensichtlich besaß und die ihm dann durch die seine Sinn- und Handlungsorientierung - zunächst allmählich und schließlich total - überformenden Wirkmechanismen der Sucht verloren gehen, der anschließenden analytischen Betrachtung des Forschers nicht oder nur unzureichend zugänglich geworden. Und gerade im Hinblick auf eine differenzierende und kontrastierende Ausformulierung der in diesem Fallbeispiel deutlich werdenden Dimensionen der Verlusterfahrungen hätte er ohne diese durch seine Nachfrage hervorgelockte und in sich wiederum abgeschlossene informelle Geschichtengestalt auf wertvolles empirisches Datenmaterial verzichten müssen. Es dürfte bereits an diesem Beispiel klar geworden sein, welchen Stellenwert wir der „gekonnten" Ausschöpfung des Erzählpotentials im diesem ersten Teil der Nachfragen zumessen sollten.

Nachdem dann mit den narrativen Fragen das Erzählpotential für den thematischen Bereich wie beispielsweise die Lebensgeschichte oder die Migrationserfahrung ausgeschöpft ist, sollte der Interviewer beim Informanten weiterhin das **Argumentationsschema** reaktivieren. Der Forscher fokussiert den Blick noch einmal auf die in der Haupterzählung aufgetauchten **eigentheoretischen Kommentare**. Derartige intervenierend-lenkende Fragen sollte der Forscher jedoch erst dann einbringen, wenn das narrative Potential der Gesamtgeschichte und der forschungsrelevanten Thematik voll ausgeschöpft ist. Andererseits würden diese Beiträge sofort den Rest des Interviewverlaufs dominieren. Der Informant würde sich dann nämlich unter fremdgesetztem Theoriedruck erleben - und das im Gegensatz zu den in der Haupterzählung vom Informanten **selbstgewählten** abstrakt-beschreibenden und argumentativen Darstellungsanteilen.

Einen solchen theoretischen Kommentar finden wir in unserem Fallbeispiel u.a. im Anschluss an das Segment, in dem der Informant den „vorprogrammierten" sozialen Abstieg schildert. Nachdem sowohl seine Frau als auch er aufgrund des Trinkens arbeitslos geworden sind und infolge finanzieller Engpässe dann auch die Wohnung gekündigt bekommen, wird ihnen - schließlich in den Status der Sozialhilfeempfänger abgestiegen - vom Sozialamt eine Wohnung in einem Stadtteil zugewiesen, der auf kommunaler Amtsebene informell mit dem Begriff „Nachtjackenviertel“ kategorisiert wird. Und mit dieser abwertend-negativ besetzten Kategorie werde auch seine Frau auf den städtischen Ämtern in Zusammenhang gebracht, was ihr die Schamröte ins Gesicht treiben würde. Im Anschluss an diese Ergebnissicherung folgt dann folgender theoretischer Kommentar des Erzählers: *Wenn die nur hören, wo se wohnen, dann fällt bei denen schon der Vorhang ne, da ham se keine Sonne mehr.* (73/32-34)

Auf diesen theoretischen Kommentar stellt der Interviewer im Nachfrageteil seine Frage ab. Zu dieser Nachfrage hat sich der Forscher u.a. deshalb entschlossen, weil der Erzähler in seiner an diesen Kommentar anschließenden Darstellung auch die Haltung des vorgestellten Opponenten berücksichtigend folgendermaßen fortfährt: *Andererseits, was glauben se, was hier manchmal los ist. Mord und Totschlag. Hier ham die Bullen schon so manchen in Handschellen rausgeholt, hier liegen die voll geschissenen Windeln hinten im Garten... einfach aus'm Fenster raus. Und nachts als Frau alleine... könn' se vergessen ne.* (73/35-74/3)

Dem Forscher ist während der Erzählung des Informanten an dieser Stelle deutlich geworden, dass selbst der durch das Leiden seiner Frau indirekt betroffene Erzähler die soziale Realität, so wie sie sich faktisch und vermutlich auch entsprechend protokollarisch fixiert, in der Wahrnehmungsperspektive von Amtsvertretern abbilden könnte, berücksichtigen muss. Und weil er (der Erzähler) dazu in der Lage ist, wird beim Forscher die Frage provokant, weshalb ersterer seinen theoretischen Kommentar an der stereotypen Haltung gegenüber den Mitarbeitern auf kommunalen Ämtern orientiert, wenngleich er ihn im folgenden Satz weitgehend einschränken und revidieren muss. Die Frage danach, wie es zu dieser fixierenden und negativ besetzten Wirkung im Hinblick auf die Haltungsentwicklung gegenüber den Repräsentanten der kommunalen Ämter bei einem „Betroffenen“ kommt, stellt sich für den Forscher aber auch deshalb, weil der Erzähler in seiner diesbezüglichen Haltung ambivalent ist, wie im weiteren Darstellungsablauf an verschiedenen Stellen deutlich wird, und weil der Forscher ja auch vor dem Hintergrund seiner zentralen Forschungsfragestellung und der damit eingeforderten evaluativen Perspektive auf die Interaktionsstrukturen zwischen Hilfeplan-Adressaten (in unserem Fallbeispiel ist einer der Adressaten der erzählende Vater) und Hilfeplan-Verfahrensbegleiter (also Mitarbeiter von kommunalen Ämtern, z.B. vom Jugendamt und vom Sozialamt) fixiert ist. Hinsichtlich der Entwicklung, Stabilisierung, Abwandlung und Veränderung von Haltung finden wir im Kontext der theoretischen Kommentare und der anschließenden kontrastierenden Betrachtung in der Analyse des transkribierten Interviews aufschlussreiches empirisch gegründetes Datenmaterial, wie ich im Kapitel zum Argumentationsschema noch zeigen werde. Die theoretischen Kommentare im narrativen Interview - so viel sei schon jetzt gesagt - sind, relativ unabhängig vom Forschungsgegenstand und von der Forschungsfragestellung, für die tief gehende analytische Betrachtung der Handlungs- und Erleidensprozesse, in die der Geschichtenträger verstrickt ist, in der Regel äußerst ergiebige Textstellen. Und gerade zur Bearbeitung des Datenmaterials aus unserem Fallbeispiel, auf das ich im Folgenden immer wieder Bezug nehmen werde, sind für den Analytiker und Forscher diese Kommentarstellen besonders wichtig, weil mit seiner zentralen Forschungsfragestellung die Interaktionsstrukturen zwischen den am Fall Beteiligten und deren Entwicklung in den Aufmerksamkeitsfokus gerückt werden sollen.

1.3 Die Transkription der Tonbandaufnahme

Das von Beginn an mit Tonband aufgezeichnete narrative Interview - und zwar nicht erst mit Beginn der Haupterzählung, sondern unbedingt schon zu Beginn der Aushandlungsphase - wird nun im folgenden Arbeitsschritt so genau wie nötig transkribiert. Dabei finden gerade auch die **formalen Strukturen des Sprechens** Berücksichtigung. Für denjenigen, der einen transkribierten Text zum erste Mal in Augenschein nimmt, wird der Anblick zunächst immer einmal mit Erstaunen vor der Fremdheit verbunden sein. Bei demjenigen, der zum ersten Mal die Transkription eines Interviews, das er selbst gegeben hat, in den Händen hält, kann dieses Erstaunen beim ersten Eindruck sogar bis in die Nähe von Entsetzen rücken. Transkriptionstexte haben im Gegensatz zu der uns allen bekannten literarischen Textgestaltung oder der formalmorphologischen Erscheinung eines Briefes oder eines anderen konventionell gestalteten Dokuments etwas zunächst durchaus Fremdes. Häufig können wir vom Informanten, dem wir die Transkription seiner uns erzählten Lebensgeschichte überreichen, in einer ersten Reaktion etwa folgenden Satz hören: „Das bin doch nicht ich, der da erzählt hat!" Mit dem transkribierten Text erstmals konfrontiert erlebt sich der Erzähler fremd und in Distanz zum Dokument. Um dieses kleine Schockerlebnis bei den Novizen im Umgang mit dem Forschungsinstrument „narratives Interview" möglichst gering zu halten, habe ich den Transkriptionstext unseres Fallbeispiels, der uns im Folgenden immer wieder in Auszügen begleiten wird, nicht wie vielleicht schon von einigen erwartet, an den Anfang meines Buches gestellt. Wir wollen uns dieser relativen Fremdheit nun behutsam und Schritt für Schritt annähern. Hier zunächst einige Hinweise zur formalen Gestaltung des Transkriptionstextes.

Wie wir noch an der Transkription unseres Fallbeispiels sehen werden, unterscheidet sich diese von den vorangegangenen und folgenden Textteilen zunächst durch die **Zeilennummerierung**. Ich habe ja schon mehrere Ausschnitte aus diesem Text rezitiert und anschließend in Klammern die Seiten- und Zeilenzahl angegeben (beispielsweise (67/12-17) = der Textausschnitt ist auf Seite 67 von Zeile 12 bis 17 zu finden; (76/2-77/7) = der Textausschnitt beginnt auf Seite 76 in Zeile 2 und läuft bis Seite 77 in Zeile 7).

Auf diese Weise hat auch der Leser die Möglichkeit, diese Stelle im Kontext der Gesamttranskription schnell und problemlos aufzufinden. In der diskursiven Auseinandersetzung mit dem Transkriptionstext in einer Gruppe von mehreren Forschern - und so viel sei schon jetzt gesagt: die Gruppenarbeit ist für die Analyse des Datenmaterials aus narrativen Interviews zu Beginn jedes neuen Arbeitsschritts eine ganz wesentliche Voraussetzung - ist die Zeilennummerierung unabdingbar. Die Angabe von Seiten- und Zeilenzahl ermöglicht es jedem Gruppenmitglied, zu jeder Zeit den entsprechenden Transkriptionstextausschnitt nachzulesen bzw. den anderen Teilnehmern das unmittelbare Auffinden der in Rede stehenden Sequenz zu ermöglichen.

Weiterhin ist am linken Textrand der jeweilige **Sprecher** mit dem Anfangsbuchstaben gekennzeichnet. In unserem Fallbeispiel steht das „V“ für Vater, der in diesem Fall der Erzähler ist. Genauso gut könnten wir den Erzähler aber auch mit „E“ kennzeichnen. Für den Interviewer wurde zur Kennzeichnung das „I“ gewählt. Hier ein Beispiel aus der Transkription unseres autobiographisch-narrativen Interviews:

13 V: Kann's schon losgehen? Das läuft da, ja?
14 I.: Ja, ist alles soweit klar. Sie können anfangen.
15 V.: Gut... ja/äh..
16 Ja also da werde ich Ihnen nichts Lustiges erzählen können. (65/13-16)

In Transkriptionen von Gruppendiskussionen oder von Interviews, an denen mehrere Interviewer beteiligt waren, reicht die einfache Kennzeichung durch ein „E“ bzw. durch ein „I“ jedoch nicht mehr aus. In solchen Fällen verwenden wir dann den Anfangsbuchstaben des maskierten Namen zur Kennzeichnung des jeweiligen Sprechers. Für den Leser bzw. für die anderen Mitglieder in der Forschungsgruppe ist es darüber hinaus hilfreich, wenn die einzelnen Sprecher vor Beginn des eigentlichen Transkriptionstextes mit Kürzel und vollem Namen vorgestellt werden, so wie das auch in unserem Fallbeispiel gemacht worden ist.

Weiterhin fällt in dem oben wiedergegebenen Textausschnitt auf, dass die Sätze nicht unbedingt an die Kennzeichnung des jeweiligen Sprechers anschließen. Auf diese Weise kann dem Leser auch optisch unterstützt sehr schnell deutlich werden, an welcher Stelle der vorangegangene Redebeitrag endet und an welcher der Folgesprecher einsetzt. Dieses Transkriptionsdesign erscheint vor allem dann sofort sinnvoll, wenn es sich um paralleles Sprechen beider Kommunikationspartner oder um die Unterbrechung des einen durch den anderen handelt. Wir können uns vorstellen, dass dieses Transkriptionsdesign insbesondere dann sehr hilfreich sein kann, wenn wir - wie beispielsweise in Transkriptionen von Gruppendiskussionen - mehr als zwei Kommunikationspartner unterscheiden müssen und wenn gleich mehrere von ihnen auch noch parallel sprechen. Ich zeige das an einem Beispiel:

9 *M.: Ja, aber das haben wir doch letzte Woche (schon be-*

10 *sprochen. (*

11 *R.: (weiß ich,*

12 *aber ich habe den Eindruck, dass es einige von Ihnen noch nicht*

13 *so richtig verstanden haben, oder?*

14 *A.: genau!*

15 *S.: Ham se völlig Recht, Herr*

16 *R., das müssen wir nochmal ausführlicher diskutieren. Das*

17 *Hilfeplan-Verfahren ist ja für viele von uns was ganz Neues. ...*

18 *R.: Sind die anderen auch der selben Meinung?*

An diesem Transkriptionsausschnitt wird sowohl der **Sprecherwechsel** als auch die **Überlappung** von zwei Redebeiträgen, die streckenweise parallel laufen augenfällig. Während M. noch spricht, fällt ihm R. (nach: „...letzte Woche“) ins Wort und beide sprechen (ab „... schon besprochen“ - noch Redebeitrag von M.) bis zum Satzende von M. parallel. Weiterhin reagiert A. auf die Frage von R. prompt, sodass sich das letzte Wort des Satzes von R. mit dem zustimmenden „genau!“ von A. teilweise überlappen. Und ohne zeitlichen Zwischenraum schließt dann S. seinen Redebeitrag an.

Ich komme jetzt zu den eigentlichen Transkriptionszeichen. Wir haben in dem in Rede stehenden Transkriptionsausschnitt am Ende von Zeile 17 noch die Kennzeichnung einer **Pause**. In der Transkription werden also auch Pausen gekennzeichnet. Wie bei allen anderen Transkriptionszeichen ist es auch bei den Pausezeichen keinesfalls zwingend, solche zu verwenden, die sich in der einen oder anderen Form in der Verschriftlichung von Interviewtexten mit der Zeit bereits erfolgreich etabliert haben. Es können also durchaus auch andere und zusätzliche Zeichen eingeführt werden, sofern sie sinnfällig erscheinen und - das sollten wir grundsätzlich als notwendige Vorleistung erachten - sofern sie wie auch schon die Kennzeichnung der Sprecher vor Beginn des eigentlichen Transkriptionstextes dem Leser vorgestellt werden. In der Transkription unseres Fallbeispiels sind die verschiedenen Pauseerscheinungen folgendermaßen gekennzeichnet:

... für **kürzere Pausen** bis zu 3 Sekunden ist die (geschätzte) Anzahl der Sekunden durch Pünktchen markiert (in diesem Fall eine kürzere Pause von ca. 3 Sekunden);

.. ((6)).. bei **längeren Pausen** erscheint es erfahrungsgemäß sinnvoll, die Sekundenzahl anzugeben (in diesem Fall eine Pause von 6 Sekunden).

In diesem Zusammenhang möchte ich noch darauf hinweisen, dass das **Aushalten von längeren Pausen** (seitens des Interviewers) durchaus eine besondere Fähigkeit darstellt, die auf jeden Fall in einem entsprechenden Einsozialisierungsverfahren eingeübt werden sollte. Immer wieder werden wir in transkribierten Interviews, die von „Forschungsneulingen" durchgeführt wurden, feststellen können, dass das Aushalten einer Pause, in der der Erzähler beispielsweise den weiteren Verlauf der darzustellen Ereigniskette überlegt oder die er dazu benötigt, um eine schmerzliche Erfahrung von damals, die er in der aktuellen Interviewsituation noch einmal durchlebt, verarbeiten zu können, zum Problem werden kann. Im letzteren Fall könnte die Markierung durch die Sekundenzahl zusätzlich mit dem Hinweis „Schweigen" versehen werden, also beispielsweise ..((Schweigen, 15)).. .

In diesem Zusammenhang ist auch der kürzere **Planungsmarkierer** zu nennen, der in der Transkription unseres Fallbeispiels folgendermaßen aussieht: */äh; /äh...; ..äh..* .

Bei ungünstigen Aufnahmebedingungen (etwa bei einer Gruppendiskussion, bei starken nicht zu vermeidenden Nebengeräuschen wie Verkehrslärm oder wenn der Erzähler an einer heiklen Stelle in seiner Darstellungsarbeit angelangt ist und nun immer leiser wird) sollten wir bei der Transkription dennoch versuchen, auch die schwer verständlichen Redebeiträge so gut es geht zu verschriftlichen. Auch wenn wir den Wortlaut nur vermuten können, dann sollten wir diesen Redebeitrag dennoch in einfachen Klammern wiedergeben. In der Transkription unseres Fallbeispiels finden wir eine solche Stelle auf Seite 67: ... nicht *ansprechbar... ((leise bis *)) (hat auch damals schon am Nachmittag getrunken) (*) und war dann immer total genervt,...* (67/6-8)

Wenn ein Redebeitrag beim Abhören des Tonbandes gar nicht verstanden werden kann, dann sollte auch dieser **nichtverstandene Redebeitrag** durch eine einfache Klammer, und seine Länge durch die Länge der Klammer zum Ausdruck gebracht werden. Das könnte dann folgendermaßen aussehen: *I.: ( ) automatisch von der Bildfläche verschwunden.*

Wenn eine **fremdgesetzte Unterbrechung** eintritt, dann sollte ein Hinweis darauf in einer doppelten Klammer gegeben werden. So beispielsweise:

> *E.: hatten wir keine (Berührungsängste mehr.)*
>
> *((Unterbrechung durch die Sekretärin, die den angekündigten Kaffee bringt - etwa 33 Sekunden.))*
>
> *E.: Also wo war ich stehen geblieben.. ach so, ja, wir sind dann auch viel mutiger gewesen.*

Ebenso durch eine doppelte Klammer gekennzeichnet werden **parasprachliche Erscheinungen** und **außersprachliche Aktivitäten**, sofern sie identifizierbar sind. So beispielsweise das gerade oben gezeigte ((leise bis *)); und das (*) taucht dann an der Stelle im transkribierten Text wieder auf, an der der Sprecher wieder in der für ihn „normalen" Lautstärke weiterspricht. Und so ist es auch mit ((lachen bis *)), ((sehr schnell bis *)), also Charakterisierungen für Sprechgeschwindigkeiten oder aber auch für die Lautstärke ((sehr laut bis *)). Bei außersprachlichen Aktivitäten kann es sich beispielsweise um das ((Durchsuchen von Unterlagen)) handeln oder auch um das auffällige Verändern der Sitzposition und/oder Blickrichtung. Ich kann mich noch sehr gut an eine Interviewsituation erinnern, in der die Erzählerin - es handelte sich um eine jugoslawische Arbeitsmigrantin der ersten Generation und um ihre Geschichte einer externen Migration - auf einmal so dicht am damaligen Geschehen war, dass sie ihre ganze Aufmerksamkeit auf den sozusagen vor ihrem inneren Auge noch einmal revuepassierenden Ereignisablauf richten musste. Um also unabgelenkt noch einmal in das damalige Geschehen „eintauchen" und sich von ihm mitreißen lassen zu können, veränderte sie nicht nur ihre Blickrichtung sondern darüber hinaus auch ihre Sitzposition. Diese selten zu beobachtende Besonderheit in einer Interviewsituation werde ich wohl nie vergessen, und ich habe sie in der entsprechenden Transkription folgendermaßen zum Ausdruck gebracht:

> *B.: Und dann ist plötzlich alles über mir zusammengebrochen. ((Die Informantin, mit der ich bisher im face-to face-Kontakt stand, wendet nun den Kopf und sieht mit starrem Blick zum Fenster hinaus. Und unmittelbar danach verändert sie auch ihre Sitzposition auf dem Sofa, sodass nun auch ihre Körperfront dem Fenster zugewandt ist.))*
>
> *B.: ((leise bis *)) Ich wusste nix mehr... wie/wie soll ich nächste Tage erleben. ..((7)).. Bin ich nix mehr zu Arbeiten gegangen, keine Kontakten.. nix. Wollte ich nur noch zu meinem Mann. Das war schrecklich. (*) ..((6))..*

Nun kann es bei den parasprachlichen Erscheinungen auch dazu kommen, dass der Erzähler einem entsprechenden Ausdruck **Nachdruck verleiht**. In diesem Fall ist das entsprechende Wort bzw. der entsprechende Ausdruck in der Transkription unseres Fallbeispiels durch Unterstreichung gekennzeichnet worden. So beispielsweise auf Seite 81 das <u>nie</u> in Zeile 11 und das <u>immer</u> (gleich zweimal in Folge) in Zeile 34.

Weiterhin finden wir in der Transkription unseres Fallbeispiels die Markierung für **Selbstkorrekturen** bzw. den **Abbruch** eines Wortes oder einer Wortsilbe bei unmittelbarem Anschluss eines anderen Wortes oder einer anderen Wortsilbe. So beispielsweise gleich auf der ersten Seite der Transkription: *V.: Gut... ja/äh... Ja also da werde ich...*

Der **Feinheitsgrad** der Transkription ist eine Entscheidung des jeweiligen Forschers vor dem Hintergrund seines Forschungsgegenstandes, seiner Profession und vielen anderen Kriterien, die er nach eigenem Ermessen zu berücksichtigen hat. So wird beispielsweise der Linguist, der die Transkription seines Interviews konversationsanalytisch, oder aber der ethnographisch orientierte Soziologe, der die Transkription eines Annäherungsgesprächs zwischen Menschen aus unterschiedlichen soziokulturellen Welten interaktionsanalytisch bearbeiten will, zusätzliche Transkriptionszeichen zur Anwendung bringen und den Feinheitsgrad möglichst hoch ansetzen.

In derartig fein transkribierten Texten finden wir dann u.a. die genaue Kennzeichnung auffälliger **Intonationskonturen** wie beispielsweise dem nach oben weisenden Schrägstrich (/) über der Silbe, mit der der Erzähler den Ton ansteigen lässt, den nach unten weisen Schrägstrich (\) für den fallenden Ton oder den in einfache Klammern gesetzten Bindestrich (-), um den in der Schwebe gehaltenen Ton zu kennzeichnen. Während das korrekte Hören dieser Intonationskonturen bei dem einen oder anderen Forscher durchaus schon an die Grenzen der Wahrnehmungsfähigkeit stoßen kann, erscheint mir die Markierung der Qualitäten des Tonfalls, wo sie regelrecht auffällig zu Tage treten, weniger kompliziert, wenn auch nicht ganz unabhängig vom individuellen Empfinden des Forschers. So beispielsweise (((wutentbrannt))) oder (((geheimnisvoll))). Diese und ähnliche Charakterisierungen werden durch eine dreifache Klammer vom übrigen Text abgehoben.

So viel zu den Transkriptionszeichen. In dem individuellen Transkriptionsvorgang können wir die Frage nach der Vielfalt dieser Zeichen unter anderem auch nach der folgenden Faustregel klären: So genau wie nötig, aber so gewissenhaft wie möglich.

Ein zusätzlicher aber ganz wesentlicher Arbeitsschritt am Schluss des Transkriptionsverfahrens ist die **Anonymisierung**. Im Interviewarrangement wurde ja von uns gegenüber dem Informanten absolute Vertraulichkeit und Anonymität zugesichert. Und wenn wir nun mit der transkribierten Form des Interviews Öffentlichkeit zulassen - sei es nun im Rahmen der Kollegen, mit denen wir über dieses Datenmaterial sprechen, sei es im Rahmen der Forschungsgruppe, mit Hilfe derer Mitglieder wir das Interview von Zeit zu Zeit in den verschiedenen Arbeitsschritten auszugsweise oder auch komplett im argumentativ-diskursiven Verfahren analytisch betrachten oder sei es im Rahmen einer wissenschaftlichen Veröffentlichung -, dann muss die zugesicherte Anonymität in Orientierung an unserem professionellen Berufsethos nach bestem Wissen und Gewissen gewährleistet sein.

In diesem Verfahren den Anonymisierung werden alle Eigennamen sowie Zeit- und Ortsangaben - letztendlich jeder Hinweis im Text, der Rückschlüsse auf den Erzähler zulassen könnte - durch Decknamen maskiert. Es empfiehlt sich gerade für diejenigen, die sich im Umgang mit dem Forschungsinstrument „narratives Interview“ noch nicht so sicher sind, eine Liste (abgesichert gegenüber dem öffentlichen Zugriff) anzulegen, auf der die Originalnamen und die entsprechend gewählten Decknamen ersichtlich sind. Die Maskierung sollte andererseits jedoch berücksichtigen, dass der damit einhergehende Entfremdungseffekt nicht so weit vorangetrieben wird, dass die Gesamtgestalt der Ereignisse und die Kontexte, die die kognitiven Figuren verknüpfen, erhalten bleiben. Wir können also beispielsweise einen Bayern, dessen Dialekt in der Transkription eindeutig zum Ausdruck kommt, nicht zu einem Berliner machen, wir können einen alleinlebenden Rentner nicht in die Rolle eines Familienvaters mit fünf Kindern transformieren und wir sollten auch den Arbeitsplatz „Universität“ nicht mit der Arbeitsstelle „Autowerkstatt“ maskieren. Dagegen könnten wir unter Beibehaltung des Geburtsjahres unseres Informanten den Monat und Tag verändern und aus dem Professor einen Mitarbeiter des Öffentlichen Dienstes im Wissenschaftssektor machen. Wir würden aus der bayerischen Großstadt kein unterfränkisches Dorf mit 600 Seelen werden lassen. Zugegeben, ich habe es etwas übertrieben dargestellt, jedoch nur um anzudeuten, in welchen Toleranzbereichen sich die Maskierung bewegen sollte, damit in der Transkription keine Verzerrungen und Inplausibilitäten gegenüber dem Original auftreten.

Und ich würde schließlich noch einen absichernden Zwischenschritt empfehlen, bevor dann der transkribierte Text einer Teilöffentlichkeit zugänglich gemacht wird: er sollte von einer Person des Vertrauens noch einmal gegengelesen werden.

Im Folgenden wollen wir uns nun die Einsatzmöglichkeiten und die Eigendynamik des Erhebungsinstruments „narratives Interview“ genauer ansehen.

1.4 Die Rekonstruktion komplexer sozialer und biographischer Prozesse

Das narrative Interview eignet sich als Erhebungsinstrument immer dann besonders gut, wenn es dem Forscher um die Rekonstruktion komplexer Sachverhalte in der sozialen Wirklichkeit geht, die auch als **Geschichte** erzählt werden können - so beispielsweise um lebensgeschichtliche Prozesse, um interaktionsgeschichtliche Sachverhalte, um kollektiv-historische oder einfach auch um alltagspraktische Sachverhalte. Damit sind bereits implizit die Bereiche angedeutet, in denen das narrative Interview nur bedingt oder gar nicht zum Einsatz gebracht werden kann. Ich werde auf die Grenzen des Erhebungsinstruments später noch eingehen. Die in den angesprochenen Sachverhalten aufscheinenden **sozialen Prozesse** sind gekennzeichnet durch eine zeitliche Ablaufstruktur. Diese Ablaufstruktur lässt einen Vorher- und einen Nachherzustand und damit eine **Zustandsveränderung** über eine **zeitliche Schwelle** hinweg erkennen.

In diese Prozesse war der Informant als intentional **Handelnder** oder auch als **Erleidender**, der nur noch auf äußere Rahmenbedingungen reagieren konnte, verwickelt. Und aus diesem Grunde ist er häufig auch nachträglich noch nicht in der Lage, das damalige Geschehen aus der nötigen Distanz und differenziert zu überblicken. Er besitzt dann noch nicht die Fähigkeit, **unterschiedliche Perspektiven** einzunehmen. Und weiterhin wird die Erinnerung daran für ihn nicht immer leicht sein. Die damaligen Ereignisse können **Schmerzen** ausgelöst haben oder sie können ihn auch in **Schuld** verwickelt haben. Es kann sich im einen oder anderen Fall aber auch um kollektive Großereignisse gehandelt haben, die - wie beispielsweise die Folgen des Krieges oder die der deutsch-deutschen Wiedervereinigung - mit ihrer ganzen Wucht über ihn hereingebrochen sind. So mag es die verschiedensten Gründe dafür geben, dass das damals erlebte Geschehen noch immer sehr diffus und problematisch in seinem Gedächtnis abgespeichert ist. Er erinnert den **Ereignisablauf** nur **lückenhaft**, er kann die Zusammenhänge analytisch noch nicht durchschauen und ist in seiner Bewertung nach wie vor ambivalent.

Ehemalige Erfahrungen können also durch **Erinnerungs- und Erkenntnisbarrieren** blockiert sein. Ohne die Bereitschaft und Initiative eines geduldig zuhörenden Gesprächspartners ist es dem Ereignisträger kaum möglich, die Erinnerungsstücke wieder zu aktualisieren und in ihren Ablaufprozessen sozusagen vor seinem inneren Auge Revue passieren zu lassen. Und häufig sieht er sich dazu auch gar nicht veranlasst. Der an der zu erzählenden Geschichte des potentiellen Informanten interessierte und vertrauenserweckende Forscher stellt mit der authentischen Frage nach der Erzählbereitschaft in aller Regel einen solchen Anlass dar.

Das narrative Interview, im Rahmen dessen der Interviewer den potentiellen Informanten zur Stegreiferzählung eigenerlebter Ereignisse auffordert, zeichnet sich durch die **Dynamik des Erzählvorgangs** aus. Wenn diese Erzähldynamik einmal in Gang gesetzt ist, dann ist damit die Voraussetzung dafür geschaffen, dass Erinnerungsbarrieren abgebaut werden können. Und diese Erzähldynamik kann dann beim Informanten auch die Fähigkeit hervorlocken, Erinnerungslücken auszufüllen und Betrachtungsperspektiven vom Erlebnisstandpunkt der anderen am Geschehen beteiligten Akteure berücksichtigend und ergänzend einzunehmen.

Das Verfahren des narrativen Interviews stellt ein **Interaktionstableau** bereit, das für die Beteiligten überschaubar bleibt. Und es bietet einen **geschützten Rahmen** gegenüber der Öffentlichkeit. Dieser Rahmen wird vom Forscher garantiert und gemeinsam von allen Beteiligten sichergestellt. In einem solchen nach außen hin geschützten Raum ist es dann für den potentiellen Informanten relativ unproblematisch, seine den Forscher interessierende Geschichte in der Rückschau zu erzählen.

Die Konstitution eines solchen Interaktionstableaus bietet aber auch dem Erzähler eine reelle Chance, die in den standardisierten Erhebungsverfahren der quantitativen Sozialforschung nicht enthalten ist. Innerhalb dieses geschützten Rahmens bekommt er qua Verfahren die Möglichkeit angeboten, **selbstreflexive Arbeit** zu leisten, so weit er sich darauf einlassen will und so weit es ihm nötig erscheint. Durch den Erzählvorgang wird das bisher im Gedächtnis weitgehend diffuse und kognitiv noch nicht bearbeitete Erleben aufgeordnet und als **Gesamtgestalt** erkennbar. Damit wird das Erleben des Erzählers aber auch für den Forscher und die von ihm beabsichtigte sozialwissenschaftliche Analyse zugänglich. Interessant ist dabei, dass die Ereigniszusammenhänge auch in der Erlebnisweise von damals, als sie eben noch nicht kognitiv durchdrungen waren - also in einem ursprünglich von Verständnislücken gekennzeichneten Erinnerungszustand - zunächst wieder hervorgebracht werden. Der Erzähler taucht, wie es Schütze immer wieder so plastisch formuliert, noch einmal in das damals Erlebte ein, lässt sich von den damaligen Wirkmechanismen für Entwicklungs- und Veränderungsprozesse gewissermaßen mitreißen, hat dann aber in der aktuellen Interaktionssituation „Interview" ebenso die genannten Möglichkeiten für eine **distanzierte und differenzierende Draufsicht** und analytische Durchdringung. Die besonderen Orte dafür sind die Stellen für **theoretische Kommentare** und Haltungsmarkierer im Darstellungsfluss des Erzählers, wie sie uns in jedem narrativen Interview begegnen werden. Hier haben wir einen Hinweis darauf, das in das Handlungsschema „Erzählen" durchaus auch argumentative Teile eingebettet sein können, auf die ich später noch ausführlich eingehen werde. In dieser angedeuteten perspektivischen Vielschichtigkeit seiner Darstellungsarbeit präsentiert der Erzähler nun dem Forscher die von ihm erlebte Geschichte.

1.5 Die Verfahrensschritte im narrativen Interview

Das Erkenntnisinteresse, das wir mit dem narrativen Interview verfolgen, ist auf die Zusammenhänge der Merkmale und auf die Wirkmechanismen in individuellen und kollektiven Einzelfallprozessen ausgerichtet. Ich habe darüber ausführlich und kontrastiv differenziert in meinem Buch über die Veränderung in den Orientierungsmilieus städtischer Bewohner[1] geschrieben. An den theoretischen Modellkernen, die ich aus der Gesamtvarianz der Fälle herausgearbeitet habe, werden u.a. auch die Strukturen und Mechanismen der identitätsbildenden bzw. -hemmenden Prozesse sowohl für die individuelle Identität als auch für die Wir-Gemeinschaften in ihrer je diffe-

---

1 Vgl. hierzu Glinka, Hans-Jürgen 1997: Veränderungen in den Orientierungsmilieus von städtischen Bewohnern - Eine biographie- und milieuanalytische Studie. Kap. 5.

renziellen Ausformung deutlich - und zwar sowohl hinsichtlich ihrer biographischen, als auch ihrer milieuspezifischen und kollektiv-historischen Besonderheiten.

Um es noch einmal ganz deutlich zu sagen: im Gegensatz zu den verteilungstheoretisch orientierten sozialwissenschaftlichen Forschungsinstrumenten werden in der Erhebungs- und Analysephase des narrativen Interviews die sozialen Erscheinungen mit dem besonderen Fokus auf ihren **Prozesscharakter** ausschöpfend betrachtet. Und parallel dazu geht es ebenso um die Entdeckung neuer Aspekte der sozialen, biographischen und kollektiv-historischen Wirklichkeit. Im Zentrum unserer Forschung stehen also das **Erkenntnis-** und das **Entdeckungsinteresse**. Wir gehen sozusagen mit dem ethnographischen Blick als Fremde ins Forschungsfeld. Wir dürfen also keinesfalls eine enggefasste Beobachtungsperspektive, die die Aufmerksamkeit a priori fokussieren und die gleichzeitig viele andere Erscheinungen ausblenden würde, einnehmen. Wir wollen uns ja gerade auch öffnen für das andere Fremde. Und so verbietet sich uns dann ebenso die Verwendung vorformulierter Beobachtungskategorien und geschlossen formulierter Fragenkomplexe. Wir wollen weder messen, ob eine Erscheinung im Feld auftritt oder nicht, noch wollen wir unsere Erfahrungen einem selektiv arbeitenden Kodierungsinstrument überlassen, das diese Erfahrungen verändern, das sie beschneiden und verzerren würde, und das sie aus dem Situationskontext herausreißen würde. Was wir wollen, ist ja gerade die ursprüngliche Erscheinungsweise der sozialen Erscheinung, ihre ganzheitliche Gestalt in ihrem Gesamtkontext. Eine derart offen orientierte Fragestellung setzt dann auch eine genaue und iterativ angelegte Textanalyse des Primärdatenmaterials voraus. Ich habe damit ein ganz zentrales Prinzip des Forschungsinstruments „narratives Interview" angesprochen: das **Prinzip der Erhaltung des Primärdatenmaterials**. Wir bitten ja den Erzähler um die Rekonstruktion der Entstehung und weiteren Entwicklung einer Geschichte in ihrer Gesamtgestalt - eine Geschichte, in deren Aufeinanderfolge der Einzelereignisse er selbst verwickelt war, die er miterlebt und vielleicht auch weitgehend mitgestaltet hat; eine Geschichte, innerhalb derer sich soziale Wirklichkeit generieren konnte und innerhalb derer die Entfaltungspotentiale für die unterschiedlichsten Wirkmechanismen aufscheinen. Und wenn wir diese Forschungshaltung einnehmen, dann benötigen wir auch ein Verfahren, mit dem wir die **Entfaltungs- und Störmechanismen** innerhalb der sozialen Prozesse theoriegenerierend herausarbeiten können. Das narrative Interview bietet auch diese Möglichkeit. Wir wollen ja auch diese Mechanismen entdecken. Und dazu müssen wir uns auf individuelle und kollektive Einzelfälle einlassen und ihre Entwicklung ins Zentrum unseres Forschungsinteresses rücken.

In den nacheinander geschalteten Analyseschritten[2] des Forschungsablaufs werden anschließend - wie ich noch zeigen werde - die Merkmalsausprägungen des Fallprozesses (im transkribierten Textmaterial) deutlich, die dann über den Einzelfall hinausgehend allgemeine Erscheinungen „hypothetisch“ erkennen lassen. Diese ersten Konturen von möglichen **theoretischen Kategorien** werden dann im fortlaufenden kontrastiven Vergleich mit anderen empirischen Einzelfällen bestätigt oder kritisiert, und sie werden differenziert und kombiniert. Ganz allmählich entsteht so ein **theoretisches Modell** für die untersuchten Prozesse und für die verschiedenen morphologischen Strukturen.

Der **kontrastive Vergleich** wird so lange fortgesetzt, bis keine neuen Theoriegesichtspunkte mehr auftauchen. Glaser und Strauss sprechen in diesem Zusammenhang von „empirischer Sättigung“ des Fallmaterials im Untersuchungsbereich[3]. Auf dieser theoretisch-empirischen Grundlage (Analyse der sozialen Prozessmechnismen, ihrer Kombinationsalternativen und deren verschiedene Verbindungsformen) können wir dann die begründete Annahme treffen, dass diese Mechanismen in allen Stichproben des Untersuchungsfeldes empirisch vorkommen und wirksam sind.

Für die Analysephase können wir das Forschungsverfahren „narratives Interview“ aus der methodologischen Perspektive auf zwei großen Arbeitsebenen ansiedeln: * auf der Ebene für die **sequenzielle Analyse**. Hier werden die allgemeinen Merkmale der sozialen Prozesse und ihre Wirkmechanismen, so wie sie in den Einzelfallmaterialien aufscheinen, durch eine genaue sequenzielle Untersuchung herausgearbeitet. Aber das ist eben nur auf der Grundlage des empirisch erhobenen Primärdatenmaterials möglich; * auf der Ebene der empirischen Sättigung und dem iterativen Auswahlverfahren des **theoretical samplings**. Auf dieser Verfahrensebene werden sowohl die theoretische Gesamtvarianz als auch die Dimensionen des Gegenstandsbereichs sozialer Prozesse herausgearbeitet.

Das nach dem „theoretical sampling“ nach und nach und nach Ansicht der jeweils im bisherigen Material enthaltenen theoretischen Teilvarianz empirisch erhobene Fallmaterial kann selbstverständlich nicht die anzahlmäßige Dimension erreichen, so wie sie in der Vorstellung vieler verteilungstheoretisch orientierter Sozialwissenschaftler vorherrscht. Damit wir aber eine realistische Vorstellung vom Umfang der zur Bearbeitung einer forschungsrelevanten Fragestellung notwendigen narrativen Interviews bekommen, werde ich einmal drei Größenordnungen andeuten, die uns hinsichtlich der Anzahl einen groben Anhaltspunkt bieten können. Wenn wir also beispielsweise ein ausgebautes, mittelfristig auf eine Dauer von drei Jahren angelegtes Forschungsprojekt nehmen - dabei könnte es sich sowohl um eine Pro-

2 Vgl hierzu Glinka, Hans-Jürgen, 1997: ebd., Kap. 3.

3 Vgl. hierzu Glaser, Barney und Strauss, Anselm, 1967: The Discovery of Grounded Theory. Und hier zur „empirischen Sättigung“ insbesondere das Kapitel III.

motionsforschung als auch um eine Auftragsforschung aus der Praxis handeln - dann können wir (als Faustregel) von zwanzig bis vierzig narrativen Interviews ausgehen, die wir erheben müssten, um die theoretische Gesamtvarianz abdecken zu können. Eine solche Zahl kann schon deshalb nicht weiter eingegrenzt werden, weil sich die jeweiligen Rahmenbedingungen, die der Forschungsarbeit von außen gesetzt werden und die vorher nicht absehbar sind, ganz unterschiedlich gestalten können. Es ist bereits ein großer Unterschied, ob wir eine Feldsituation vorfinden, die relativ homogene Bedingungsrahmen setzt (so beispielsweise wenn wir die curricularen Prozesse in der Lehre des Fachbereichs Germanistik im universitären Bereich untersuchen wollten), oder ob wir mit einer Feldsituation konfrontiert sind, die durch sehr starke Bewegungs- und Veränderungsdynamiken charakterisiert ist (wie beispielsweise die Drogenszene). Wenn wir dagegen den Maßstab für eine zeitlich extrem begrenzte Diplomforschungsarbeit anlegen - und dieses Buch ist ja gerade auch als Orientierungshilfe für methodisch qualitativ ausgerichtete StudentInnen gedacht -, dann würde ich etwa von fünf bis sechs narrativen Interviews ausgehen. Und für ein langfristig angelegtes, international orientiertes Forschungsprojekt, das dann auch in aller Regel in einem größeren Forschungsverbund bearbeitet werden würde (beispielsweise die Erfahrungsbestände amerikanischer, deutscher und polnischer Soldaten im Zweiten Weltkrieg und die darin aufscheinenden vielschichtigen Bearbeitungsmechanismen und sozialen, biographischen und kollektiv-historischen Prozesse - ein von Schütze initiiertes und im Forschungsverbund groß angelegtes Projekt) kommen wir schnell über die magische Grenze von hundert narrativen Interviews, ungeachtet der sich anhäufenden Menge des zusätzlich zu berücksichtigenden Sekundärdatenmaterials.

Das können aber nur ganz grobe Anhaltspunkte sein. Dennoch scheint es mir wichtig, diese Zahlen einmal zu nennen, weil außer mir (damals in der Rolle des Novizen) auch schon viele andere (angehende) Wissenschaftler plötzlich und unerwartet feststellen mussten, dass sie einerseits viel zu schnell viel zu viele Interviews erhoben hatten, dass damit aber andererseits die theoretische Gesamtvarianz noch immer nicht hinreichend abgedeckt werden konnte. Diesen Fehler machen Forschungsneulinge vor allem dann, wenn sie methodisch zunächst verteilungtheoretisch einsozialisiert worden sind und wenn sie noch kein ausreichendes Vertrauen in den iterativen Charakter der Forschungsschritte im Verfahren „narratives Interview“ und besonders in das Auswahlverfahren des „theoretical sampling“ entwickeln konnten.

Wir werden zunächst also nur zwei oder drei Interviews erheben. Über sie bekommen wir einen ersten Zugang zum Forschungsfeld und zu dem uns relativ fremden Forschungsgegenstand. In der Einschätzung dieses Datenmaterials (und das sollte **immer** in einem angeleiteten Forschungsgruppenverfahren[4] stattfinden !!!) bekommen wir ein Gespür für die allgemeinen und die besonderen sozialen Erscheinungen und Prozessstrukturen. Und in diesem Arbeitszusammenhang werden dann auch erste Hinsichten auf die mögliche theoretische Varianz, die dieses erste Datenmaterial erkennen lässt, thematisiert. Auf dieser Grundlage kann dann die Entscheidung dahingehend getroffen werden, nach welchen Relevanzkriterien die nächsten potentiellen Informanten für ein narratives Interview ausgesucht werden müssen, um die theoretische Varianz weiter ausschöpfen zu können.

In dieser Phase des Gesamtforschungsprozesses werden wir auch die Auswahl für einen ersten **Eckfall** aus den bisher erhobenen Interviews treffen. Wir haben jetzt einen Datenfundus aus etwa fünf bis zehn Interviews (wenn ich dieser Angabe ein mittelfristig angelegtes, ausgebautes Forschungsprojekt zugrunde lege). Die Entscheidung für die weitere und analytisch tief gehende Bearbeitung eines dieser Interviews wird daran orientiert sein, wie viele unterschiedliche Aspekte der bis zu diesem Zeitpunkt erkennbaren theoretischen Varianz in diesem Interview enthalten sind. Ganz allgemein gesprochen geht es bei einem zum Eckfall ausgewählten Interview darum, dass mit seiner Bearbeitung möglichst viele Aspekte der theoretischen Varianz, die im empirischen Datenmaterial aufscheint, gefasst werden können. Die analytische Bearbeitung eines narrativen Interviews erfordert eine ganze Reihe von komplexen und - das sollte nicht verschwiegen werden - zeitaufwendigen Arbeitsschritten, die ich im Folgenden zunächst einmal nur hinsichtlich ihrer Begrifflichkeit skizzieren werde. Wir werden uns also schon deshalb bei der Auswahl für einen Eckfall für ein Interview entscheiden, mit dem im Vergleich zu den anderen bereits erhobenen Interviews der größtmögliche Teil der bisher erkennbaren theoretischen Varianz abgedeckt werden kann.

Wenn wir also aus dem bis zu diesem Zeitpunkt empirisch erhobenen Fallmaterial unseren ersten Eckfall ausgewählt haben, werden wir dieses narrative Interview in der bereits beschriebenen Art und Weise transkribieren.

Mit dieser Transkription oder einem Ausschnitt daraus gehen wird in die Forschungsgruppe, wo dann gemeinsam eine argumentativ-diskursive Einschätzung des vorgelegten Datenmaterials erfolgt und einzelne Passagen genauer im Hinblick auf die Darstellungsstruktur, den Inhalt, die Textsorte (Erzählen, Argumentieren, Beschreiben) und die Textoberfläche (die be-

---

4 Siehe hierzu Schütze, Fritz, 1992: Sozialarbeit als „bescheidene" Profession. In: Dewe u.a. (Hrsg.): Erziehen als Profession. Opladen.
Ders., 1984: Professionelles Handeln, wissenschaftliche Forschung und Supervision. In: Lippenmeier, N. (Hrsg.): Beiträge zur Supervision, Bd. 3, Kassel.
Bohnsack, Ralf, 1991: Rekonstruktive Sozialforschung. Eine Einführung in Methodologie und Praxis qualitativer empirischer Forschungsverfahren. Opladen.
Glinka, Hans-Jürgen, 1996: Innovationswerkstätten - Ein besonderer Lern- und Lehrort zur Hervorbringung erkenntnisgenerierender Verfahren für das professionelle Handeln in sozialen und pädagogischen Berufen.

sondere Art und Weise der Darstellung) angesehen werden. Diese Arbeit in der Gruppe ist dem ersten großen Arbeitsschritt, dem wir als Forscher das Datenmaterial dieses ersten Eckfalls unterziehen werden, vorgelagert. Und so sollte es auch vor Beginn eines jeden noch folgenden Arbeitsschrittes sein: die Gruppe hat in diesen Phasen die wichtige Funktion eines Korrektivs. In ihr werden gemeinsam die zentralen Aspekte und Details des nun anstehenden Arbeitsschrittes vorbereitet und am konkreten Datenmaterial exemplarisch eingeübt. Und die Gruppe ist auch der besondere Ort, in dem das Forschungsinstrumentarium jeweils neu auf die anstehende Bearbeitungsphase abgestimmt wird.

Der nun anstehende Arbeitsschritt ist die **strukturelle Beschreibung** des narrativen Interviews. Strukturell und inhaltlich genau beschrieben werden in dieser Arbeitsphase aufeinander folgend die einzelnen kleinflächigen Segmente, in die die Gesamtdarstellung vom Erzähler selbst, aber weitgehend unbewusst, unterteilt wurde. Hier werden also auch die formalen Strukturen der Erzählpräsentation (so beispielsweise das „Wie" der Darstellungsarbeit des Erzählers) berücksichtigt. Im Kontrast zum folgenden Arbeitsschritt ist der Betrachtungsfokus in dieser Phase auf die kleinflächigen Darstellungseinheiten eingestellt. Wir können uns auch vorstellen, dass wir ein großes Objektiv mit variabler Brennweite haben. Mit diesem Objektiv haben wir zunächst das gesamte Interview sozusagen mit der Brennweite 28 im Blick. Für die strukturelle Beschreibung fahren wir nun das Objektiv auf die Brennweite 500 und rücken auf diese vorgestellte Weise das erste Segment ins Bild. Wie das Arbeitsverfahren der strukturellen Beschreibung im Detail abläuft, werde ich später noch am konkreten Datenmaterial ausführlich zeigen. Strukturell beschrieben wird in der Regel die Haupterzählung. Auf einzelne narrative Passagen im Nachfrageteil werden wir in diesem Arbeitsschritt nur dann zurückgreifen, wenn in der Haupterzählung Lücken in der Darstellung auftauchen, die später im Nachfrageteil durch eine entsprechende und Narration auslösende Nachfrage geschlossen werden konnte.

Mit dieser ersten Hinsicht auf diesen großen Arbeitsschritt möchte ich aber auch den Hinweis verbinden, dass es sich bei der strukturellen Beschreibung gewissermaßen um die Erarbeitung **der** zentralen Arbeitsgrundlage überhaupt handelt. Ich habe ja schon mehrfach darauf hingewiesen, dass es sich bei dem Forschungsverfahren „narratives Interview" um einen iterativen Prozess handelt. Wenn ich hier also in chronologischer Abfolge die einzelnen Arbeitsschritte skizziere, dann geschieht das in einer idealtypischen Weise, die - wie ich meine - in diesem Darstellungszusammenhang, in dem ich den interessierten Studenten und Forschungsneulingen den Verfahrensablauf vorstellen möchte, ein besseres Verständnis für den Gesamtforschungsprozess bietet. In der Praxis ist es allerdings so, dass wir innerhalb des jeweiligen Arbeitsschrittes wiederholt auf erarbeitete Erkenntnisgrundlagen in den vorangegangenen Phasen zurückgreifen werden. Und in diesem iterativen Verfahren stellt nun die strukturelle Beschreibung die zentrale grundlegende Ausgangsbasis für alle folgenden Aussagen und erkenntnisgenerierenden und theorieschöpfenden Einzelbausteine dar. Auf dieses erste große Arbeitsergebnis werden wir immer wieder zurückgreifen, wenn wir uns an irgendeiner Stelle im weiteren Forschungsablauf hinsichtlich unserer Aussagen und eingenommenen analytischen Betrachtungsperspektive nicht ganz sicher sein können. So viel sei an dieser Stelle schon zur Relevanz, die der strukturellen Beschreibung im Gesamtforschungsprozess zugemessen werden wird, gesagt.

Für den anschließenden Arbeitsschritt der **Gesamtformung** der erzählten Geschichte stellen wir unser vorgestelltes Objektiv wieder auf die Brennweite 28 ein. Wir nehmen damit Abstand von den kleinflächigen Darstellungseinheiten des narrativen Interviews und sehen nun sozusagen aus der Vogelperspektive auf den Gesamtkontext der dargestellten Geschichte herab. Diese Fokussierung ist schon deshalb nötig, weil wir mit der Gesamtformung die großen Prozessstrukturen, die in der Geschichte aufscheinen, ihre Berührungspunkte, Überschneidungen und Überformungstendenzen in den analytischen Aufmerksamkeitsfokus rücken wollen. Wenn wir also vorher unsere Aufmerksamkeit auf die Entwicklung und Gestalt eines einzelnen Ereignisses, auf die darin aufscheinenden kognitiven Figuren und ihre Beziehungsstrukturen untereinander und die Zustandveränderungen der handelnden bzw. erleidenden Ereignisträger konzentriert hatten, dann geht es in diesem Arbeitsschritt darum, die Gesamtgestalt der Geschichte mit den für sie konstitutiven großen sozialen, biographischen und/oder kollektiv-historischen Strukturen in den Blick zu bekommen.

Erfahrungsgemäß ist dieser Perspektivenwechsel selbst noch für den mit diesem Verfahren vertrauten Forscher problematisch. Um sich von der kleinflächigen Betrachtung loslösen und auf die großflächige Perspektive einlassen und analytisch einstellen zu können, benötigen wir auch einen zeitlichen Abstand - sowohl zum Transkriptionstext des Interviews als auch zu dem von uns erarbeiteten Text der strukturellen Beschreibung. Hier erscheinen mir ein bis zwei Wochen durchaus angemessen, in denen die Arbeit in der Forschungsgruppe, weitere Feldarbeiten, Recherchen oder im optimalen Fall auch Ferienplanungen realisiert werden könnten. Einigen mögen die in meinem Vorschlag implizit enthaltenen zeitlichen Größenordnungen fremd und ungewöhnlich erscheinen. Ich möchte jedoch - wie bereits schon mehrfach angedeutet - dagegenhalten, dass das Forschungsverfahren „narratives Interview“ eine äußerst zeit- und arbeitsintensive Arbeitsform einfordert. Und ich möchte an dieser Stelle die Vorstellung ad absurdum führen, die diesem Arbeitsschritt vorangegangene strukturelle Beschreibung erschöpfe sich in einer relativ einfachen und kurzfristigen „Nacherzählung“ der Geschichte, die uns der Informant präsentiert hat. Für diesen Arbeitsschritt müssen wir uns von einer Zeitkalkulation in Tagen verabschieden und uns - beispielsweise im Hinblick auf ein ausgebautes autobiographisch-narratives Interview - an Zeiträume gewöhnen, die schnell ein Vierteljahr erreichen können.

Die bereits in der Gesamtformung aufscheinenden und zunächst noch vorläufigen **theoretischen Kategorien**, von denen einige im fortgesetzten Analyseprozess Zentralität, andere eher sekundäre Bedeutung im Hinblick auf die theoretische Sättigung und die Erarbeitung eines theoretischen Modells zugemessen bekommen werden, sollen daraufhin im Verfahren der wiederholten **Kontrastierung** - a) innerhalb des Datenmaterials eines narrativen Interviews, b) unter Berücksichtigung des gesamten empirischen Datenmaterials - und nach dem **Prinzip der fortlaufenden Differenzierung** bis zur Gestaltschließung und endgültigen Sättigung des theoretischen Modells hinsichtlich ihrer Dimensionen, Wirkmechanismen und je spezifischen Merkmalsausprägungen dezidiert herausgearbeitet werden. Diese Abfolge von Arbeitsschritten ist also durch das wiederholte Einbeziehen kontrastiver Fälle charakterisiert. In dem so fortgesetzten Forschungsverfahren lassen sich adäquate Theorien über die Prozessbedingungen, über die in ihnen wirksam werdenden Mechanismen und über die Kombination sozialer Prozesse und ihrer Folgen erarbeiten.

Damit nun aber die Analysearbeit auf dem Hintergrund einer relativ kleinen Anzahl empirischer Fallmaterialien wissenschaftlich abgesichert möglich wird, ist die Durchführung der gerade skizzierten Verfahrensschritte mit der entsprechenden Tiefe und Detailgenauigkeit an den ausgewählten Eckfällen unabdingbare Voraussetzung. Wenn wir davon ausgehen, dass wir in einem ausgebauten Forschungsprojekts schließlich drei bis vier Interviews, die wir bis zum Punkt der Sättigung der theoretischen Gesamtvarianz im fortgesetzten Auswahlverfahren des „theoretical samling" nach und nach ausgewählt und in der oben skizzierten Art und Weise analytisch bearbeitet haben, intensiv bearbeiten, dann ist in unserer Terminplanung sehr schnell ein Zeitraum von zwei bis drei Jahren ausgefüllt. Selbst wenn einige Profis später in der Praxis mit der einen oder anderen Abkürzungsstrategie im Forschungsverfahrensverlauf arbeiten sollten - und in solchen Fällen stoßen wir dann auch wiederholt auf die Paradoxien des professionellen Handelns[5] -, dann wird sich dieser Zeitraum nicht wesentlich verkürzen. Wenn auch ungewöhnlich, so nenne ich diese Größenordnungen dennoch, damit keine falschen Erwartungen genährt werden.

Die mit dem hier in einer ersten Annäherung knapp vorgestellten Verfahrensablauf gewonnenen theoretischen Modelle beziehen sich also auf **Prozesse** - Prozesse im sozialen, im biographischen und/oder im kollektiv-historischen Bereich. Mit den Modellen bzw. in ihren Modellkernen werden neben der Entwicklungsgeschichte ebenso die Dynamiken und Wirkmecha-

5 Vgl. hierzu Schütze, Fritz, 1992: Sozialarbeit als „bescheidene" Profession (ebd.); Kap. 4. Desw.: Glinka, Hans-Jürgen, 1994: Professionelles Handeln in der Sozialen Arbeit und seine Paradoxien.

nismen dieser Prozesse gefasst. Und in ihnen werden ebenso die Bedingungen der Wirkmechanismen, ihre Kombinationen und das Zusammenspiel mehrerer Prozesse transparent. Was ihre Aussagekraft allerdings von den Forschungsergebnissen der standardisierten quantitativen Sozialforschung unterscheidet, ist vor allem der Umstand, dass sie sich gerade nicht auf verteilungstheoretische Merkmale in einer vorgegebenen Grundgesamtheit beziehen. So viel zunächst und in aller Vorläufigkeit zu den Verfahrensschritten im narrativen Interview.

Ich werde nun abschließend noch einmal ein paar grundsätzliche Hinweise zur Verwendung des narrativen Interviews geben, deren wir uns während der Entscheidung für ein Forschunginstrument bewusst sein sollten.

Zur Erforschung prozessualer Erscheinungen der sozialen Wirklichkeit ist es durchaus sinnvoll, das narrative Interview zur Anwendung zu bringen. Ich werde diese forschungsstrategische These im Folgenden anhand von exemplarischen Beispielen, die auf der empirischen Grundlage von Stegreiferzählungen basieren, belegen und differenziert ausformulieren. Die in diesen Erzählungen aufscheinenden Prozesse zeichnen Handlungs- und Erleidensabläufe im Alltagsgeschehen nach, sie vollziehen sich ebenso auf der Ebene von Interaktionsabläufen und den sich darin konstituierenden, verändernden oder auch abbrechenden sozialen Beziehungen, auf der Ebene biographischer Entwicklungen und Veränderungen wie auch auf der Ebene kollektiv-historischer Veränderungen auf den unterschiedlichen Interaktionstableaus.

Die hier angedeuteten Veränderungsprozesse verlaufen in der Regel nicht parallel nebeneinander ab. Sie greifen auch häufig ineinander, überschneiden sich an bestimmten Stellen und ihre Dominanz gegenüber anderen an der Gesamtgeschichte beteiligten Prozessstrukturen verlagert sich. Aus diesem Grunde ist es ratsam, wenn wir uns vor dem Einsatz des narrativen Interviews dafür entscheiden, auf welcher Ebene wir als Forscher einen Geschichtenprozess zum Thema machen wollen. Diese Entscheidung hängt nun auch ganz wesentlich davon ab, wie der zu erforschende Gegenstandsbereich prozessual dimensioniert ist. Die Dimensionierung des zu untersuchenden Gegenstandsfeldes wird also immer in den von uns gegenüber dem potentiellen Informanten gesetzten Erzählstimulus eingehen. Das könnte dann beispielsweise folgendermaßen aussehen: „Bitte erinnern Sie sich nun zurück und erzählen Sie mir Ihre **Lebensgeschichte**.“ Oder: „Ich möchte Sie nun bitten, mir die **Geschichte des Fachverbandes** hier vor Ort zu erzählen und wie Sie im Einzelnen daran beteiligt waren und sind.“ Oder: „Wie hat denn das damals alles begonnen, diese **Geschichte mit der Bauherrengemeinschaft** und wie hat sich das dann weiterentwickelt bis zum heutigen Tag?“

Wir müssen uns also entscheiden, ob im Rahmen unserer vorläufigen Forschungsfragestellung beispielsweise eine Lebensgeschichte, die Geschichte eines Verbandes oder die Geschichte einer sozialen Gemeinschaft Forschungsrelevanz bekommen soll. Wird es also um eine biographische, um eine interaktionsfeld- bzw. milieukonstituierende und -verändernde oder um eine kollektiv-historische Geschichte gehen? Wenn auch beim narrativen Interview die Erhebungs- und Analyseverfahren für die genannten zentralen Interviewtypen viele Parallelen aufweisen und über weite Strecken identisch sind, dann ist die Entscheidung dennoch notwendig und sinnvoll, weil ja die jeweilige Rekonstruktionsperspektive in der Darstellungsarbeit des Erzählers unterschiedlich ausfallen wird.

Mit dem narrativen Interview haben wir uns für ein Forschungsverfahren entschieden, bei dem die Steuerung und Intervention seitens des Forschers weitgehend zurückgenommen wird. Aus diesem Grunde charakterisiert Schütze das narrative Interview, an dessen Weiterentwicklung und Ausdifferenzierung er ganz zentral beteiligt war und ist, auch als „nicht-reaktives" Forschungsverfahren. Und mit dem hoch entwickelten und ausdifferenzierten Erhebungs- und Analyseinstrumentarium wollen wir ja die Erfahrungs- und Orientierungsbestände des Informanten durch die Perspektive des von ihm unterlegten, jeweils gültigen Relevanzsystems rekonstruieren. Das narrative Interview bezieht seine Wirksamkeit ja gerade aus der alltagsweltlichen Kompetenz des Informanten zum Stegreiferzählen. Und ich möchte gleich vorwegnehmen, dass diese Kompetenz - hinsichtlich der Fähigkeit und Kunstfertigkeit zum Stegreiferzählen - nicht nur weitgehend vorhanden, sonder darüber hinaus auch relativ schichtunabhängig unter den Menschen verteilt ist. Das ist ein über die Jahre immer wieder bestätigter Erfahrungswert. Damit wird also die immer noch weit verbreitete Annahme unter den Forschern, viele potentielle Informanten, und insbesondere die aus den sozial-ökonomisch benachteiligten Milieus, seien nur unzureichend oder gar nicht in der Lage, im Rahmen einer Stegreiferzählung eigenerlebter Erfahrungen eine Geschichte zu erzählen, obsolet.

Dagegen kann jedoch die Fähigkeit zum Erzählen durch andere Faktoren negativ beeinflusst werden. Da wären beispielsweise die nachvollziehbaren und in Einzelfällen wohl auch bestätigten Befürchtungen des Erzählers, im Nachhinein gegenüber den Mitakteuren des Handlungsfeldes, gegenüber den Nachbarn im Wohnquartier oder gegenüber den Arbeitskollegen durch Herstellung von Öffentlichkeit bloßgestellt zu werden. Andererseits könnte auch die Institution, als deren Vertreter der Interviewer gegenüber dem Informanten in Erscheinung tritt (beispielsweise die Universität oder eine verfahrensmächtige kommunale Behörde) Befürchtungen auslösen, die zunächst im Rahmen vertrauensbildender Maßnahmen abgebaut werden müssten. In diesen Vorstellungszusammenhang gehören auch Faktoren wie Loyalitätsverpflichtungen und berufliche Abhängigkeitsstrukturen, in denen sich der Informant gegenüber der Organisation, die er vertritt, erlebt. Schon aus diesen vorstellbaren Gründen sollten wir die Repräsentanten einer Organisation nicht unbedingt zur Dienstzeit in ihren Amtsräumen interviewen.

Andererseits ist jedoch stets der Grundsatz zu berücksichtigen: die Wahl des Ortes, an dem das Interview durchgeführt werden soll, ist dem Informanten zu überlassen. Und der wird sich in aller Regel für einen ihm vertrauten und vor Öffentlichkeit geschützten Ort (häufig die eigene Wohnung) entscheiden.

Weiterhin kann die Erzählfähigkeit des Informanten auch durch die Vermutung blockiert sein, dass, was er zu erzählen habe, könnte für den Forscher nur irrelevant sein, weil er darüber ja schon von anderen informativer unterrichtet worden sei, die einfach mehr zu erzählen hätten und von denen der potentielle Informant annehmen könnte, dass diese anderen einfach die Kompetenteren seien. Diese Haltung wird uns beim potentiellen Informanten in der Phase der Kontaktaufnahme häufiger begegnen. Und dann liegt es an uns, wie plausibel und authentisch wir dem Informanten erklären können, dass es uns ja gerade um seine eigenerlebten Erfahrungen in der zu erzählenden Geschichte gehe. Selbst wenn andere auf den ersten Blick durchaus von vergleichbaren Erfahrungen berichten könnten, dann werden sie diese Erfahrungen immer unter anderen Rahmenbedingungen gemacht haben und sie werden ihnen andere Relevanzen einräumen. Sie werden sie also in ihrer Darstellungsarbeit aus einer anderen Perspektive und mit einer anderen Haltung präsentieren. Die narrative Darstellung dieser eigenerlebten Erfahrungen ist ja unmittelbar mit der individuell erlebten Handlungs- und/oder Erleidenswirklichkeit, mit den Orientierungs- und Wissensbeständen und dem daran ausgerichtetem Relevanzsystem verbunden.

Gegen diese möglichen Barrierewirkungen stehen nun die universalen Regeln der Kommunikation, deren Basiselemente dem Commonsense im Repertoire des Alltagswissens zu Eigen sind. Das Handlungsschema „Erzählen“ ist eine elementare, institutionalisierte Form menschlicher Kommunikation. Und die Basisregeln der Kommunikation berücksichtigen die grundsätzlichen sozial funktionierenden Bezüge. Auch das narrative Interview läuft in jeder Situation regelgeleitet ab. Es handelt sich ja um einen interaktiven Kommunikationsprozess; und dem Kommunikationsvorgang ist diese Regelgeleitetheit immanent. Die Basisregeln der Kommunikation schränken den Informanten jedoch keineswegs ein, sie fördern vielmehr den Fluss seiner Erinnerungen, wie es Schütze wiederholt hervorhebt.

Der Informant orientiert seine Darstellungsarbeit an einem Handlungsschema, dass ihm aus der vertrauten Alltagskommunikation hinlänglich bekannt ist und dass er in seiner Alltagspraxis fortlaufend zur Anwendung bringt. Auf den unterschiedlichen alltagsweltlichen Interaktionstableaus ist er mit den Basisregeln der Kommunikation vertraut gemacht worden, und er beherrscht sie mit relativer Sicherheit. Das Handlungsschema „Erzählen“ ist eines der Kommunikationsformate, dessen er sich im Alltag immer wieder bedient. Im Gegensatz zu den vom Interviewer gesteuerten Frageaktivitäten in der konventionellen Interviewsituation, die den Informanten immer wieder verunsichern, weil sie keine Gestaltschließung der Interviewsituation zulassen, sie ungeregelt lassen, ist ihm das Erzählen einer Geschichte vertraut, es ist regelgeleitet und löst bei ihm keine unnötigen Irritationen aus.

In allen Arbeitsschritten, denen wir als Forscher das Datenmaterial aus narrativen Interviews unterziehen, können wir auf die Basisregeln der Kommunikation zurückgreifen. Und weil im Darstellungsschema „Erzählen" wie gesagt auch Beschreibungs- und Argumentationsaktivitäten eingelagert sind, werden wir in unserer Analysearbeit ebenso immer wieder mit der inneren Form der Erzähldynamik konfrontiert werden. Und wir werden die Besonderheiten der Darstellungsarbeit des Informanten, wie beispielsweise die für ihn typische stilistische Gestaltungsarbeit, die ihm zu eigenen Darstellungsschwierigkeiten wie auch die von ihm geleistete Selbstvergewisserungsarbeit in den Analysefokus rücken und sie versuchen nachzuvollziehen. In dieser je besonderen Arbeit des Informanten werden die verallgemeinerbaren Merkmale und die Schwierigkeiten seiner damaligen Erlebnisaufschichtung zum Ausdruck gebracht. Er lässt sich ja im aktuellen Kommunikationsvorgang des narrativen Interviews sozusagen noch einmal „einfangen" vom damaligen Erleben. Diese Merkmale und Schwierigkeiten, die Prozessstrukturen und die in ihnen auftauchenden Unordnungen und Wirkmechanismen, einschließlich der übergeordneten Rahmenstrukturen, die in den sozialen und biographischen Abläufen der erzählten Geschichte aufscheinen, werden zunächst im Zuge der strukturellen Beschreibung, und dann später in den Schritten der analytischen Abstraktion zunächst noch in vorläufig formulierte Kategorien einfließen und schließlich differenziert und wiederholt kontrastiert in den zentralen Kategorienbestand des theoretischen Modells eingehen.

1.6 Die erkenntnisgenerierende abduktive Forschungslogik

In unserer textanalytischen Arbeit wird es wie gesagt ganz wesentlich um das Herausarbeiten allgemeiner Merkmale und um ihre Erklärung gehen. Dabei rücken die Prozesszusammenhänge und -mechanismen im empirisch erhobenen Forschungsmaterial in die Aufmerksamkeit des Forschers. Wir wollen ja die ihnen zugrunde liegenden Prozessmuster erkunden und explizieren. Hinter den konkreten Arbeitsschritten der analytischen Arbeitsschritte steht die **abduktive Forschungslogik**[6], auf die ich gleich noch näher eingehen werde. Wir werden uns also in unserer Analysearbeit an einer

6 Vgl hierzu Schütze, Fritz, 1987: Symbolischer Interaktionismus. In: Ammon, U. et. al. (Hrsg.) Sociolinguistics Soziolinguistik; Ein internationales Handbuch zur Wissenschaft von Sprache und Gesellschaft; Berlin/New York.

erkenntnisgenerierenden Forschungslogik mit abduktivem Charakter orientieren.

Der abduktive Charakter kommt in der Art und Weise der **Erkenntnisbewegung** zum Ausdruck. Zunächst gehen wir von einem vagen theoretischen Zusammenhangsverständnis aus. Wenn wir nun die konkreten empirischen Datenmaterialien in den Blick nehmen, können wir neben einer allgemeinen Einschätzung in einem ersten Schritt auch eine theoretische Dimensionierung des Forschungsfeldes vornehmen. Diesen Arbeitsschritt der Einschätzung sollten wir unbedingt im argumentativ-diskursiven Gruppenprozess machen, um mögliche Perspektivenverengungen und vorschnelle Fokussierungen zu vermeiden.

In den anschließenden Arbeitsschritten der strukturellen Beschreibung und der analytischen Abstraktion wollen wir dann die spezifischen Zusammenhänge einzelner individueller und kollektiver Fallprozesse herausarbeiten; ebenso die in ihnen wirksam werdenden allgemeinen Prozessmechanismen. Wenn wir also in der Ersteinschätzung in der Gruppe den gemeinsamen Versuch unternommen haben, uns ein vorläufiges theoretisches Zusammenhangsverständnis zu erarbeiten, dann soll dieses Verständnis im weiteren konkretisiert werden; es soll wenn nötig abgewandelt und immer feiner ausdifferenziert werden. Die darin gewonnenen neuen Erkenntnisse werden uns dann dazu veranlassen, unsere theoretischen Auswahlkriterien für weitere Fallmaterialien zu spezifizieren und zu verändern.

Im Zuge der analytischen Bearbeitung des ersten Interviewmaterials haben wir eine Menge Neues im zu untersuchenden Gegenstandsbereich entdeckt, was wir so zuvor gar nicht im Blick haben konnten. Wenn wir uns also weiterhin an der abduktiven Forschungslogik orientieren, dann arbeiten wir in einem Prozess des fortlaufenden Ineinandergreifens von allgemeinen Gesichtspunkten und konkreter Einzelfallanalyse. Und ebenso ist der abduktiven Forschungslogik die sukzessive Explikation, Differenzierung und Abwandlung von zunächst vage formulierten Problemzusammenhängen zu Eigen.

Und noch etwas zeichnet diese Forschungslogik aus und unterscheidet sie von den konventionellen (induktiven und deduktiven) Forschungslogiken: in unserer Forschungsarbeit belassen wir zunächst die bereits vorliegenden und uns bekannten Theoriebestände der Sozialwissenschaften im Randbereich unserer Aufmerksamkeit. Feststehende theoretische Kategorien und Hypothesen sollten also möglichst weitgehend aus unserer Aufmerksamkeit ausgeblendet bleiben. Die abduktive Forschungslogik ist ja gerade darauf eingestellt, neue Theoriebestände in ihrem erkenntnisgenerierenden Verfahren hervorzubringen. Wir nehmen also die prinzipielle Haltung ein, dass wir Theoriebestände neu erzeugen wollen. Und in dieser Forschungshaltung können sich die bereits etablierten Theorien, wenn sie gegen Ende des Forschungsprozesses wieder in den Blick rücken, bewähren (vgl. hierzu auch die „Grounded Theory“ von Glaser & Strauss). Wir werden die etablierten Theorien und Hypothesen also erst zu einem späteren Zeitpunkt bewusst in den Aufmerksamkeitsfokus nehmen, dann nämlich, wenn wir bereits die allgemeinen Gesichtspunkte auf der Grundlage des zu untersuchenden Datenmaterials herausgearbeitet haben und wenn dann die allgemeinen Merkmale von Prozessmechanismen und ihre Rahmenbedingungen durch die bereits etablierten Theoriebestände zusätzlich erkenntnisgewinnend erklärt werden können.

Die Fähigkeit für den abduktiven Blick setzt jedoch voraus, dass wir ein ausreichendes Wissen über die formalen Strukturen des Stegreiferzählens sowie über die grundlegenden Interaktions- und Kommunikationspostulate haben. Der (angehende) Forscher muss also zunächst in das professionelle Erhebungsverfahren des narrativen Interviews, in das Textaufbereitungsverfahren (die Transkriptionsarbeit) und in die strukturelle Beschreibung von Stegreiferzählungen einsozialisiert werden. Nur über ein entsprechendes, professionell angeleitetes und begleitetes **Einsozialisierungsverfahren**, verbunden mit anschließend ausreichender Untersuchungserfahrung kann es ihm später in seiner Forscher- oder Beratungspraxis gelingen, in überschaubaren Vorgängen und für begrenzte Untersuchungsfragestellungen mit Abkürzungsstrategien zu arbeiten.

In der Praxis erlebt sich der Forscher wiederholt aus Kostengründen gehalten, die zeitintensive Arbeit abzukürzen. Und so kann es vorkommen, dass vom erfahrenen Profi beispielsweise nur die komplizierten Darstellungspassagen eines narrativen Interviews strukturell beschrieben werden, dass dann auch häufig auf die Transkription der übrigen Textpassagen verzichtet wird oder dass anstelle einer ausgebauten Gesamtformung eine Kurzportraitierung vorgenommen werden muss. Solche professionellen **Abkürzungsstrategien** sind mit erheblichen Risiken verbunden. Ihre Anwendung in der Praxis setzt eine ausreichende Sicherheit im Umgang mit Textaufbereitung und -analyse voraus, die den StudentInnen und ProfessionsnovizInnen noch nicht zu Eigen sein kann. Das Konzept der **Forschungswerkstatt**, so wie es von Schütze und seinen Mitarbeitern entwickelt wurde und inzwischen über viele Jahre erfolgreich im Studienbetrieb praktiziert wird, stellt ein besonders geeignetes Interaktionstableau dar, in dessen Rahmung das notwendige Einsozialisierungsverfahren für die potentiellen Professionellen ebenso wie auch für die Professionellen aus der Praxis durchgeführt werden kann[7]. Auf diesen konzeptionellen Rahmen werde ich später noch ausführlicher eingehen.

---

7 Siehe hierzu u.a. Glinka, H.-J. 1996: Innovationswerkstätten - Die ideelle und konzeptionelle Rahmung für besondere Lern- und Lehrorte zur Hervorbringung erkenntnisgenerierender Verfahren für das professionelle Handeln.

1.7 Die Grenzen des narrativen Interviews

Jedes Forschungsinstrument ist nur begrenzt einsatzfähig. Und so hat auch das narrative Interview seine Grenzbereiche und Grenzen. Wir können mit diesem Verfahren also nicht alle denkbaren Typen sozialer Erscheinungen untersuchen. Als Faustregel gilt: Das narrative Interview kann immer dann zum Einsatz kommen, wenn der Informant eine Geschichte erzählen kann. Das setzt voraus, dass die den Forscher interessierende soziale Erscheinung für den potentiellen Erzähler erlebten Prozesscharakter beinhaltet. Und dieser Prozesscharakter muss vom Informanten auch erkannt werden. In Anbetracht dieser Voraussetzungen sind dann von unserem Forschungsverfahren solche sozialen Abläufe ausgeschlossen, die bisher nicht in die Aufmerksamkeit des potentiellen Informanten vorgedrungen sind. Ich nenne dafür ein Beispiel:

Eine ganze Reihe unserer alltäglichen Handlungsvollzüge - ob nun im Beruf oder im Wohnalltag - sind weitgehend routinisierte Handlungsabläufe. Sie erscheinen uns selbstverständlich und wir denken in der Regel auch nicht weiter darüber nach. Wir hinterfragen ihre Brauchbarkeit nicht, solange sie ihre Funktion erfüllen. Der einzelne Sozialarbeiter ist für sehr viele Menschen in Notlagen zuständig; nicht selten hat er über fünfzig Fälle zu betreuen. Ohne routinisierte Handlungsabläufe könnte er die an ihn gestellten Anforderungen nicht erfüllen. Beispielsweise könnte er an bestimmten Tagen zu bestimmten Zeiten Sprechstunden in seinem Amtsbüro vorgesehen haben. Und er wird die dort erscheinende Klientel nicht ausschließlich auf die je individuelle Fallgeschichte und ihre spezifische Entwicklung beraten und betreuen können. Dazu ist die Fallzahl viel zu groß. Es wäre müßig, in diesem Zusammenhang die ganze Palette der Routinehandlungen - wie Sitzanordnung, Datenabgleich auf dem Display, Standardfragen hinsichtlich der Hilfezahlungen, Vertröstungs- und Kondensierungsrituale etc. - aufzulisten, weil jeder von uns mehr oder weniger mit ihnen vertraut ist.

Für die Untersuchung derartig routinisierter Handlungsabläufe eignet sich das narrative Interview nur bedingt. Der vorgestellte Sozialarbeiter könnte derartige Routineabläufe kaum erzählen, weil er sie schon lange nicht mehr hinterfragt und weil ihr Prozesscharakter für ihn nicht mehr erlebbar ist. Es sei denn, ein solcher routinisierter Handlungsablauf hat plötzlich bei einem Klienten nicht mehr in der erwartbaren Art und Weise funktioniert. Nehmen wir an, der Klient X sei aufgerufen worden, hätte das Büro betreten, hätte nicht die Aufforderung zum Platznehmen abgewartet, sondern von sich aus den Sozialarbeiter aufgefordert, dass dieser sich auf den ungepolsterten Stuhl vor dem Schreibtisch setzen solle, damit er es sich (der Klient) im Schreibtischsessel bequem machen könne, nicht nur weil es dort gemütlicher sei, sondern weil er auch mal die symbolische Verfahrensmächtigkeit dieser Position (hinter dem Schreibtisch) auskosten möchte. In diesem Moment wäre plötzlich Selbstverständliches gar nicht mehr selbstverständlich. Durch das unerwartete und ungewöhnliche Verhalten des Klienten wäre der Sozialarbeiter mit der Wirkung einer oder mehreren seiner Routinehandlungen konfrontiert; sie wurde ihm bewusst gemacht. Er wird nun auf die eine oder andere Art und Weise auf diesen Versuch der Veränderung der Rahmenbedingungen reagieren. Und vermutlich wird es ihm nach einer argumentativ nicht unbedingt einfachen Aushandlungsphase schließlich gelingen, die gewohnten Rahmungen wieder in Kraft zu setzen. Aber jetzt hätte er eine Geschichte, die er erzählen könnte.

Mit dem Forschungsinstrument narratives Interview können wir dagegen die Wirkmechanismen für Routinehandlungen in ihrer Entwicklungsgeschichte und damit auch im Hinblick auf ihre konditionellen Relevanzen ohne weiteres erheben und analysieren. Als Bespiel dafür ist die Gruppe von Wissenschaftlern um A. Strauss[8] zu nennen, die die Arbeitsorganisation von Ärzten und Mitarbeitern im klinischen Arbeitsbereich gerade auch auf routinisierte Handlungsabläufe und professionelle Paradoxien untersuchte. Weiterhin möchte ich in diesem Zusammenhang unsere Forschung zur Ressource „Ehrenamtliches Engagement"[9] erwähnen, mit der wir aus der Erlebensperspektive der ehrenamtlich Tätigen in Verbänden der Caritas wie auch aus der berufsbiographischen Perspektive leitender hauptamtlicher Mitarbeiter die Wirkmechanismen für Routinehandlungen und professionelle Paradoxien in ihrer konditionellen Bedingtheit herausgearbeitet haben. Hier konnten wir in der Zusammenschau der Betroffenenperspektive und der von Entscheidungsträgern auf dem Hintergrund verbandsinterner Entwicklungsgeschichte und der Lebensgeschichten der in diesem Milieu handelnden Akteure die allmähliche Entfaltung und die Verselbstständigung derartiger Wirkmechanismen sehr anschaulich und differenziert herausarbeiten und sie in der theoriegenerierenden Entwicklung einer Typologie in ihren je spezifischen Merkmalsausprägungen und Dimensionen fokussiert in den Blick rücken. Die Auswirkung und die Folgen dieser Mechanismen, die in den Lebensgeschichten und den darin aufscheinenden Haltungen der ehrenamtlich Tätigen zum Ausdruck kommen, werden in den berufsbiographischen Geschichten, die uns die zentralen Akteure auf diesem Interaktionstableau erzählt haben, in der Hervorbringung ihrer Entwicklungspotentiale im Rahmen des jeweiligen handlungsorientierenden Managements eben dieser Entscheidungsträger deutlich. Wenn sich auch für die Evaluierung komplizierter Störpotentiale in Interaktionsabläufen eher die Dimensionsanalyse von komplexen Arbeitszusammenhängen anbietet, so kann sich dennoch das narrative Interview im Rahmen einer Methodentriangulation als außerordentlich hilfreich und erkenntnisgewinnbringend herausstellen.

---

8 Vgl hierzu Strauss, Anselm; Fagerhaugh, Shizuko; Suczek, Barbara, und Wiener, Carolyn, 1985: Social Organization of Medical Work. Chicago und London.

9 Vgl. hierzu Glinka, Hans-Jürgen; Jakob, Gisela; Olk, Thomas, 1994: Ehrenamt und Caritas - Eine biographieanalytische Untersuchung ehrenamtlichen Engagements innerhalb des Deutschen Caritasverbandes. Halle.

Eine grundlagentheoretische Einführung in die Konversations- und Interaktionsanalyse, die noch die größte Nähe zur Erzählanalyse darstellt, bekommen wir in dem Aufsatz von Kallmeyer & Schütze[10].

Für die Annäherung an und die Analyse von sozialen Milieus und sozialen Welten, den darin aufscheinenden besonderen Orten, ihren Beziehungs-, Organisations- und Rahmenstrukturen[11], eignet sich das narrative Interview also auch, wenn wir diese im Zusammenhang von (sozialen, biographischen, interaktiven und/oder kollektivhistorischen) Veränderungsprozessen, wie sie im gerade thematisierten ehrenamtlichen Engagement, in der Haltung von zentralen Entscheidungsträgern gegenüber betriebs- und arbeitsorganisatorischen Prozessstrukturen[12] oder auch in der biographischen Großplanung von Hausbesitzern in Wohnquartieren mit hohen Fluktuationsdynamiken[13] zum Ausdruck kommen, in den analytischen Blick nehmen. Veränderungs- und Konstitutionalisierungsprozesse haben ja gerade den für das Forschungsverfahren notwendigen Geschichtencharakter.

Wenn wir dagegen Zustände der sozialen Realität beschreiben wollten, dann würde ich der ethnographischen Vorgehensweise[14] und damit dem offenen Beschreibungsinterview bzw. der teilnehmenden Beobachtung den Vorzug einräumen.

Für alle verteilungstheoretischen Fragestellungen, die soziale Merkmale in einer interessierenden Grundgesamtheit in den Forschungsfokus rücken wollen, empfehle ich die hinlänglich bekannten quantitativen Standardverfahren der Sozialforschung[15], mit denen wir über die verschiedenen professionellen Abkürzungsschritte und standardisierten Messinstrumente große Datenmengen in relativ kurzer Zeit bewältigen können. Das Forschungsver-

---

10 Vgl. hierzu Kallmeyer, Werner und Schütze, Fritz, 1976: Konversationsanalyse. In: Wunderlich, Dieter (Hrsg.) Studium Linguistik, Heft 1.

11 Vgl. hierzu Goffman, Erving, 1977: Rahmenanalyse. Ein Versuch über die Organisation von Alltagserfahrungen. Frankfurt. Originalausgabe: London 1974.

12 Vgl. hierzu Schütze, Fritz, 1991: Biographieanalyse eines Müllerlebens. In: Scholz, Th. H.-D., (Hrsg.) Wasser und Windmühlen in Kurhessen und Waldeck-Pyrmont; S. 206-227.

13 Vgl. Glinka, Hans-Jürgen, 1997: ebd.

14 Vgl. hierzu Friedrichs, Jürgen, 1973: Teilnehmende Beobachtung abweichenden Verhaltens. Stuttgart.
Desw.: Frake, Charles O., 1973: Die ethnographische Erforschung kognitiver Systeme. In: Arbeitsgruppe Bielefelder Soziologen (Hrsg.) Alltagswissen, Interaktion und gesellschaftliche Wirklichkeit. Reinbek bei Hamburg.
Desw.: Becker, Howand, S. und Geer, Blanche, 1979: Teilnehmende Beobachtu[...] Die Analyse qualitativer Forschungsergebnisse. In: Hopf, Ch. und Weingart[...] (Hrsg.) Qualitative Sozialforschung. Stuttgart.

15 Vgl. hierzu Schnell, R., Hill, P. B. und Esser, E., 1993: Methoden der e[...] Sozialforschung. München/Wien.
Desw.: Dreier, V., 1994: Datenanalyse für Sozialwissenschaftler. Mü[...]

fahren „narratives Interview“ steht im Kontrast dazu und eignet sich dafür nicht.

1.8 Die Theorierichtungen der interpretativen Sozialforschung

Mit der Kategorie „interpretativ“ oder - wie es den meisten geläufiger sein dürfte - „qualitativ“ orientierte Soziologie fassen wir unterschiedliche Theorie- und Forschungsrichtungen der Sozialwissenschaften. Was jedoch allen gemeinsam ist, ist ihre Ausgangsbasis: die Hervorbringung sozialer Wirklichkeit, gegründet in der sprachlich-symbolischen Interaktion der Gesellschaftsmitglieder. Der Einzelne muss für sich die sozialen Erscheinungen, mit denen er im Alltag konfrontiert wird, interpretieren und ihnen einen Stellenwert innerhalb seines Relevanzsystems zuordnen. Nur auf diese Weise kann er in den gesellschaftlich gesetzten Rahmen interagieren und handeln. Das Medium für diese Transformationsleistung ist die sprachliche Kommunikation. Die Wahrnehmung sozialer Realität vollzieht sich also von unterschiedlichen Standpunkten und durch unterschiedliche Interpretationsperspektiven. Jeder von uns wird sie deshalb auch etwas anders deuten und ihr für seine Handlungsorientierung eine individuelle Bedeutung zuschreiben.

Diese feinen Differenzierungen bilden sich natürlich auch in der Wissenschaft und ihrer je theoretischen Orientierung ab. So können wir denn auch der interpretativ-qualitativen Soziologie mehrere Theorierichtungen zurechnen. Neben der des symbolischen Interaktionismus[16], der ich im Hinblick auf meine Ausführungen zum Forschungsverfahren und meine Haltung demgegenüber die größte Nähe zuschreibe, wären ebenso die kognitive Soziologie[17], die Ethnomethodologie[18] und auch die phänomenologische Soziologie[19] zu nennen. Für diejenigen, die sich mit der jeweiligen Richtung etwas vertrauter machen wollen, habe ich mich in den Fußnoten auf die Angabe jeweils eines Autors beschränkt. Weil das nun aber wiederum, wie gerade festgestellt, die Perspektivität einengt, möchte ich die interessierten Leser auf die umfangreichen Hinweise auf eine entsprechend weiterführende Literatur im schon mehrfach zitierten Studienbrief von Schütze (1987) verweisen.

---

16 Vgl. hierzu u.a. Mead, G.-H., 1968: Geist, Identität und Gesellschaft. Frankfurt.
17 Vgl. hierzu u.a. Cicourel, A., 1975: Sprache in der sozialen Interaktion, München.
18 Vgl. hierzu u.a. Garfinkel, Harold, 1973: Das Alltagswissen über soziale und innerhalb sozialer Strukturen. In: Arbeitsgruppe Bielefelder Soziologen (Hrsg.) Alltagswissen, Interaktion und gesellschaftliche Wirklichkeit. Reinbek bei Hamburg; S. 189-[illegible]2.
[illegible] hierzu u.a. Schütz, A., 1971: Gesammelte Aufsätze, Bd.1: Das Problem der so[illegible] Wirklichkeit. Den Haag.

Und ebensolche feinen Unterschiede finden wir natürlich auch in den Forschungsansätzen wieder, die sich bei uns in den letzten zwanzig Jahren etabliert haben. Neben der Biographie-, der Interaktions-, der Konversations- und der Milieuanalyse, deren zentrale Vertreter ich ja schon mehrfach genannt habe, finden wir aber auch die objektive Hermeneutik, deren Vertreter wir in einer Gruppe um Oevermann[20] wieder finden. Und ebenso sei hier an den Forschungsansatz von Barney & Strauss erinnert, den ich im begrifflichen Zusammenhang von der „Grounded Theory" wiederholt angesprochen habe. Einen ausführlicheren Überblick über die verschiedenen Ansätze gibt die Arbeitsgruppe Bielefelder Soziologen (1973). Und damit möchte ich meine Annäherung an das Forschungsverfahren „narratives Interview" abschließen.

20 Vgl. hierzu Oevermann, U.; Allert, T.; Konau, E. und Krambeck, J., 1979: Die Methodologie einer objektiven Hermeneutik und ihre allgemeine forschungslogische Bedeutung in den Sozialwissenschaften. In: Soeffner, H.-G. (Hrsg.) Interpretative Verfahren in den Sozial- und Textwissenschaften; Stuttgart.

2. Das Erzählschema

2.1 Das Sachverhaltsschema

Unser zentrales Thema ist das Forschungsinstrument „narratives Interview". Das darüber bereitgestellte gesamte Instrumentarium können wir in zwei große Teilbereiche unterteilen: in den Teilbereich „Erhebungsverfahren" und in den Teilbereich „Analyseverfahren". Zunächst werden wir uns im Folgenden auf das Erhebungsverfahren konzentrieren.

Wenn wir mit dem Erhebungsinstrument „narratives Interview" zu jemandem ins Feld gehen wollen, von dem wir vermuten, dass er über die mit der Forschungsfrage fixierte soziale, biographische oder kollektive Prozessentwicklung bzw. über das sozialwissenschaftlich interessierende Phänomen eine Geschichte erzählen könnte, dann müssen wir die zukünftige Kommunikationssituation vorbereiten. Auf die wesentlichen Aspekte dieser vorbereitenden Leistung werde ich an anderer Stelle noch ausführlicher eingehen. In diesem Darstellungszusammenhang werde ich die Aufmerksamkeit zunächst einmal auf die die Interaktionssituation „narratives Interview" **ordnenden Aspekte** richten.

Im narrativen Interview können wir nach Kallmeyer & Schütze[21] drei **Ordnungsebenen** unterscheiden: die Gesprächsorganisation, die Handlungskonstitution und das Sachverhaltsschema.

Das Sachverhaltsschema ist die Ebene, auf der uns der Informant seine Geschichte erzählt. Und in seine Erzählung sind - wie ich bereits erwähnt habe - das Beschreiben und das Argumentieren eingelagert. Wir werden uns nun dieses Sachverhaltsschema etwas genauer ansehen. Dazu ist es jedoch erforderlich, dass ich auch die beiden anderen Ordnungsebenen in ihrer Funktion kurz skizziere.

Die **Gesprächsorganisation** stellt sozusagen die Ebene für die Infrastrukturleistungen bereit. Auf ihr werden die Voraussetzungen dafür geschaffen, dass die Kommunikation hervorgebracht, formal organisiert und aufrechterhalten werden kann.

Wir sind ja von der Situation ausgegangen, dass wir als Forscher ins Feld gehen wollen, um dort mit jemandem, der möglicherweise eine entspre-

21 Kallmeyer, Werner, und Schütze, Fritz, 1977: Zur Konstitution von Kommunikationsschemata der Sachverhaltsdarstellung. Bielefeld.

chend forschungsrelevante Geschichte zu erzählen hat, ins Gespräch zu kommen. Wir wollen uns nun die Entwicklung dieser Situation in idealtypischer Weise hinsichtlich ihrer organisatorischen Ablaufstrukturen vor Augen führen.

Als Forscher, der mit dem narrativen Interview arbeiten will, kommen wir in der Rolle des **Initiators** ins Feld. Der Initiator ist derjenige, der das Gespräch beginnen will. Dazu muss er aber erst einmal dem potentiellen Gesprächspartner seine **Kommunikationsabsicht** signalisieren. Den potentiellen Gesprächspartner werden wir den **Rezipienten** nennen. Der Rezipient muss dann seinerseits die Kommunikationsbereitschaft zu erkennen geben. Daraufhin ist wieder der Initiator gefordert, der ein erstes **Gesprächsthema** anbieten muss. Das Gesprächsschema als solches ist ja noch nicht inhaltlich bestimmt. Nun kann das Gespräch thematisch fokussiert ablaufen. Soll schließlich das Gesprächsschema aufgelöst werden, dann muss zunächst das thematisch fokussierte Gespräch beendet werden. Und abschließend müssen sich die Gesprächspartner wechselseitig die Kommunikationsbereitschaft aufkündigen. Damit habe ich die grobe Rahmenstruktur eines Gesprächsablaufs angedeutet.

Für die Konstitution und Aufrechterhaltung des Kommunikationsverfahrens müssen Bedingungsrahmen geschaffen werden. Diese Bedingungsrahmen sind der Gesprächsorganisation übergeordnet und sie haben universellen Charakter. Es geht hier um die Herstellung von Bedingungsrahmen, in denen sich ein Handlungsschema konstituieren kann. Das Handlungsschema „Erzählen" muss also zunächst angekündigt werden. Und daraufhin muss sich der Rezipient bereit erklären, die ihm zugedachte Rolle im angekündigten Schema „Erzähler einer eigenerlebten Erfahrung" zu übernehmen. Handlungsschemata sind der Gesprächsorganisation vorgelagert und sie haben übergeordneten Charakter. In ihnen werden inhaltlich zu bestimmende Handlungszusammenhänge - wie beispielsweise das Erzählen der Lebensgeschichte - durchgeführt.

Ebenso wie das Handlungsschema müssen nun auch Sachverhaltsschemata vorbereitet und ausgeleitet werden. Die Ausleitung ist durch eine Ergebnissicherung gekennzeichnet. Was das Sachverhaltsschema jedoch vom Handlungsschema grundlegend unterscheidet, ist sein Verfahrenscharakter. Durch diesen Verfahrenscharakter kommt es in der Interaktion nun dazu, dass die Gesprächsorganisation ausgeweitet und ausgeformt wird. Das Sachverhaltsschema lässt die Gesprächsorganisation expandieren. Der Erzähler erlebt sich nicht nur in seiner Rolle, eine Geschichte zu erzählen, sondern er erlebt sich dabei auch ständig mit der Aufgabe konfrontiert, das Erzählte dem Zuhörer (und sich selbst gegenüber) verständlich zu präsentieren. Und um die Verständlichkeit zu gewährleisten, muss der Erzähler an den entsprechenden Stellen seine Darstellungsaktivitäten ausdehnen. Im Sachverhaltsschema wird also das Wissen von Sachverhalten explizit gemacht. Auf der Ebene der Gesprächsorganisation bliebe dieses Wissen um Sachverhalte weitgehend ausgeblendet, weil es dort als gegenseitig geteiltes Wissen vorausgesetzt wird.

Der Inhalt eines Sachverhaltsschemas ist von einer komplexen Sachverhaltsdarstellung gekennzeichnet. Der von uns vorgestellte Informant könnte also beispielsweise eine Geschichte darüber erzählen, wie er sich als junger Vater, der bereits seit einigen Jahren alkoholabhängig ist, in Situationen alleingelassen und überfordert erlebt, dass er in diesen Situationen wiederholt die Kontrolle über sich verloren hat und gegenüber seiner Frau, die ebenfalls trinkt, aber auch gegenüber dem Kind und den Nachbarn gewalttätig geworden ist, und dass er aktuell zusammen mit dem für ihn zuständigen Sozialarbeiter vom Jugendamt einen Plan ausarbeitet der vorsieht, dass das Kind zunächst erst einmal fremduntergebracht werden soll, damit die Eltern die Chance bekommen, ihr eigenes Leben zu ordnen, zu planen und auf die Reihe zu bekommen. Das Unverständnis des Forschers dafür, dass der Vater von sich aus die Entscheidung mitträgt, das Kind in die Pflege anderer Menschen abzugeben, löst in der Darstellungsarbeit des Informanten die Expansion der Erzählung aus. Das Erzählen der Geschichte des jungen Vaters ist also von einer komplexen zusammenhängenden Sachverhaltsdarstellung gekennzeichnet. Er hat sich ja dazu bereiterklärt, diese (seine) Geschichte zu erzählen und sie auch so zu erzählen, dass seine darin auftauchende Entscheidung, das Kind abzugeben, für das Verständnis des Forschers nachvollziehbar wird. Darüber ist er nun in einen Zugzwang geraten. Wenn er die Kommunikationssituation nicht gefährden oder gar abbrechen möchte, dann muss er nun seinem Zuhörer deutlich machen, wie es zu dieser Entscheidung kommen konnte und welche Haltung er gegenüber dieser Entscheidung einnimmt.

2.2 Die Zugzwänge in Sachverhaltsdarstellungen

Für die Darstellungsaktivität in Sachverhaltsschemata haben Kallmeyer und Schütze die folgenden drei grundlegenden Regeln herausgearbeitet, die sie mit der analytischen Kategorie **Zugzwänge** fassen. Es geht dabei um den Zugzwang zur Kondensierung, zur Detaillierung und zur Gestaltschließung. Ich werde diese Zugzwänge zunächst kurz charakterisieren und darauf später an konkreten Textbeispielen aus transkribierten narrativen Interviews eingehen.

Der Zwang zur **Kondensierung** in der Sachverhaltsdarstellung ist immer dann gegeben, wenn der Erzähler eine einmal in Gang gesetzte Darstellung inhaltlich überschaubar, aber zugleich auch zeitlich begrenzt zu Ende bringen will. Er sieht sich dann in der Regel dazu veranlasst, vieles wegzulassen und anderes verallgemeinernd zusammenzufassen. Theoretisch könnte er sicherlich eine unendliche Menge von Phänomenen thematisieren, um den zu erzählenden Sachverhalt zu kontextualisieren. Dazu fehlt ihm und seinem Zuhörer aber die Zeit, und beide sehen auch keinen besonderen Anlass, die Darstellung an dieser Stelle weiter auszudehnen. Die Darstellung im Sachverhaltsschema fordert also die Kondensierung ein.

Wenn der Erzähler jedoch dem Forscher (in der Rolle des interessierten Zuhörers) und sich selbst auch noch einmal die Sachverhaltsstruktur deutlich vor Augen führen will, dann muss er in seiner Darstellungsarbeit die konstitutiven Elemente für den Sachverhalt und ihre Beziehungen untereinander transparent werden lassen. Er wird dann in seiner Darstellung so weit wie nötig ins **Detail** gehen.

Und schließlich wird jeder Erzähler bemüht sein, seinem Zuhörer gegenüber hinsichtlich des dargestellten Sachverhalts eine in sich geschlossene Gesamtgestalt zu präsentieren. Der Erzähler wird den dargestellten Sachverhalt seinem interessierten Zuhörer gegenüber anderen Sachverhalten deutlich hervorheben und abgrenzen. Er wird diesen Sachverhalt als eine in sich geschlossene Geschichte, die auch als solche verständlich ist, anbieten wollen. Und er wird die Gestalt des Sachverhalts, die er einmal darzustellen und inhaltlich auszufüllen begonnen hat, auch **abschließen**. Für die Dauer dieser komplexen Darstellung bleibt nicht nur das Rederecht sondern auch die Verantwortung für eine in sich geschlossene Gesamtdarstellung beim Erzähler oder konkreter formuliert: beim Schematräger.

Nun könnte aber der Interaktionspartner - in unserem vorgestellten Fall der Forscher - an einer bestimmten Stelle der Darstellung zwar sein Interesse am Darstellungsgegenstand nach wie vor (auch durch nonverbale Signale) zum Ausdruck bringen, aber dennoch der Art und Weise der Darstellung nicht mehr zustimmen. So könnte er beispielsweise in große Schwierigkeiten kommen, die Entscheidung des Vaters hinsichtlich der Fremdunterbringung seines Kindes sinnstiftend nachzuvollziehen. Aus der Perspektive des Forschers ist also der Sinnhorizont, vor dem der Vater seine Entscheidung getroffen hat und von der er, der Vater und Erzähler, zunächst glaubt, dass er sie nicht weiter erklären und legitimieren muss, nicht zugänglich. Er greift an dieser Stelle sozusagen mitgestaltend in den Gang der Darstellung ein: *„so 'ne befristete Fremdunterbringung?" (77/29-30)*

Der Forscher (in der Rolle des Zuhörers) muss seine anzumeldenden Zweifeln dem Erzähler gegenüber nicht unbedingt verbal äußern. Der Erzähler hat ja, wie wir wissen, mit der bekundeten Bereitschaft zum narrativen Interview auch die Aufgabe übernommen, seine Darstellung dem Verständnis des Zuhörers angemessen vorzunehmen. Er wird also im Darstellungsablauf immer auch bemüht sein, die Perspektive des Zuhörers mitzudenken. Und so könnte ihm allein aufgrund eines fragenden Gesichtsausdrucks bei seinem Interaktionsgegenüber auffallen, dass aus dessen Perspektive die hier von ihm (dem Erzähler) relativ selbstverständlich präsentierte Entscheidung moralisch bedenklich erscheint, und dass der Zuhörer gegenüber dieser Selbstverständlichkeit Zweifel anmelden möchte.

Wenn wir uns hier für einen Moment eine andere Situationsrahmung als die des narrativen Interviews vorstellen, dann wäre ein Protestieren oder auch eine Gegendarstellung seitens des Interaktionspartners ohne weiteres vorstellbar. Denken wir nur einmal daran, dass es sich hier um ein Gespräch zwischen dem vorgestellten Vater und einem Leidensgenosse in der Kneipe handeln würde.

Aber zurück zur besonders gerahmten Situation „narratives Interview". Der geschulte Forscher würde sich - wie ich ja zuvor im Verwendungszusammenhang des Forschungsinstruments schon dargestellt habe - wohl kaum zu einem Protest hinreißen lassen, und er würde vermutlich auch nicht seine eigene Haltung in Form einer Gegendarstellung ins Spiel bringen. Andererseits erlebt er sich aber durchaus berechtigt, seine Bezweifelungsaktivität nonverbal oder aber durch eine Verständnisfrage einzubringen. Er muss schließlich die Beweggründe, die den Vater zu seiner Entscheidung gebracht haben, nachvollziehen können.

An einer solchen Stelle im narrativen Interview haben wir wieder einen Indikator für den Verfahrenscharakter des Sachverhaltsschemas, das ja die **Expansion** der Gesprächsorganisation durchaus vorsieht. Nun ist zwar das narrative Interview kein Gespräch im herkömmlichen Sinne, aber dennoch handelt es sich dabei um eine kommunikative Interaktion, die ebenso wie das Gespräch organisiert werden muss. Und dazu gehört eben auch die Expansion des Sachverhaltsschemas. Der Interaktionspartner und Forscher muss für die Darstellung des Sachverhalts ein Verständnis entwickeln können, Missverständnisse müssen ausgeräumt werden können und auch Bezweifelungsaktivitäten müssen zumindest nonverbal Eingang in die Interaktion finden können. Auf die besonderen Fähigkeiten, die den qualifizierten Forscher in seiner Rolle als Zuhörer im Rahmen eines narrativen Interviews auszeichnen, werde ich aber später noch eingehen, wenn ich auf die argumentativen Passagen zu sprechen komme.

Im narrativen Interview finden wir wiederholt Textindikatoren für derartige **kognitive Strukturen**, die wir auf die Zugzwänge von Sachverhaltsschemata zurückführen können. Kallmeyer und Schütze[22] haben in Primärdatenmaterialien (wie beispielsweise im transkribierten narrativen Interview oder einer Falldarstellung) den Aufbau von kognitiven Strukturen in Sachverhaltsschemata untersucht und sind dabei zu folgendem Ergebnis gekommen: ihr Aufbau unterliegt festen Strukturierungszwängen. Diese Strukturierungszwänge werden mit der Wahl des Sachverhaltsschemas „automatisch in Gang gesetzt, interaktiv einklagbar und länger anhaltend wirksam", so die Autoren.

Der Erzähler, oder genauer gesagt der Schematräger - denn neben dem Handlungsschema „Erzählen" finden wir im narrativen Interview mehr

22 Vgl. hierzu noch einmal Kallmeyer & Schütze, 1977: ebd., a.a.O.

oder weniger häufig auch das des Beschreibens und des Argumentierens - kann sich diesen Zwängen nicht entziehen, es sei denn, er würde das Handlungsschema aufkündigen. Im Darstellungsvorgang erlebt sich der von uns vorgestellte Erzähler bis zu einem gewissen Grade selbst, und mithin sogar gegen seinen Willen, von diesen Zwängen „eingefangen". Dieses Phänomen können wir nicht nur in alltagsweltlichen Interaktionssituationen beobachten, wo dann häufig sinngemäß argumentiert wird: wenn du A gesagt hast, dann musst du auch B sagen. Wir können es ebenso gut auch in transkribierten narrativen Interviews nachweisen.

In die Zugzwänge der Sachverhaltsdarstellung wird der Erzähler nicht nur gegenüber seinem faktischen Interaktionspartner und dessen Bezweifelungsaktivitäten verstrickt, sondern wie ich bereits angedeutet habe auch gegenüber dem imaginären Interaktionspartner. Das ist insbesondere dann der Fall, wenn es sich um **Stegreifdarstellungen** eigenerlebter Erfahrungen handelt. In unserer vorgestellten Interaktionssituation ist es ja der Vater, der über seine eigenen Erfahrungen und Konflikte in Alltagssituationen erzählt, die sich durch das Kind und die gesellschaftliche Erwartungshaltung an die Rolle des Vaters für ihn dramatisch verändert haben. Wir wollen uns nun im Folgenden auf die Analyse von Stegreifdarstellungen eigenerlebter Erfahrungen einlassen, die im narrativen Interview wieder hervorgebracht worden sind, die mit dem Tonbandgerät aufgezeichnet wurden und nun als transkribierte Texte vorliegen.

2.3 Besonderheiten des Stegreiferzählens

Bei der Stegreifdarstellung handelt es sich um eine Textsorte, die vom Darsteller mehr oder weniger unvorbereitet produziert wird. Die Schilderung wird also überwiegend zum ersten Mal hervorgebracht. In der Regel erzählt der Darsteller/Informant aus dem Stegreif. Stegreiferzählungen werden nicht nur in alltagsweltlichen Handlungszusammenhängen, sondern ebenso im Interviewkontext produziert. Wir haben ja bereits festgestellt, dass in Erzählungen auch die Handlungsschemata „Beschreiben" und „Argumentieren" eingelagert sein können. Jetzt wollen wir uns einmal Klarheit darüber verschaffen, was denn nun den besonderen Informationsgehalt des Sachverhaltsschemas des Erzählens gegenüber denjenigen des Beschreibens und Argumentierens ausmacht.

Wenn wir den Erkenntnissen von Kallmeyer und Schütze folgen, dann sind folgende Besonderheiten festzustellen: Für die Erzählung sind **zwei Zeitebenen** charakteristisch. Die eine Erzählebene, auf der die Haupterzähllinie anzusiedeln ist, ist **retrospektiv** orientiert. Auf der Haupterzähllinie wird der zurückliegende Handlungs- und Ereigniszusammenhang dargestellt. Die zweite Erzählebene, auf der die Nebenerzähllinie angesiedelt wird, ist **final** und damit zweckbestimmt orientiert. Auf ihr läuft die aktuelle Erzählkommunikation ab. Auf die Frage nach dem besonderen Informationsgehalt des

Sachverhaltsschemas „Erzählen“ können wir also antworten, dass das Erzählen in einer doppelten Eigenschaft gegründet ist: in der retrospektiven und zugleich in der finalen Orientierung.

So hat der Erzähler beispielsweise die Möglichkeit, im Darstellungsvorgang Stadien, die im damaligen Ereignisablauf erst später eingetreten sind, schon vorher anzudeuten. Und weiterhin kann er auch Aspekte, die ihm für seine Darstellung wichtig und zentral erscheinen, von der Haupterzähllinie herunternehmen, sie gewissermaßen auf einer Hintergrundsfolie fixieren, und sie dann als differenzierende Reinterpretation früherer Erzählstadien zu einem späteren Zeitpunkt mit besonderer Aufmerksamkeit präsentieren. Aber selbst wenn er so verfährt, wird das System der sozialen und räumlichen Orientierungsbezüge, der Darstellungsintention und der Interessenkonstellationen in aller Regel auch im aktuellen Erzählvorgang durchgehalten. Das mag sich zunächst etwas kompliziert anhören, aber ich habe ja versprochen, das ich alle theoretisch-abstrakten Behauptungen, die ich hier aufstelle, im Folgenden mehrfach wiederholt am konkreten empirischen Datenmaterial belegen werde. Bevor wir uns jedoch den Erzählablauf am konkreten Beispiel vor Augen führen, werde ich zunächst noch einmal auf die **kognitiven Strukturen**, so wie sie uns in Stegreiferzählungen immer wieder begegnen, eingehen.

2.4 Kognitive Figuren im narrativen Interview

Im Zusammenhang mit den Ordnungsprinzipien im narrativen Interview, die der Strukturierung eines kommunikativen Sachverhaltsschemas dienen, habe ich ja schon auf die Zugzwänge der Kommunikation hingewiesen - den Detaillierungs-, den Kondensierungs- und den Gestaltschließungszwang. An dieser Stelle möchte ich auch auf die Rahmenfunktion kognitiver Strukturen eingehen. Mit dem narrativen Interview wird ja vom Schematräger auch eingefordert, dass er die Abfolge von Zustandsänderungen in den Blick rückt. Während der Abwicklung seiner Erzählung bedient er sich dabei folgender kognitiver Figuren: der kognitiven Figur „Ereignisträger“; der kognitiven Figur „Ereigniskette bzw. Erfahrungskette“; der kognitiven Figur „Situationen, Milieus und soziale Welten“ (als soziale Rahmen).

Ereignisträger

Ereignisträger bzw. Geschichtenträger finden wir in jeder Erzählung. Häufig ist der Erzähler auch gleichzeitig der Geschichtenträger. So beispielsweise im autobiographisch-narrativen Interview; dort sind Erzähler und Geschichtenträger (Biographieträger) identisch und die Stegreiferzählung beginnt mit der Selbsteinführung des Erzählers als Geschichtenträger.

> *Äh.. das ging ja schon so chaotisch los in meiner Kindheit. Ich bin 1957 in F.-Stadt geboren. (65/18-19)*

Nun kann es sich aber beim Ereignisträger auch um andere soziale Einheiten handeln; so haben wir beispielsweise in unserer vorgestellten Interviewsituation neben dem Vater als Erzähler und Hauptereignisträger auch seine Eltern, seine Ehefrau, das gemeinsame Kind, den zuständigen Sozialarbeiter u.a.m. als soziale Einheiten, die in der Funktion des Ereignisträgers dargestellt werden können.

> *Mein Vater, der war ja damals noch zu Hause, hat bei der Zeitung gearbeitet und/äh.. war dann ab nachmittags bis in die Nacht in der Redaktion. Hat schon damals jede Menge Alkohol getrunken. (65/19-22)*

Wodurch zeichnet sich nun der Geschichtenträger als soziale Einheit aus? Der Geschichtenträger zeichnet sich zunächst einmal dadurch aus, dass er als durchlaufende zentrale Handlungsfigur präsent ist. Andererseits aber auch dadurch, dass sein (psychischer, physischer und sozialer) Zustand im Zusammenhang mit Veränderungs- und Wandlungsprozessen mit den Ereignissen in der erzählten Geschichte verbunden ist. Der zentrale Ereignisträger kann also auch durchaus in Prozesse des Erleidens eingebunden sein, die schließlich so übermächtig werden können, dass das zunächst intentionale Handeln des Geschichtenträgers dahingehend verändert wird, dass lediglich noch ein Reagieren auf die äußeren Umstände übrig bleibt und die eigene biographische Planung aus der Aufmerksamkeit ausgeblendet wird. Als Beispiel dafür könnte der von uns vorgestellte Vater stehen, der aufgrund seiner Alkoholabhängigkeit nicht mehr zur eigenständigen biographischen Planung in der Lage ist.

Zentrale Ereignisträger werden vom Erzähler meistens mit Namen und weiterhin häufig mit erläuternd-beschreibenden Aktivitäten in die narrative Darstellung eingeführt. Dabei handelt es sich in aller Regel um vollausgebaute Expansionsbeschreibungen. Ihre typischen Eigenschaften und Aktivitäten werden herausgearbeitet und es kommt mehr oder weniger zur expliziten Beurteilung und Bewertung des Ereignisträgers.

Nun können in einer Erzählung aber auch wie gesagt mehrere Ereignisträger vorkommen, also andere soziale Einheiten, die in der Lage sind, gerade die Ereignisse mitzugestalten oder zu verursachen, die für den Geschichtenträger von zentraler Bedeutung sind. Solche Ereignisträger können beispielsweise nahe Verwandte oder gute Freunde mit der Funktion eines signifikanten anderen sein. Es kann sich bei ihnen aber auch um Leidensgenossen handeln. Die Reihe ließe sich fortsetzen bis zum handlungsmächtigen, böswilligen Kontrahenten. Weiterhin können kollektive soziale Einheiten zum wichtigen Ereignisträger werden. Zu denken wäre hier an die Familie, an den Freundeskreis, an Organisationen oder sogar an soziale Bewegungen (wie die 68er-Bewegung oder die Montagsdemonstrationen, die dann im Herbst 89 die „Wende“ herbeigeführt haben). Und schließlich müssen Ereignisträger nicht immer im eigentlichen Sinne soziale Einheiten sein. Es kann sich bei ihnen auch um unbelebte Objekte wie das eigene

Haus, den Computer oder das heiß geliebte Auto handeln, die vom Geschichtenträger eine hohe Relevanz zugeschrieben bekommen. Und mit diesen orientierungsrelevanten Objekten tritt der Geschichtenträger dann auf symbolischem Wege in Interaktion.

Ereignisträger mit geringerem Bedeutungsgehalt für den Geschichtenträger werden dann auch weniger ausführlich eingeführt (Schütze spricht hier vom „Expansionszapfen“). In der Regel werden sie an den Stellen des Erzählvorgangs mittels einer beschreibenden Kurzcharakteristik explizit vorgestellt, an dene sie das erste Mal im Ereignisablauf vorkommen. Diese Kurzcharakteristik erschöpft sich meistens in der Darstellung einiger ihnen typischer Merkmale und Aktivitäten.

> *... denn ich war ja sozusagen die rechte Hand des Abteilungsleiters gewesen. Wenn der mal unter Termindruck war, hab ich das für ihn auch noch nach Feierabend gemacht. Äh wir kannten uns auch privat ganz gut und der hat mir auch die Stange gehalten. (73/16-20)*

In relevanteren Fällen wird häufig ein kontrastiver Vergleich der Eigenschaften und Aktivitäten, die in der jeweiligen Beziehungskonstellation zwischen den Ereignisträgern aufscheinen, vorgenommen. So viel zunächst zur kognitiven Figur „Ereignisträger“.

Ereignisketten

Nun komme ich zur kognitiven Figur der Ereigniskette. Erzählungen weisen immer eine Kette von Ereignissen auf. Diese Kette hat ein zeitliches Gefälle. Der Informant erzählt seine Geschichte entlang einer Abfolge von Zustandsveränderungen und stellt dar, wie beispielsweise sein eigener Zustand vor einem bestimmten Ereignis war und wie er sich durch das Ereignis verändert hat. Er informiert den Zuhörer also über ein „Vorher“ und über ein „Nachher“.

Stellen wir uns wieder den Vater vor, der im Gespräch mit dem zuständigen Sozialarbeiter einen Hilfeplan dahingehend ausarbeiten möchte, dass es für eine begrenzte und für ihn überschaubare Zeit zur Fremdunterbringung seines Kindes kommt. Im Rahmen der argumentativ-diskursiven Kommunikation zwischen beiden sollte der Vater ausreichend Gelegenheit bekommen, seine Entscheidung und die möglichen Folgen für alle an der Fallentwicklung Beteiligten noch einmal reflexiv in den Blick zu nehmen. Hinsichtlich der Frage, was ihn zu dieser Entscheidung bewegt hat, wird er sich und dem Sozialarbeiter auch noch einmal den familienbiographischen Veränderungsprozess vor Augen führen und es wird deutlich werden, dass er sich vor der Geburt des Kindes in einem Zustand erlebt hat, der sich dann mit der Existenz des Kindes ganz wesentlich verändert. Viele der nun in der Kontrastierung eines „Vorher“ und „Nachher“ deutlich werdenden Veränderungen haben wir ebenso in so genannten „normalfunktionierenden“ Familien, Familien also, die auch nach dieser familienbiographischen Veränderung weiterhin in der Lage sind, ihre alltägliche Lebens- und Haushaltsorganisation zu bewältigen.

Nun kommt aber in unserem vorgestellten Fall hinzu, dass sich die Eltern ja bereits vor dem Hintergrund ihrer Alkoholproblematik in derart weitreichende Abhängigkeiten verstrickt erlebt haben und erleben, dass also schon dadurch und somit auch schon vor der Geburt des Kindes eine halbwegs funktionierende Alltagsorganisation ihre ganze Aufmerksamkeit eingefordert hat. Nach der Geburt des Kindes erlebt sich insbesondere der Vater hinsichtlich der ihm verfügbaren Aufmerksamkeitsressourcen derart überfordert, dass seine Handlungsorientierung zusammenbricht. Er hat ja bereits so viel mit sich selbst zu tun, weil die Wirkmechanismen der Sucht inzwischen nur noch ein permanentes Reagieren, aber kaum noch intentionales Handeln im Sinne einer eigenständigen biographischen Planung zulassen. Die nun vom Kind zusätzlich eingeforderte Aufmerksamkeit könnte er aus sich heraus theoretisch erst dann erbringen, wenn er sie aus anderen Bereichen sozusagen abziehen könnte. Dazu müssten er aber zunächst einmal seine Suchtproblematik erfolgreich bearbeiten können. Und dazu bräuchte er neben fremder fachkompetenter Hilfe ebenso Zeit für biographische Arbeit.

Wir können an dem vorgestellten Fallbeispiel die wesentlichen Charakteristika für eine Ereigniskette deutlich erkennen: das zeitliche Gefälle; den Ablauf einer Zustandsänderung; die ursächliche (in anderen Fällen auch die zweckrationale) Verknüpfung der Ereignisse miteinander.

Nun muss die zeitliche Verkettung vom Erzähler nicht unbedingt in ausgebauter Form (also durch vollständige narrative Sätze) zum Ausdruck gebracht werden. Im narrativen Interview wird uns häufiger die kondensierte Minimalform begegnen, die beispielsweise durch ein „Und dann" zum Ausdruck gebracht werden kann. In dem Gespräch zwischen dem Sozialarbeiter und dem Vater, das im Interview von letzterem thematisiert wird, sieht das folgendermaßen aus:

> *Das Kind, auf das wir uns eigentlich beide schon so gefreut hatten, war also geboren. <u>Aber dann</u> standen wir plötzlich auch vor einem Berg von Problemen. (75/4-6)*

Hier haben wir nicht nur die Minimalform, sondern darüber hinaus auch einen Hinweis auf die Art der Verknüpfung. Es handelt sich in unserem Fall um ein kausales (ursächliches) Erleiden. Es wäre auch vorstellbar, dass der Vater die zusätzlichen Probleme, die mit der Geburt des Kindes auf ihn zugekommen sind, nur angedeutet hätte. Er hätte dann lediglich auf die Diskrepanz zwischen früherem und späterem Zustand hingewiesen. So beispielsweise:

> *Und so war's dann auch. Nach der Geburt von Tobias sah dann plötzlich alles ganz anders aus. (75/2-4)*

Im weiteren Verlauf des Gespräches zwischen den beiden und im Hinblick darauf, dass sie ja gemeinsam einen Hilfeplan erarbeiten wollen, können wir dann sehen, wie der Vater (als zentraler Ereignisträger) allmählich aus der Rolle des Erleidenden aussteigt und die Perspektive für intentionales Handeln einzunehmen beginnt:

Und ich hab mir nun Folgendes überlegt:... (77/32)

Damit bringt er zum Ausdruck, dass er mit der Einwilligung in die gemeinsame Erarbeitung des Hilfeplans die Ereignisse durch seine eigenen Aktivitäten von nun an systematisch mitgestalten möchte. Hier haben wir nun eine finale (zweckrationale) Verknüpfung vorliegen. Kurz zuvor dagegen war in seiner Darstellung noch die kausale (ursächliche) Erzählweise dominant:

Und weil ich also aus eigener Kraft nicht mehr mit den ganzen Problemen fertiggeworden bin, hat Sabine schließlich den Sozialarbeiter angerufen. (76/12-14)

Mit seiner kausalen Erzählweise hat er also kurz zuvor noch auf die aus seiner Perspektive fremdausgelöste Verursachung von Ereignissen, die er nicht in den Griff bekommt, bezug genommen. Er hatte also nur noch auf die durch die Geburt des Kindes ausgelösten (und für ihn fremden) Rahmenbedingungen reagiert:

Ich habe dann wohl gemerkt, dass ich das alles nicht mehr auf die Reihe kriegen würde, und dann habe ich nur noch mehr gesoffen. Das wurde immer unkontrollierter und hat Formen angenommen...äh..äh.. ich habe mich nachher immer selbst nicht mehr gekannt. Die viel zu kleine Wohnung, das Kind hat geschrien, ich habe meine Frau angebrüllt, und dabei äh.. is mir dann auch schon mal die Hand ausgerutscht. Wenn ich dann wieder halbwegs klar war, hab ich nichts mehr geschnallt. Ich dachte nur noch... also ich war so fertig... Ich hatte das Kind auf dem Arm und habe geheult. Und dann hab ich mir irrsinnige Vorwürfe gemacht und mich auch bei meiner Frau entschuldigt. Ich wollte ja ein guter Vater sein äh.. für's Kind und die Frau da sein...aber in dieser engen Wohnung... Ich musste ja auch mein Kopp ausschlafen, um für die beiden wieder voll fit zu sein. Aber gleichzeitig hab ich auch immer deutlicher gemerkt: Das packste alles nicht mehr. Und äh.. dann wurde auch der Druck von 'n Nachbarn und Bekannten immer größer. Die ham ja mitgekriegt, was hier abging und äh.. dass das immer häufiger passierte. Die Frau S., die unter uns wohnt, die hatte mir ja schon mehrmals angedroht, dass sie das nächste Mal die Polizei ruft. Nur mit Rücksicht auf meine Frau und das Kind hätte sie's noch nicht getan. Und Lisa, also was meine Schwägerin is, die hat immer wieder zu mir gesagt: „Geht doch mal zum ASD, die besorgen euch 'ne größere Wohnung, aber nur, wenn die nichts von deiner Sauferei mitkriegen"... Also der Druck wurde immer größer, aber ich habe dann auch immer mehr gesoffen, genau so wie damals Sabine. (75/6-32)

Wir können an diesem vorgestellten Fallbeispiel sehen, wie sich die kausalen Rahmenbedingungen schließlich zu unüberwindbaren Barrieren anstauen. Der Vater erlebt sich wie von einer fremden Macht gesteuert. Das ist nicht mehr er, der da handelt. Er findet sich in Situationen wieder, ohne zu wissen, wie es dazu kommen konnte. Er erlebt sich als Opfer von Ereignisverkettungen, die er nicht mehr überblicken kann:

> *Wenn ich dann wieder halbwegs klar war, hab ich nichts mehr geschnallt. Ich dachte nur noch... also ich war so fertig... (75/13-14)*

Dieses Erleben von Fremdgesteuertheit, die die eigene Handlungsorientierung vollständig überformt und bis in ein so genanntes „black-out“ einmüden kann, wird uns in autobiographisch-narrativen Interviews hin und wieder begegnen - also nicht nur in Lebensgeschichten, die durch den dramatischen Verlauf einer Krankheitskarriere gekennzeichnet sind. In abgeschwächter Form finden wir eine derartige Erleidensstruktur auch in ganz „normal“ verlaufenen Biographien wieder. Schütze[23] hat dieses Phänomen mit der analytischen Kategorie *Verlaufskurve* gefasst, und ich werde darauf noch in einem anderen Darstellungszusammenhang eingehen. Aus dem alltagssprachlichen Kontext ist uns dafür der Begriff „Schicksal“ geläufig.

Immer wieder werden wir in narrativen Interviews feststellen können, dass der Geschichtenträger zunächst davon berichtet, wie er eine Handlung geplant und damit auch eine konkrete Erwartung verbunden habe. Aber anschließend haben sich dann die Ereignisse doch ganz anders und entgegen der Ereigniserwartung entwickelt. Der Erzähler bringt in seiner Darstellung eine Diskrepanz zwischen der ursprünglichen Handlungsplanung und den dann faktisch eingetretenen Ereignissen zum Ausdruck. Auch dazu ein Beispiel aus unserem vorgestellten Fallbeispiel:

> *Und als meine Frau dann von dem gehört hat, dass se schwanger is, war die Freude natürlich erstmal riesengroß. Wir hatten uns ja schon lange ein Kind gewünscht, hatten auch alles mögliche versucht, aber geklappt hatt's ja bis dahin nicht. Wir haben uns dann ausgemalt, wie es werden würde... nun endlich mit 'm Kind. Dass wir 'ne größere Wohnung bräuchten mit 'm Kinderzimmer und 'n richtiges Bad. Dass ich dann auch nach 'm erfolgreichen Entzug meine frühere Arbeit wieder aufnehmen könnte. Und dass wir dann stolz mit 'm Kinderwagen durch die Straßen fahren würden. Das war so in der ersten Euphorie unsere Phantasie. Äh..äh.. aber als der Geburtstermin dann immer näher kam.. und ich war inzwischen auch wieder rückfällig geworden ne, und wir hatten noch immer keine andere Wohnung gefunden, da habe ich schon geahnt,*

23 Siehe hierzu u.a. Schütze, F., 1994: Das Paradoxe in Felix' Leben als Ausdruck eines „wilden“ Wandlungsprozesses. In: Koller & Kokemohr (Hrsg.): Lebensgeschichte als Text. Weinheim.

dass wir 's vielleicht doch nicht packen würden. Und so war 's dann auch. Nach der Geburt von Tobias... (74/24-75/3)

In dem Textausschnitt wird die Diskrepanz durch die folgende Formel zum Ausdruck gebracht: Erstmal war die Freude riesengroß und die Eltern haben Pläne gemacht. Aber als der Geburtstermin immer näher rückte, der Ehemann wieder rückfällig geworden war und auch keine Aussicht auf eine größere Wohnung bestand, dämmert es ihm, dass durch das Kind die Alltagsprobleme übermächtig werden würden.

Der Vater erlebt sich daraufhin in Zuständen, die er nicht mehr kontrollieren kann, die er nicht mehr von seinem persönlichen Willen steuern kann. Es kommt also zu unerwarteten Verkettungen von Ereignissen, die insbesondere den Vater regelrecht in eine Erleidensverlaufskurve hineinsaugen, aus der er sich ohne fremde Hilfe von außen nicht mehr befreien kann. Er erlebt sich in Bedingungskonstellationen, in denen er sich selbst nicht mehr wieder erkennt.

Situationen: (soziale Rahmen als kognitive Figur)

Zustandsveränderungen des Ereignisträgers laufen in sozialen Rahmen ab. Der jeweilige Rahmen, in dem die Zustandsveränderung stattfindet, wird vom Erzähler in seiner Darstellungsarbeit mehr oder weniger ausführlich angegeben. Aus der Kette der erzählten Ereignisse werden also hin und wieder Situationen hervorgehoben. Dazu bedient sich der Erzähler in seiner Darstellungsarbeit der Erzeugung von **Spannung**: er berichtet über gesteigerte Planungsaktivitäten oder auch über den zunehmenden Druck hinsichtlich der von außen an den Ereignisträger herangetragenen Erwartungshaltung. In unserem vorgestellten Fall haben wir auch ein Beispiel dafür. Die Kontrollverluste des Vaters, wenn er unter Alkoholeinfluss steht und seine Frau schlägt, bleiben auch dem sozialen Umfeld nicht verborgen. Und von dieser Seite wird dann auch der Druck auf den Vater, mit seinen Problemen endlich beim ASD bzw. beim Jugendamt vorstellig zu werden, immer stärker:

Und äh... dann wurde auch der Druck von 'n Nachbarn und Bekannten immer größer. Die ham ja mitgekriegt, was hier abging und äh.. (75/21-23)

In der Darstellung des Vaters wird aber auch deutlich, dass sich die Situation zuspitzt und von ihm eine Entscheidung gefordert ist, die die Situation entspannt. Aber auch auf der formalen Ebene der Darstellung wird die Spannung, in der er sich damals befindet, deutlich: die **Dichte** der geschilderten Aktivitäten nimmt zu.

Weiterhin ist für die kognitive Figur „Situation" konstitutiv, dass der spezifische sozial-räumliche **Schauplatz**, in dem sie sich ereignet, in der Erzählung präsentiert wird. Neben der **Zeit- und Ortsangabe** wird häufig auch die **Handlungsrelevanz** herausgearbeitet. Wenn wir uns die Darstellung des Vaters ansehen, dann haben wir als Zeitangabe die unmittelbare Phase nach der Geburt des Kindes. Der Ort, an dem sich die Situation zuspitzt, ist die viel zu kleine Wohnung der Eltern, in der nun auch noch das völlig auf die Pflege und Betreuung der Eltern angewiesene Baby versorgt und untergebracht werden muss. Damit ist aber auch das aktualisierte **Relevanzsystem** thematisiert oder genauer gesagt: zwei sozusagen konkurrierende Relevanzsysteme. Neben dem ersten Relevanzsystem, dass das neue Familienmitglied in den Blick rückt und die volle Aufmerksamkeit der Eltern einfordert, steht das der Alkoholkrankheitsverlaufskurve, das aus der Perspektive der Eltern ebenfalls die volle Aufmerksamkeit einzufordern scheint und das hinsichtlich der fixierenden Wirkmechanismen der Sucht Ersteres zeitweilig randständig werden lässt. Die von der Sucht eingeforderte Handlungsorientierung (insbesondere die des Vaters) wird in der sozialräumlichen Enge der kleinen Wohnung und durch die einem Baby zu eigene Forderungsmentalität gestört und blockiert. Weil aber die Wirkmechanismen des fremdauferlegten Relevanzsystems (Sucht) zeitweilige Kontrollverluste hervorrufen und dann in folge in der Innenwelt des Vaters die des aktualisierten Relevanzsystems (Vaterrolle) marginalisieren, ist seine Handlungsintentionalität blockiert. In solchen Fällen reagiert er auf die veränderten sozial-räumlichen Rahmenbedingungen, die die Voraussetzungen für das Trinken erheblich einengen, aggressiv.

Und Situationen sind darüber hinaus charakterisiert durch ein eindeutiges **Vorher und Nachher** in Bezug auf das Kernereignis. Wir haben uns ja gerade noch einmal vor Augen geführt, wie der Vater die Situation unmittelbar nach der Geburt des Kindes erlebt, bevor er sich dann endlich dazu entschließen kann, bei den ASD vorstellig zu werden. Der Druck ist unerträglich geworden. Dann trifft seine Frau stellvertretend für ihn die Entscheidung und ruft den Sozialarbeiter an. Das Hilfeplanverfahren wird eingeleitet und die Eltern entscheiden sich schließlich für die befristete Fremdunterbringung ihres Kindes. Ich werde nun am vorgestellten Fallbeispiel zeigen, wie sich die Situation für den Vater unmittelbar nach dieser folgenreichen Entscheidung darstellt:

> *Also äh.. jetzt war'n wa ja plötzlich wieder allein. Meine Frau hat die ersten Tage nur geheult... . Abends haben wa uns die Birne zugezogen. Se hat dann auch wieder mitgetrunken. Und am nächsten Morgen, wenn ich aufgestanden bin, hat se schon am Tisch gesessen und weitergeheult... Na äh.. äh.. und dann ist se erstmal in 'n Entzug gekommen. Ich war zu Hause. Wollten ja nicht beide gleichzeitig. Und dann auf einmal war da 'ne unheimliche Ruhe, das war also zeitweise wirklich unheimlich.. Äh ja, das war dann 'ne ganz andere Situation. Ich hätte aber lieber doch gleich mit ihr mitgehen sollen, wäre besser gewesen für mich. Na äh.. dann bin ich vierzehn Tage später ins Landeskrankenhaus gekommen. Haben mich in der Wohnung gefunden. Filmriss... (80/5-17)*

Wir können sehen, wie sich die Konstellation des Zustandes nach der Überschreitung der Schwelle (Entscheidung zur Fremdunterbringung des Kindes) beim Mann verändert, wie sie sich aber auch mit einer völlig anderen Qualität für die Ehefrau und Mutter verändert. Hier haben wir einen **Entscheidungsknotenpunkt** vorliegen. Und dafür finden wir in der Erzähldarstellung eindeutige Indikatoren. Diese Indikatoren haben den Charakter von **Rahmenschaltelementen**. In der Darstellung des Vaters sieht das folgendermaßen aus:

> *Und dann auf einmal war da 'ne unheimliche Ruhe, das war also zeitweise wirklich unheimlich. Äh ja, das war dann 'ne ganz andere Situation. (80/12-14)*

Hier haben wir im Übrigen auch einen ganz eindeutigen Markierer für ein explizites Vorher und Nachher. Aus der Perspektive des Vaters war die Situation vorher bestimmt durch Lärm und Chaos. Das neue Familienmitglied hatte den bisher gewohnten Lebensrhythmus durcheinander gebracht und die Suchtbefriedigung in Frage gestellt. Es forderte konzentrierte Aufmerksamkeit und die kleinkindgerechte Organisation des Alltags ein. Seit dem Zeitpunkt der Fremdunterbringung ist für den Vater zunächst einmal Ruhe und in gewisser Weise wieder die alte ihm vertraute „Ordnung" eingekehrt. Die veränderte Situation erlaubt es dem Vater, seine Sinnzuschreibungen und sein Handeln an der sich allmählich entfaltenden Ereignisgestalt auszurichten. Diese Ereignisgestalt hat eine von ihm gedeutete Vergangenheit und eine bedeutungsgebende Zukunft. Die Situationsdefinition[24] des Vaters wird orientierungsleitend für sein zukünftiges Aktivitätsmuster. Aber - und das ist für das **Konzept der Situationsdefinition konstitutiv** - sie beinhaltet zunächst auch einmal Merkmale der Unbestimmtheit. Er will ja für die Dauer der Fremdunterbringung des Kindes die Chance nutzen, sein eigenes Leben zu ordnen und ihm wieder einen Sinn zu verleihen. Mit dieser bedeutungsgebenden Zukunft im Auge will der Vater zunächst wieder Herr über die fremdgesetzten konditionellen Relevanzen und Rahmenbedingungen werden. Er will aufhören zu Trinken, will wieder Arbeit finden und eine größere Wohnung anmieten mit dem Ziel, dass dann das Kind wieder in die Familie zurückgeholt werden kann. So deutet der Vater die neue Situation für sich. Es ist in diesem Sinne die Chance für einen Neubeginn. Diese Chance soll nun orientierungsleitend für sein Handlungsmuster, das er gemeinsam mit dem Sozialarbeiter erarbeitet hat, werden.

Aber wir hatten ja auch gesagt, dass die Situationsdefinition immer auch Merkmale der Unbestimmtheit enthält. Die Situationsentfaltung ist nicht kalkulierbar. Der Vater hat sozusagen diese Definition ohne seinen imagi-

---

24 Vgl. hierzu Schütze, Fritz, 1995: Das Erkenntnispotential der Chicago-Soziologie und des Symbolischen Interaktionismus für die Untersuchung von Modernitätserscheinungen in komplexen Gesellschaften. In: R. Bohnsack, G. Riemann, F. Schütze, A. Weymann: Die Chicago-Soziologie und die Modernität.

nären Interaktionspartner gemacht - die Sucht. Und die Sucht bestimmt nun erst einmal weitgehend wieder die Situationsentwicklung. Zunächst einmal trinken beide wieder - Vater und Mutter. Und als die Ehefrau dann in den Entzug geht, werden erst einmal alle Kontrollmechanismen ausgeblendet und der Vater trinkt sich ins Delirium. Es kommt zum „Filmriss", wie er es abgeschwächt umschreibt. Er hat die Situationsentwicklung keinesfalls mehr unter Kontrolle. Sie wird ihm abgenommen und er wird dem Entzug zugeführt.

Im Hinblick auf die kognitive Figur „Situation" haben wir die Abfolge von Zustandsänderungen in ihrer besonderen Rahmung innerhalb der Ereigniskette kennen gelernt. Wir haben in unserem Fallbeispiel die erzeugte Spannung und Erregung, die zunehmende Dichte der Aktivitäten und die Zuspitzung bis hin zu einer Entscheidung ebenso wieder gefunden wie die Präsentation des sozial-räumlichen Schauplatzes und des Charakteristikums eines Vorher und Nachher. Aber auch die anderen kognitiven Figuren sind - wie in jeder voll ausgebauten Erzählung - in unserem Fallbeispiel enthalten. Diese kognitiven Figuren sind die zentralen Bestandteile des Grundgerüsts für das Sachverhaltsschema „Erzählen einer Geschichte". Sie repräsentieren den **Erzählkern**.

Ich möchte an dieser Stelle noch einmal zusammenfassen: Als Minimalanforderung an das Erzählen einer Geschichte muss sichergestellt sein, dass 1.) die Handlungsträger (sozialen Einheiten) eingeführt werden, 2.) in der Abfolge von Ereignissen die Zustandsänderung dieser sozialen Einheiten dargestellt wird, und dass 3.) Situationshöhepunkte herausgearbeitet werden.

Die Gesamtgestalt der thematisierten Geschichte

Es gibt aber noch eine weitere eigenständige kognitive Figur, die jeder Erzählung einer Geschichte zu Eigen ist. Wir alle kennen sie aus unserer Kindheit, aus Erzählungen von Märchen und Fabeln. In diesem Zusammenhang haben Großeltern, Eltern oder signifikante andere wiederholt die Betonung auf die **Moral** von der Geschichte gelegt. Sowohl die Moral als auch der **Typ** der zu erzählenden Geschichte werden vom Erzähler in exponierter Darstellungsposition thematisiert: so beispielsweise in der autobiographischen Thematisierung am Anfang in der Erzählpräambel, oder aber auch in ergebnissichernder Schlussposition im Rahmen einer bilanzierenden Koda. Mit der Thematisierung des Typs gibt der Erzähler dem Zuhörer zu verstehen, ob es sich beispielsweise um eine lustige oder eine ernste Geschichte handelt. In unserem Fallbeispiel geht es um eine Familientragödie. Und das kündigt der Erzähler auch gleich zu Beginn seiner Darstellung an:

> *Gut... ja/äh.. Ja also da werde ich Ihnen nichts Lustiges erzählen können. Das war für uns alle bestimmt nicht einfach und ist es heute auch noch nicht. Äh.. das ging ja schon so chaotisch los in meiner Kindheit. (65/15-18)*

Der Vater kennzeichnet gleich zu Beginn seiner Erzählung den Geschichtentypus: es wird nichts Lustiges sein, was er zu erzählen habe. Der Zuhörer erhält also sehr früh den Hinweis, dass er aus seiner Erwartungshaltung an die angekündigte Geschichte die möglichen lustigen Aspekte streichen muss. Er bekommt vorab einen Orientierungshinweis dahingehend, dass er sich in der nun zu entwickelnden Interviewsituation auf eine ernste Geschichte einstellen muss.

Gegen Ende der Haupterzählung nimmt dann der Vater noch einmal zusammenfassend und ergebnissichernd-bewertend Stellung zum Gesamtablauf seiner Geschichte.

> *So hat sich das also alles bisher in meinem Leben abgespielt. Äh..ja war oft bestimmt nicht einfach, ne. Und vieles war ja dann auch durch's Saufen vorprogrammiert. Hab ja leider viel zu oft nur an mich gedacht. Aber das habe ich ja nun einigermaßen im Griff (klopft auf den Tisch). Heute würd' ich vieles anders machen, das könn' Sie mir glauben. Wir wollen hoffen, dass das morgen mit der neuen Wohnung klappt. Meinen job hab ich ja Gott sei Dank wieder, geht auch ganz gut im Moment, überhaupt keine Einstiegsschwierigkeiten und so. Hört man ja oft von andern, ne. Das liegt aber auch an Werner und den Kollegen. Ich bin jetzt eigentlich auch sehr zuversichtlich, dass wir Tobias bald wieder zu uns nach Hause holen können. Müsste nur klappen morgen, dass der uns die Wohnung vermietet und wir hier endlich rauskommen. Ham se ja gesehen, als Sie gekommen sind, was hier für Chaoten wohnen. Alles Penner und Kanaken. Für das Kind wär' das bestimmt nichts. Und deswegen ham wa's ja auch erstmal weggegeben. Hat's ja nicht schlecht da. ... Sind auch sehr anständige Pflegeeltern... So, jetzt weiß ich nichts mehr, jetzt müssen Sie mal fragen. (82/20-83/2)*

Der Vater nimmt noch einmal Bezug auf sein Schicksal und arbeitet in exponierter Stellung die Moral der Geschichte heraus: das Trinken blockiert das Einrichten in einem harmonischen familiären Zusammenleben und die Perspektivenerweiterung für das neue Familienmitglied. Und der Erzähler macht ebenso seine Erfahrungsperspektive deutlich. Er deutet noch einmal an, dass er viel zu lange den Standpunkt vertreten habe, dass er auf dem Schauplatz des Geschehens die zentrale Rolle spielen würde, die auch nach der Geburt des Kindes die ganze Aufmerksamkeit absorbieren könne. Diesen Standpunkt habe er nun aufgegeben und seine Folgerungen für die aktuelle Handlungsorientierung daraus gezogen. Er lässt deutlich werden, dass er auch Verständnis für die Fremdperspektive des zuständigen Sozialarbeiters, der ihm ja damals zur Fremdunterbringung des Kindes geraten hat, entwickeln konnte, dass er wieder eine familienbiographische Zukunftsplanung ins Auge gefasst hat und dass es ihm halbwegs gelingt, die fremdgesetzten Wirkmechanismen, die seine Alltagsorganisation bisher dominiert haben, unter Kontrolle zu bringen und damit zum intentionalen Handeln zurückzufinden. Der

Vater präsentiert also zum Schluss der Erzählung seine aktuelle Erzählerperspektive in kontrastiver Anordnung zum eigenen vorher eingenommenen Standpunkt und darüber hinaus auch im Kontrast zum sozialen Wohnumfeld, was ihm jedoch bisher nur über sehr verallgemeinerte Typisierungen wie „Penner“ und „Kanaken“ gelingt. Über diese kognitive Figur, die wir die **Gesamtgestalt** der thematisierten Geschichte nennen wollen, ist es ihm gelungen, die Gestalt seiner Geschichte abzurunden und den in seiner Darstellungsarbeit begonnenen Erzählbogen ergebnissichernd zu schließen.

Wir wollen uns nun im Folgenden den gesamten Erzählablauf vor Augen führen, und zwar von der Ratifizierung in der aktuellen Interviewsituation bis zum abschließenden Kodakommentar in der Haupterzählung.

2.5 Der transkribierte Interviewtext

Bei der nachstehenden Transkription handelt es sich um einen verschriftlichten Interviewtext: das schon wiederholt von mir rezitierte autobiographisch-narrative Interview mit einem Vater, der sich (und schließlich auch zusammen mit seiner Frau) für die Fremdunterbringung des gemeinsamen Kindes entschlossen hat. Beide Eheleute sind Alkoholiker und zum Zeitpunkt des Interviews „trocken“. Diese Abstinenz ist bei beiden erst von kurzer Dauer. Vorangegangen sind mehrere Entzugstherapien, die letzte erst nach dem eingeleiteten Hilfeplanverfahren, also nachdem das Kind bereits bei Pflegeeltern untergebracht ist

Das Interview wird am frühen Nachmittag in der kleinen Zwei-Zimmer-Wohnung der leiblichen Eltern mit dem Vater geführt; die Mutter ist nicht anwesend. Die Wohnung hat eine kleine Kochnische im Eingangsbereich und eine Toilette mit nachträglich eingebauter Dusche. Wir befinden uns in der dritten Etage eines fünfstöckigen Mehrfamilienhauses, das in eine Straßenblockbebauung mit Hinterhofsituation integriert ist. Dieses „Massenwohnquartier“ liegt im Stadtteil M. von F.-Stadt.

verwendete Transkriptionszeichen:

...	Pause (die Anzahl der Punkte gibt in etwa die Sekunden wieder);
...((8))...	längere Pause von acht Sekunden Dauer;
((lachen bis *))	außersprachliche Aktivitäten wie hier beispielsweise das Lachen, das sich bis zur Kennzeichnung (*) an der entsprechenden Stelle im Transkriptionstext hinzieht;
immer	Betonung eines Wortes;
s c h ö n	gedehntes Sprechen;
wohlge/äh..	Wortabbruch bzw. Selbstkorrektur

Autobiographisch-narratives Interview mit einem Vater.
Kategorie der Forschungsfragestellung: „Fremdunterbringung“

V.: = Vater und Erzähler
I.: = Interviewer

I.: Also äh..ich möchte Sie dann bitten, sich zurückzuerinnern und ihre Lebensgeschichte zu erzählen... wie nach und nach so eins zum anderen gekommen ist.

V.: Kann's schon losgehen? Das läuft da, ja?

I.: Ja, ist alles soweit klar. Sie können anfangen.

V.: Gut.... ja/äh... Ja also da werde ich Ihnen nichts Lustiges erzählen können. Das war für uns alle bestimmt nicht einfach und ist es heute auch noch nicht. Äh..das ging ja schon so chaotisch los in meiner Kindheit. Ich bin 1957 in F.-Stadt geboren. Mein Vater, der war ja damals noch zu Hause, hat bei der Zeitung gearbeitet und/äh.. war dann ab nachmittags bis in die Nacht in der Redaktion. Hat schon damals jede Menge Alkohol getrunken.

I.: ja?

V.: Ja. ich glaube, so richtig klar ist der bis zu seinem Tod dann nie mehr gewesen. In seinem Zimmer standen immer jede Menge Whisky-Flaschen. Das waren diese großen Dinger äh.. Anderthalb- oder Zwei-Liter-Flaschen. Hat er ja immer von den Amis besorgt, die ganz in der Nähe von uns stationiert waren. Also Sprit hatte der immer genug. Hat wohl auch kaum Bier getrunken, nur harte Sachen.

I.: mhm

V.: Und wenn er dann manchmal mit seinen Kollegen und Kolleginnen angerückt ist, dann ging da die Fete ab, aber wie. Haben so richtig die Sau rausgelassen. Wir hatten so'n Einfamilienhaus in der S.-Siedlung. Und im Garten stand noch die Laube, in der sie äh.. als das Haus noch gebaut wurde, immer gegessen und machmal auch geschlafen haben, meine Eltern. Ja und die war regelrecht zu 'ner Partyscheune umfunktioniert worden. Da kann ich mich noch erinnern, manchmal hab ich da im Sommer als Junge mit meinem Freund drin geschlafen. Das war für uns immer etwas äh.. abenteuerlich... so wie im Cowboyfilm. Die sind ja damals noch jeden Sonntagnachmittag im Kino gelaufen.

I.: kenne ich auch noch.

V.: Ne...Ja, und äh.. meine Mutter, die war dann an den Wochenenden fast immer auf Achse. Hatte ihre Lover, mit denen sie dann losgezogen ist. Unter der Woche hat sie meist zu Hause Übersetzungen für Y-Firma gemacht. War ja Wirtschaftsdolmetscherin für Englisch und Französisch. Und/äh von daher war die auch häufig mit ihrem Chef auf Geschäftsreise, meistens am Wochenende. Dann war ich immer bei der Oma. Bin sowieso viel lieber da gewesen als zu Hause, weil die Oma, die wohnte noch etwas weiter draußen in so'm kleinen Vorort. Gehört ja heute alles zu F.-Stadt. Aber damals.. die hatten noch Hühner und Kaninchen, als der Opa noch lebte.

I.: toll!

V.: Ja, das war richtig idyllisch da draußen. Und äh.. mit Opa Willy, das war sowieso der Größte, mit dem bin ich immer gern losgezogen. Dann ham wa Klee und Löwenzahn für die Kaninchen gepflückt. Für so'ne Stofftasche voll gab's fünfzig Pfennig. Oder auch Pferdeäppel. Äh..wenn da welche auf a Dorfstraße lagen, bin ich immer gleich mit Schaufel und Eimer los und hab die aufgesammelt. Das war 'n auch wieder fünfzig Pfennig. Das Kino kostete damals noch fünfzig Pfennig. Und der Opa hat sich immer mit mir die Cowboyfilme angeguckt. Und dann gab's in der Pause, also zwischen der Wochenschau und dem Hauptfilm, da kam dann immer so 'ne Frau mit 'm Korb, und der war voll mit äh.. mit Langneseeis.

I.: genau

V.: Da gab's also immer 'n Eis. Der Opa ist dann leider gestorben, als ich in der vierten Klasse war. Und als ich dann auf's Gymnasium gehen sollte... hatte eigentlich nie so richtig Lust dazu, weil äh.. von meinen Freunden in dem Stadtteil, da ist nur einer mit auf's Gymnasium gegangen. Das war der Sohn von unser'm Arzt. Aber sonst äh... alle weiter zur Volksschule oder zur Mittelschule, die war auch viel näher. Ich war eigentlich nicht *schlecht in der Schule, aber dann diese Fahrerei mit 'm Bus. Mußte morgens früher aufstehen und bin nachmittags auch immer erst später nach Hause gekommen als die anderen. Und bei den Schulaufgaben hat mir auch niemand geholfen. Der Alte war sowieso nie da und meine Mutter, die hat sich nie darum gekümmert. Wenn die dann an ihren Übersetzungen geschrieben hat, war die nicht ansprechbar... (leise bis *) (Hat auch damals schon am Nachmittag getrunken) (*) und war dann immer total genervt, wenn ich mal was von ihr wollte. Einmal, das weiß ich noch äh.. da sollte sie mir in Französisch helfen. Ich bin zu ihr rein und wollte ihr das Vokabelheft auf'n Tisch legen, damit sie mich abhören konnte. Und dabei habe ich dann ihr Glas umgekippt. Da ist die fast ausgerastet, weil was von dem Zeug auf ihre Blätter gelaufen war.*

I.: hmhm ?

V.: Ja, die war also immer gleich auf Hundertneunzig, wenn man von der was wollte. Ich glaube äh.. der Alte ist deshalb auch kaum noch nach Hause gekommen. Äh..dann hat das auch mit den Feten im Garten aufgehört, weil beide ja ihre eigenen Bekanntenkreise hatten. Und die konnten sich auch gegenseitig nicht riechen. Und dann ist der Alte von zu Hause ausgezogen. Is mit 'm VW-Bus von der Zeitung gekommen, hat den vollgepackt und weg war der. Hat sich noch micht mal von mir verabschiedet, nichts, ne. Der ist dann aber auch bald aus F.-Stadt weggezogen. Hab ne bis heute nicht wiedergesehen. Lege auch kein' Wert drauf. Hab ja nie was von dem gehabt, ne.

I.: mhm

V.: Tja und dann äh... warten se mal, ich war damals glaube ich in der 8. Klasse... ja einundsiebzig war das.. und dann sind wir in die Innenstadt umgezogen. Das Haus wurde verkauft und meine Mutter hat dann in der L.-Straße eine Eigentumswohnung gekauft. Das ging auch alles ratz-batz, so 'ne Nacht-und-Nebel-Aktion. Das hatte die zusammen mit ihrem Chef über Beziehungen ausgeklüngelt, ist wohl auch nicht ganz legal gelaufen. Naja äh.. jetzt wohnten wir also mitten in der Stadt. Ich konnte zu Fuß zum Gymnasium gehen. Aber...äh.. war ja alles nicht mehr so das Wahre. Ich hatte einfach kein' Bock mehr, hatt'ich ja von Anfang an nicht. Konnte die Lehrer nicht ab und die mich wohl auch nicht, bis auf den in Musik, der war so auf meiner Wellenlänge.

Der hat auch mal die Stones im Unterricht gespielt. Weiß ich noch genau, weil ich ja heute noch treuer stones-fan bin. Und/äh.. der war auch der einzige, der mir später bei meinem Abgang geholfen hat und mit mir noch 'n Bier trinken war. Danach hab ich ne aber auch nicht mehr gesehen. Schade eigentlich, wenn 's nach dem gegangen wäre, der hätte mich durch's Abi geschleppt. Aber der hatte dann auch äh..äh.. mal was mit meiner Mutter, was genaues weiß ich nicht. Und die muß ihn wohl dann auch äh.. verarscht haben. Naja, gut....

I.: ahm..

V.: ..wo war ich jetzt?... Äh..ach ja, hatte also kein Bock mehr auf Schule, weil äh.. mit Freunden ist da nichts gelaufen. Und dann ging das auch in der Disco mit 'm Stoff los. Erst 'n paarmal probiert... ham immer 'n paar Typen von der Uni mitgebracht. Und es gab ja dann 'ne zeitlang diese regelrechten Joint-Nächte. Wir sind dann total bekifft die ganze Nacht dageblieben. War aber auch 'ne schöne Zeit, ne. Da hatten wir so 'ne Gruppe von elf Leuten, vier Jungen und sieben Frauen. Wir waren ja damals fast jeden Tag zusammen. Sind auch zusammen in die Ferien gefahren, sind am Wochenende mal eben zur Ostsee hoch, haben dort auf Fehmarn.. damals war das ja noch alles nicht so versifft wie heute, der Strand und so.. äh..sind wir nachts mit 'm Auto los. Einer hatte immer 'ne Kiste. Dann ham wa uns um Mitternacht in der Disco kurz entschlossen ne, fünf Mann rein in die Schleuder, genug Stoff dabei, Zelt war immer im Auto, und dann ab. Das tollste war dann ja immer, wenn wir dann so kurz vorm Meer waren ne, das roch schon immer so nach Hafen und Fisch. Und wenn dann die Sonne aufging... wir sind dann praktisch so ins Wochenende reingefahren ne. Zelt irgendwo aufgebaut. Einmal sogar, da waren wir schon nachts angekommen, war noch dunkel, und wir das Zelt nur so halbwegs aufgebaut.. nichts gesehen, reingelegt und gepennt. Und am nächsten Morgen stand dann der Bauer vor uns und hat mordsmäßig geschimpft. Wir standen nämlich auf seiner Weide, die (Lachen bis *)Kühe ringsrum, und er wollte se melken (*).

I.: Muß ja ulkig gewesen sein.

V.: Ja, aber das war ja dann auch schon die Zeit, wo wir tierisch das Saufen angefangen *haben.. „Büchsenbier und ein Joint, und der Tag ist dein Freund" oder so ähnlich jedenfalls. Was ham wa damals so manchmal weggeschluckt... palettenweise das Zeug niedergeknüppelt ne. Und die Frauen auch. Das war so äh.. Reggae-time, so Bob Marley, Peter Tosh und wie die alle hießen...so die Musik, jeder für sich alleine getanzt, nichts mehr mit anfassen und so.. stundenlang. Und geschwitzt wie die Affen dabei. Man hat ja das Saufen auch gar nicht so gemerkt, alles wieder ausgeschwitzt ne. Und da habe ich auch meine jetzige Frau kennengelernt. War 'ne echte Schönheit damals. Die konnte ja aussehen.. ohne viel Schminke und so. Alle waren se hinter der her. Aber äh.. die hat damals auch schon ganz schön gebechert. So machesmal mit Filmriß irgendwo aufgewacht. Bloß ich habe das damals natürlich überhaupt noch nicht bewußt wahrgenommen. War'n ja alle auf'm Trip ne... ((8))...*

I.: mhm

V.: So.. naja, und die ist dann von der Penne abgegangen in der Elften. Ihr Vater hatte sich ja kurz vorher aufgehängt. War auch 'n strammer Alkoholiker. Hatte dann Geld unterschlagen und das muß wohl rausgekommen sein. Hat sich dann wahrscheinlich nicht mehr anders zu helfen gewußt ne. Naja, jedenfalls wir beide, die Sabine und ich, wir hatten dann 'ne..äh.. mehr oder weniger feste Beziehung. Und bei mir war das ja mit der Schule auch schon länger nichts mehr. Bin dann auch schon mehrere Monate nur noch sporadisch hingegangen und hab dann natürlich gemerkt: den Anschluß packste nicht mehr. Zuviel versäumt, nech.

I.: mhm, klar

V.: Also gut, bin ich dann in der Zwölften abgegangen. Hab mir mein Abgangszeugnis geholt. Da ham se mir noch die halbwegs guten Noten von der Elften gegeben, weil der Musiklehrer sich wohl für mich stark gemacht hatte... Äh.. dann habe ich erstmal gar nichts gemacht. War aber in dieser Zeit für zwei Monate in Mexico gewesen mit so'm Billigflug. Kannte dort niemanden, aber habe mich schon immer für die Indianerkultur interessiert.. auch viel gelesen darüber. Und über die Musik hab ich da aber auch immer wieder Leute getroffen und kennengelernt, mit denen ich dann mehrere Tage zusammen losgezogen bin. Wir ham meistens irgendwo in Hängematten geschlafen. Und einmal, daß war in so 'ner Höhle, da ham die mir regelrecht die Knete unterm Arsch..

tschuldigung... aber aus der Hosentasche raus durch die Hängematte durch.. die Brieftasche geklaut.. Einheimische da. Hab auch nie rausgekriegt, wer. Und konnte ja auch nur Englisch. Na jedenfalls haben die mir dann vom äh.. vom Konsulat noch 'n Rückflug finanziert. War ja alles weg, Ticket, Papiere, Geld.. nee, Paß hatte ich noch im Hemd. Aber sonst.. alles weg ne.

I.: Muß ja 'n Schock gewesen sein, so in der Fremde?

V.: Das könn'se aber glauben. ... Gut äh...dann also wieder zu Hause. Ach zwischendurch war ich auch noch mehrmals nach London getrampt zu'n Stones. Ja, also wieder zu Hause. Ich war nun bei allen der „Stadtindiander". Irgendwie war ich ja auch stolz drauf ne. Dann also jeden Abend inne Disco, am nächsten Tag geschlafen bis mittags. Hat ja auch kein' interessiert. Meine Mutter ist auch nie vor Eins/Zwei aufgestanden. Dann stand da der Sekt und Wein noch vom Vorabend. Hab ich häufig auch 'n Sektfrühstück gemacht mit Sabine und 'n paar aus unserer Clique. Und Sabine und meine Mutter, die haben sich ja von Anfang an bombig verstanden, hatten ja auch eine Gemeinsamkeit: das Trinken. Ich hab das erst gar nicht so richtig geschnallt ne. Bis ich eines nachts mal auf's Klo wollte und die Tür nicht aufgekriegt habe. Und drin hat jemand nur unverständlich gelallt. Hab dann kräftiger gegengedrückt und äh.. da lag se dann.. Sabine. Voll wie tausend Mann, vom Klo gefallen vor die Tür, und konnte nicht mehr alleine aufstehen. Ich meine Mutter gerufen. War aber zwecklos. Die saß im Eßzimmer, Kopf auf'm Tisch und gepennt. Und die Kerze hatte schon die Tischplatte angekokelt. Na ich.. Glas Wein drüber und zurück zu Sabine. Die war aber dann schon auf allen Vieren im Flur und ich hab se dann ins Bett gezerrt. Äh da hab ich zum erstenmal beim andern mitgekriegt, wie das ist, wenn die Kontrolle aussetzt. Aber ich hab wohl damals eher darüber gelacht. Wir haben uns anschließend zusammen darüber lustig gemacht, Sabine und ich... Äh..äh.. im Januar vierundsiebzig ... ja vierundsiebzig habe ich dann bei Z-Firma 'ne verkürzte Lehre als Technischer Zeichner angefangen. Das hatte meine Mutter damals noch über ihre Beziehungen arrangiert. Äh die war dann auch noch zweimal beim Chef wegen mir, weil die mich rausschmeißen wollten. Ich hatte ja häufig verpennt und bin dann erst gar nicht hingegangen. Außerdem bin ich mir ziemlich blöd zwischen den äh.. Kleinen da vorgekommen. Und vieles war ja auch so albern, was die da gemacht haben. Das meiste von dem theoretischen Kram kannte ich ja schon von der Penne.

I.: *mhm*

V.: *Hab dann aber auch die Prüfung mit Gut bestanden, aber auch nur, weil meine Mutter mit dem Chef sehr gut konnte, sonst hätten die mich da vorher schon mehrmals rausschmeißen können. Habe ja viel gefehlt und.. wohl auch immer so'n arrogantes Gehabe draufgehabt, das hat mir der Abteilungsleiter später mal erzählt... Ja und dann bin ich direkt zum Bund. Die hatten mich für die Lehre noch freigestellt, aber nun half nichts mehr. Am Anfang hatte ich noch ein äh... wie hieß das noch äh.. KdV, genau, ein KdV-Antrag laufen. Aber nach der Gerichtsverhandlung..äh das war ja die Härte, die Typen haben da vor mir gesessen und gefrühstückt. Der eine hat da seelenruhig sein' Appel geschält. Und ich sollte denen was über meine Gewissenskonflikte erzählen ne. Hat ja in Wirklichkeit kein Schwanz interessiert und.. mußte dann sowieso hin. Aber diese fünfzehn Monate, das war der reinste Hohn. Erst sechs Monate Grund- und Fachausbildung bei den Funkern.. wir ham ja damals noch 'nen Nachtmarsch von fünfzig Kilometern gemacht. Macht heute keiner mehr. Die würden alle umfallen wie die Fliegen. Ja und dann die Monate.. nur gesoffen... nur gesoffen und die Zeit totgeschlagen. Am Wochenende immer nach Hause und dort in der Disco weitergeschluckt. Einmal bin ich Sonntagnacht zurück in die Kaserne gekommen, mach die Tür zu unserer Stube auf, und da stand das Bier zentimeterhoch.. ungelogen, zentimeterhoch im Raum. James und Paule, das waren zwei original Kölner, die hatten Wochenendsperre gehabt, mußten also dableiben. Paule hatte immer den Kofferraum voll Bier mit von zu Hause, die hatten 'n Laden. Na da hatten die sich also erst so richtig zulaufen lassen und haben dann im besoffenen Kopp mit vollen Bierpullen so lange auf 'n äh..äh.. Schalter geworfen, bis das Licht endlich aus war. Naja, Schalter kaputt, Flaschen kaputt und die Bude schwamm im Bier. (beide lachen bis *) Hatten nur Glück, daß wir damals schon Reservisten waren und so'n bombigen Hauptfeld hatten. (*) Der hat dicht* *gehalten und uns noch in der Nacht beim Saubermachen geholfen.*

I.: Is ja toll.

V.: ne... Ja und dann äh.. bin ich erstmal wieder zurück in die Firma, also wo ich schon gelernt hatte. Unsere Disco-Clique, naja das hatte sich in der Zwischenzeit alles so verlaufen. Welche war'n verheiratet, andere waren umgezogen oder mit ihrer Berufskarriere beschäftigt. Jedenfalls waren nur noch Sabine und ich übrig geblieben. Aber der Dampf war auch raus. Äh..und dann sind wir zusammengezogen in 'ne Zwei-Zimmer Wohnung, ganz in der Nähe von dem Reisebüro, in dem se gejobbt hat damals. Hatte ihr auch noch meine Mutter vermittelt, die Stelle. Und äh.. in der ersten Zeit, so lange das mit dem Saufen noch nicht so krass war, hat se nebenbei auch noch Taxi gefahren. Ich hab meinen Job gemacht. Hab mich dann über 'ne Fortbildung auch noch zum Konstrukteur hochgearbeitet, das is so 'ne Position zwischen Technischer Zeichner und Ingenieur, wissen se?.

I.: mhm

V.: Und in dieser Zeit hatten wir beide zusammen also jede Menge Kohle. Aber auch wahnsinnig hohe Abzüge, zwei Ledige. Dann haben wir uns das eigentlich ziemlich rational überlegt und äh... Achtundsiebzig im Februar haben wir dann geheiratet. Ich hab hier noch 'n Hochzeitsfoto. Da sah die noch aus, ne. Gucken se mal (zeigt das Foto)..

I.: War ja wirklich auffallend schön, Ihre Frau.

V.: Ja, ne. Aber... alles Schnee von gestern. Was der Alkohol so alles zerstört, ne. Naja, aber äh.. mit 'm Kind, das wollte nicht klappen. Was ham wa alles auf die Beine gestellt. Dann auch zum Arzt gegangen, untersuchen lassen.. beide. Aber der hat auch nur blöde rumgelallt: wir sollten mal 'n Alkohol weglassen und dann würde das schon werden. Und meine Frau hat aber dann noch mehr gesoffen. Die hat sich die ganze Schuld dafür gegeben, daß wir kein Kind kriegen konnten. Und die hat sich auch regelrecht geschämt dafür, als ob das 'ne ansteckende Krankheit wäre ne. Wenn wir mal mit Bekannten zusammen waren, die selbst 'n Kind hatten und das Thema drauf gekommen ist, dann ist die immer gleich rausgelaufen und hat geheult. Und nachher hat se sich dann immer zugeschüttet.

Äh... dann lief das auch mit 'm Taxifahren nicht mehr.. hatten ihr den Führerschein abgenommen. Ich selber hab ja nie ein' gemacht. Und dann ham se ihr auch den Job im Reisebüro gekündigt. Hat sich mal 'n Kunde beschwert, sie würde nach Fusel riechen und nichts mehr auf die Reihe kriegen und so. Das war aber einer, der wollte ihr an die Wäsche und sie hat ihn abblitzen lassen. Bloß davon hat der Typ nichts erzählt, sie mir aber später.

I.: ach so

V.: Ne...((6)).. Ja und/äh.. so ging das dann weiter. Ich bin dann auch arbeitslos geworden. Haben damals viele entlassen in unserer Firma. Die hatte sich ja so auf Sonderanfertigungen von Elektromotoren und Generatoren spezialisiert. Und das lief dann plötzlich nicht mehr so. Sind zunächst die jüngeren und die, die keine Kinder hatten, entlassen worden. Naja, meine Sauferei muß wohl auch 'ne Rolle dabei gespielt haben, denn ich war ja sozusagen die rechte Hand des Abteilungsleiters gewesen. Wenn der mal unter Termindruck war, hab ich das für ihn auch noch nach Feierabend gemacht. Äh wir kannten uns auch privat ganz gut und der hat mir auch die Stange gehalten. Aber da müssen wohl andere dumm rumgelallt haben.

I.: Neider gibt's ja überall..

V.: genau. Und da war'n auch viele, die mit mir gelernt hatten und dann aber immer Zeichner geblieben sind. Naja... so, nun waren wir also beide zu Hause. Erst Arbeitslosengeld, dann Arbeitslosenhilfe äh...'s wurde immer trostloser. Kein Job in Aussicht. Dann mußten wir aus der Wohnung ausziehen. Haben dann hier die Wohnung übers Sozialamt bekommen und damit war der Abstieg quasi vorprogrammiert. Gucken se mal, was hier wohnt, ne. Das is 'ne Kloake. Das „Nachjackenviertel" sagen se. Wenn meine Frau mal zum Amt geht, kommt se mit roten Ohren wieder. Wenn die nur hören, wo se wohnen, dann fällt bei denen schon der Vorhang ne, da ham se keine Sonne mehr.

I.: mhm

V.: Andererseits, was glauben se, was hier manchmal los ist. Mord und Totschlag. Hier ham die Bullen schon so manchen in Handschellen rausge-

holt, hier liegen die vollgeschissenen Windeln hinten im Garten.. einfach aus'm Fenster raus. Und nachts als Frau alleine.. könn' se vergessen ne. Naja.. äh... dann ist meine Frau regelrecht depressiv geworden. Die war manchmal richtig weggetreten.. konnten se ruhig ansprechen, die hat nichts geschnallt. Dann ham se se in' Entzug gebracht. Und anschließend hat se 'ne Therapie gemacht. Erst dachte ich, is ja alles Humbuck. Als die aus'm Entzug zurückgekommen ist, da hatte die über Nacht total graue Haare gekriegt. Zehn Jahre älter hat die ausgesehen.. mindestens zehn Jahre älter. Aber das muß wohl doch was gebracht ham, denn se hat dann erstmal nichts mehr getrunken, und diese depressive Stimmung war auch nicht mehr so zu spüren. Se is dann auch putzen gegangen. Und es ging uns auch beiden wieder besser. Äh.. in der Zeit hab ich auch weniger getrunken.. mal 'n Bier, aber keine harten Sachen ne.

I.: Toll

V.: Tja und äh... äh.. und dann auf einmal is se eines Morgens ganz aufgeregt zu mir gekommen und hat mir gesagt, daß se schon den zweiten Monat mit ihrer Periode über de Zeit is. Ich hab's natürlich zuerst nur für 'ne Unregelmäßigkeit gehalten. Kommt ja immer mal vor. Nach soviel Versuchen hat man die Hoffnung ja irgendwann aufgegeben. Dann hat se sich aber diesen Teststreifen aus der Apotheke geholt und das war positiv. Und dann is se noch am gleichen Tag zum Frauenarzt hin. Und als meine Frau dann von dem gehört hat, daß se schwanger is, war die Freude natürlich erstmal riesengroß. Wir hatten uns ja schon lange ein Kind gewünscht, hatten ja auch alles mögliche versucht, aber geklappt hatt's ja bis dahin nicht. Wir haben uns dann ausgemalt, wie es werden würde... nun endlich mit 'm Kind. Daß wir 'ne größere Wohnung bräuchten mit 'm Kinderzimmer

I.: s c h ö n

V.: und 'n richtiges Bad. Daß ich dann auch nach 'm erfolgreichen Entzug meine frühere Arbeit wieder aufnehmen könnte. Und daß wir dann stolz mit 'm Kinderwagen durch die Straßen fahren würden. Das war so in der ersten Euphorie unsere Phantasie. Äh...äh.. aber als dann der Geburtstermin immer näher kam... und ich war inzwischen auch wieder rückfällig geworden ne, und wir hatten noch immer keine andere Wohnung gefunden, da hab ich schon geahnt, daß wir's vielleicht doch nicht packen würden. Und so war 's dann auch. Nach der Geburt von Tobias sah dann plötzlich alles ganz anders aus. Das Kind, auf das wir uns eigentlich beide schon so gefreut hatten, war also geboren. Aber dann standen wir plötzlich auch gleichzeitig vor einem Berg von Problemen. Ich habe dann wohl gemerkt, daß ich das alles nicht mehr auf die Reihe kriegen würde, und dann habe ich nur noch mehr gesoffen. Das wurde immer unkontrollierter und hat Formen angenommen... äh..äh.. ich habe mich nachher immer selbst nicht mehr gekannt. Die viel zu kleine Wohnung, das Kind hat geschrien, ich habe meine Frau angebrüllt, und dabei äh.. is mir dann auch schon mal die Hand ausgerutscht. Wenn ich dann wieder halbwegs klar war, hab ich nichts mehr geschnallt. Ich dachte nur noch... also ich war so fertig... Ich hatte das Kind auf 'm Arm und habe geheult. Und dann hab ich mir irrsinnige Vorwürfe gemacht und mich auch bei meiner Frau entschuldigt. Ich wollte ja ein guter Vater sein äh.. für 's Kind und für die Frau dasein... aber in dieser engen Wohnung... Ich mußte ja auch mein Kopp ausschlafen, um für die beiden wieder voll fit zu sein. Aber gleichzeitig hab ich auch immer deutlicher gemerkt: Das packste alles nicht mehr. Und äh... dann wurde auch der Druck von 'n Nachbarn und Bekannten immer größer. Die ham ja mitgekriegt, was hier abging und äh.. daß das immer häufiger passierte. Die Frau S., die unter uns wohnt, die hatte mir ja schon mehrmals angedroht, daß se das nächstemal die Polizei ruft. Nur mit Rücksicht auf meine Frau und das Kind hätte sie 's noch nicht getan. Und Lisa, also was meine Schwägerin is, die hat immer wieder zu mir gesagt: „Geh doch mal zum ASD, die besorgen euch 'ne größere Wohnung, aber nur, wenn die nichts von deiner Sauferei mitkriegen".... Also der Druck wurde immer größer, aber ich habe dann auch immer mehr gesoffen, genau so wie damals Sabine. Das war dann wohl die härteste Phase, die wir erlebt ham. Ich bin fast wahnsinnig geworden ne. Äh.. einerseits das Kind, auf das ich dann in mein lichten Momenten zusammen mit Sabine unheimlich stolz war. Wir ham alle drei zusammen auf 'm Boden gelegen und rumgealbert. Doch äh... das war 'n wirklich glückliche Augenblicke.. muß ich schon so sagen. Aber dann auf der anderen Seite das Gefühl, du hälst das nicht länger aus. Und dann.. von einer

Minute auf die andere, wie verwandelt, alles stehen und liegen gelassen, Sabine und Tobias haben geheult, Sabine hat gebettelt... hat auch mal den Schlüssel umgedreht und aus 'm Fenster geworfen. Aber ich war dann einfach nicht zu bremsen. Damals bin ich aus'm Fenster raus, übern Balkon.. runtergesprungen und ab zur Tanke. Die hatten ja die ganze Nacht durch auf. Und dann äh.. äh... hab ich auch maches Mal das Gefühl gehabt, daß ich das alles gar nicht will... das Kind und die Verpflichtungen und das Geschrei nachts.. ja eigentlich rund um die Uhr.. äh so hab ich das damals jedenfalls empfunden.

I.: mhm

V.: Und weil ich also aus eigener Kraft nicht mehr mit den ganzen Problemen fertiggeworden bin, hat Sabine schließlich den Sozialarbeiter angerufen. Äh.. das war erst der, den ja meine Fau schon kannte. Und der hat uns dann sofort jemand vom ASD geschickt. Am nächsten Vormittag war der schon da, der Herr P. Ist eigentlich 'n richtiger Kumpel-Typ. Der wußte auch nicht sofort immer gleich alles. Ich hab ihm dann die Situation geschildert und daß ich die Dauerbelastung mit 'm Kind wohl damals gar nicht richtig eingeschätzt hätte. Und der hat natürlich auch an mir gesehen, was los ist. Also äh.. meine Sauferei war ja nicht mehr zu verbergen: das aufgequollene Gesicht und die Hände, die haben ja damals schon gezittert. Für den war das sofort klar. Und wir ham dann auch drüber gesprochen ne. Und meine Frau hat dabeigesessen und immer nur geheult. War natürlich für uns beide 'ne peinliche Situation, is ja klar. Aber für sie muß das unerträglich gewesen sein. Ham ja dann auch kein Blatt mehr vorn Mund genommen. Ich hab ja auch erzählt, wie sie noch bis vor kurzem mitgetrunken hat. Und er hat dann auch sofort gemeint, daß wir unbedingt 'ne größere Wohnung bräuchten und hier aus 'm Milieu raus müßten. Er wollte uns dabei auch helfen, aber dazu müßte ich mich erst freiwillig und von mir aus zum Entzug entschließen können. Und ich müßte dann auch trocken bleiben. Aber mit dem Kind müßte sofort was passieren. Das könnte hier auf keinen Fall länger bleiben. Und ob wir denn nicht 'ne Möglichkeit hätten bei 'n Eltern oder bei Verwandten.

I.: ach so

V.: Naja, hab ich ihm erzählt, daß es bei meiner Mutter auf keinen Fall ginge, weil die ja mit sich selbst genug zu tun hat. Und die Mutter von meiner Frau, die hat ja den Kontakt zu uns schon lange abgebrochen. Die war ja schon zur Hochzeit nicht gekommen, nur Lisa, die war da. Und Sabines Mutter will ja auch bis heute nichts von Tobias wissen. Das muß wohl damals zu viel für sie gewesen sein, als sich ihr Mann erhängt hat. Is ja dann auch schon bald aus F.,-Stadt weggezogen. Ich glaube äh.. 'n Alkoholiker ist und bleibt für die 'n rotes Tuch. Se hat uns ja auch nie besucht , nur durch Lisa sagen lassen, daß se kein mehr von uns sehen kann, das würde se dann nich überleben. Na gut äh... haben wir uns auch dran gehalten. Kann ich in ihrem Fall heute auch 'n bißchen verstehen, wenn auch nie endgültig. Naja und Lisa, die kommt nicht in Frage. Hat ja selber nichts zu lachen mit den Zwillingen und 'm kranken Mann. Peter hat Darmkrebs, und das wird wohl auch nicht mehr lange dauern. Se hat ja die Hoffnung noch nicht aufgegeben, aber man macht sich ja dann selber auch immer viel vor, nech?

I.: Ja

V.: Also Lisa äh.. das habe ich ihm gleich gesagt, Lisa kommt auf keinen Fall in Frage. Und dann hat der Herr P. uns damals schon gesagt, daß wir ja auch mal an die Möglichkeit denken könnten, den Tobias für 'ne Zeit an Pflegeeltern abzugeben, damit wir erstmal wieder Zeit für uns hätten, damit wir dann erstmal die Sache mit 'm Alkohol in 'n Griff bekommen könnten, in Ruhe 'ne Wohnung suchen könnten und von hier rauskämen. Hat gesagt, es wäre vielleicht 'ne vorübergehende Lösung und es müßte ja auch nicht für immer sein.

I: so 'ne befristete Fremdunterbringung?

V.: Genau, so heißt das glaube ich in der Amtssprache. Und ich hab mir nun folgendes überlegt: Ich war ja gleich dafür, aber Sabine hat sofort dicht gemacht und konnte gar nicht mehr mit 'm Heulen aufhören. Na gut äh.. dann ham wir 'nen neuen Termin vereinbart, an dem er wiederkommen wollte. Am nächsten Tag stand dann aber erstmal so'n Typ vom Jugendamt auf der Matte. Der war mir von vorne rein unsympathisch. Der hat sich hier aufgeführt wie'n Bulle und hat auch gleich was von Adoption und Vormundschaft gefaselt. Ich hätt den am liebsten an die frische Luft gesetzt, weil äh... das war ja Gift für Sabine. Aber wir mußten ja vorsichtig sein. Und äh.. ich hatte ja das damals auch noch nicht so schnell geschnallt, daß beide miteinander nicht so viel zu tun ham, also der Herr P. und dieser Typ. Aber dann ist der ja auch wieder gegangen... So äh.. dann hab ich erstmal drei Tage nichts getrunken. Ich hab in diesen Tagen immer wieder über diese Möglichkeit von Fremdunterbringung mit Sabine geredet. Aber se hat dann auch immer gesagt, daß se das nicht schaffen würde, den Tobias abzugeben. Aber wir zusammen, wir würden das schon schaffen, wenn ich nur aufhören würde zu saufen, hat se gesagt. Und eine größere Wohnung würden wa ja dann auch kriegen. Und dann hätte Tobias sein eigenes Zimmer und wir unser Schlafzimmer. Und se wollte auch wieder Putzen gehen... War also nichts zu machen, se konnte sich das nich vorstellen, auch nich für 'ne Übergangszeit.

I.: *mhm*

V.: *...((6))... äh.. dann bin ich wieder abgerutscht. Und als ich wieder zu mir gekommen bin, lag ich im Landeskrankenhaus. War' n sechs harte Wochen, besonders die erste. Und dann aber auch kein Besuch, kein Ausgang. Aber mit 'm Herrn P. habe ich dann mal telefonisch gesprochen, hatte ja seine Nummer. Ich hab ihm ganz offen und ehrlich gesagt, daß ich es auch für das beste halte, wenn Tobias erstmal für 'ne Zeit bei Pflegeeltern is, so lange jedenfalls, bis wir 'ne größere Wohnung hätten und ich wieder Arbeit. Und der war auch derselben Meinung, hat aber gleich gesagt, daß Sabine auch einverstanden sein müßte. Ich hab ihm dann gesagt, wie sehr ich es versucht hätte und daß sie noch immer nich zugestimmt hat. Und da hat er gemeint, daß er nochmal mit ihr reden würde. Na gut äh.. ich hab mir gedacht: bringt sowieso nichts, aber.. na ja. Als ich dann wieder nach Hause gekommen bin.. ich war ja eisern, unterwegs.. nichts besorgt. Und zu Hause.. Sabine hatte gründlich aufgeräumt. Hat se mir auch gleich gesagt, daß in der Wohnung nichts mehr getrunken wird. War ja auch gut so, war ja richtig, ne?*

I.: *Ja*

V.: Na gut äh.. der Kleine lag in 'er Sofaecke und hat geschlafen. Sabine hat Kaffee gemacht.. und dann hat's mich aber von'n

Socken gehauen. Se hat mir gesagt, daß es wohl doch das Beste wäre, wenn wir uns für die Fremdunterbringung entscheiden würden. Se hätte auch nochmal mit 'm Herrn P. geredet, der wäre dagewesen. Und der hätte ihr nochmal klargemacht, wie wichtig es für sie und für uns beide wäre, daß wir erstmal unser Leben auf die Reihe kriegten, daß wir wieder Boden unter die Füße kriegten äh.. daß wir rauskämen hier aus der Wohnung und aus 'm Viertel. Und ihr wär das dann nochmal ganz klar geworden, wie wichtig ein richtiges Zuhause für Tobias, aber auch für uns ist, daß man sich nicht immer nur in einem Zimmer auf 'n Keks geht undsoweiter., undsoweiter. Na jedenfalls äh.. ich war wie vorn Kopp gestoßen. Sabine und Tobias hergeben? Das hätt ich nich erwartet, daß der Typ das schafft, der Herr P. Also 's war für mich, als ob mir jemand 'n paar Mühlensteine vom Kreuz nimmt, so erleichtert war ich da auf einmal. Das kann sich keiner vorstellen. Hätte wohl auch nie gegen den Willen von Sabine zugestimmt... wär'ja wohl auch nich gegangen ne.

I.: ähmm..

*V.: Naja äh.. dann kam der Herr P. 'n paar Tage später und hatte den ganzen Formular-Kram dabei, mußten wa ja beide unterschreiben, diesen Hilfeplan. Hat uns auch alles nochmal genau erklärt und Sabine auch nochmal ausdrücklich gesagt, daß wir 'n Tobias jeden Monat besuchen dürften bei'n Pflegeeltern. Die wohnen in H-Stadt, war ja auch nicht aus der Welt...((8))... (Jetzt leise bis *) Und dann an dem Tag, als se Tobias geholt ham, das war dann aber doch ganz schön kraß. Äh... Äh..für Sabine sowieso. Die hat ja nur geheult und gemacht.. konnte sich gar nicht wieder einkriegen. Ist dann auch nicht mit raus. Aber auch ich hätte nicht geglaubt, daß mir das so an die Nieren geht.*

I.: Kann ich mir vorstellen.

V.: Is ja nicht einfach..äh..äh.. das eigene Kind.. erstmal weg. Ich glaube, da hab ich dann zum erstenmal begriffen was es heißt, Vater zu sein. Und was das auch mit einem machen kann. Das war schon nicht ohne...(*) .. (putzt sich die Nase)...

I.: glaub' ich

V.: Naja äh... dann war'n wa erstmal alleine. Hat irgendwas gefehlt... das roch alles noch so nach Baby, aber äh.. der Tobias war ja nich mehr da. Sabine hat auf'm Bett gelegen und in die Kissen geheult. Hat nichts gesagt. Und ich hab auch nichts gesagt. Und dann is ' se irgendwann eingeschlafen. Ich hab vorm Fernseher gesessen, hab aber überhaupt nicht mitgekriegt, was da läuft. Und am nächsten Tag dasselbe. Also äh.. jetzt war 'n wa ja plötzlich wieder allein. Meine Frau hat die ersten Tage nur geheult... nur geheult. Abends ham wa uns dann die Birne zugezogen. Se hat dann auch wieder mitgetrunken. Und am nächsten Mittag, wenn ich aufgestanden bin, hat se schon am Tisch gesessen und weitergeheult... Na äh.. äh... und dann ist se erstmal in 'n Entzug gekommen. Ich war zu Hause. Wollten ja nicht beide gleichzeitig. Und dann auf einmal war da 'ne unheimliche Ruhe, das war also zeitweise wirklich unheimlich. .. Äh ja, das war dann 'ne ganz andere Situation. Ich hätte aber lieber doch gleich mit ihr mitgehen sollen, wäre besser gewesen für mich. Na äh.. dann bin ich vierzehn Tage später ins Landeskrankenhaus gekommen. Haben mich in der Wohnung gefunden. Filmriß... Aber diesmal haben die mich nur zwei Wochen dabehalten zur Entgiftung. Und der Arzt hat auch gleich gesagt: solange ich nicht wirklich aufhören will, würde er sich keine Mühe mehr mit mir machen. Hat ja auch recht gehabt, der Mann. Is auch so. Das müssen se selber wollen, ganz von innen raus muß das kommen, sonst is das alles verlorene Liebesmüh'.

I.: mhm

V.: Gut - ich bin dann rausgekommen und mein erster Weg war.. ich glaube noch am selben Tag, zu meiner alten Firma. Und äh... ja, da hatt ich unheimlichen Dusel. Die hatten grad 'ne kleine Feier in der Abteilung, wo ich früher gearbeitet hab. Ich da rein, wollten mir auch gleich 'n Glas Sekt einschenken. Hab ich aber kategorisch abgelehnt. „Nix, das is vorbei." „Na komm, wirst doch den Helmut nicht beleidigen wollen" und so ging das dann los. Könn' se sich ja vorstellen.

I.: mhm

V.: Da hat der Abteilungsleiter mich so von 'ner Seite angeguckt, hat mich an seinen Tisch mitgenommen, und ich hab ihm dann die ganze story erzählt. Der wußte ja gar nicht, was mit mir in 'n letzten Jahren los war. Konnte sich das alles gar nicht vorstellen... war erstmal 'n paar Minuten Sendepause.. nichts gesagt. Dann hat der 'n Hörer abgenommen und mit 'm Personalchef telefoniert. Ich hab gar nicht so schnell geschnallt, was da gelaufen is. Und als er den Hörer wieder aufgelegt hat, hat er sich so neben mich gestellt, hat mir die Hand auf die Schulter gelegt und gesagt: „Klaus, ab morgen sitzt'e wieder auf deinem alten Platz hier bei uns, klar?" Ich war wie vorn Kopp geschlagen. Hatte zwar heimlich schon gehofft, daß die mich vielleicht irgendwo wieder einstellen, aber doch nich auf meiner alten Stelle als Konstrukteur. Äh..ich war also sprachlos. Äh.. äh.. dann bin ich erstmal rausgegangen und hab geheult. Könn' se sich ja vorstellen.. diese Freude. Damit hatt ich nie... niemals gerechnet. Also alles hätte ich mir vorstellen können, aber nicht das.

I.: *Das muß ja wie'n Geschenk des Himmels für Sie gewesen sein.*

V.: *War das auch, ich konnt's ja selber nicht begreifen. Naja äh.. als ich dann wieder rein bin, hat mir Werner, also unser Abteilungsleiter, erzählt, warum das überhaupt nur möglich war. Die hatten also 'n riesen Auftrag aus 'n Vereinigten Emiraten auf 'm Tisch und das war bestimmt keine Eintagsfliege. Also 'n Auftragsvolumen.. na ich weiß nicht, wie das kohlemäßig aussieht, aber das reicht noch weit in die nächsten Jahre rein. Und nun waren die natürlich ganz schön unter Druck. Und Werner kannte mich ja von früher, der wußte ja, daß ich, wenn's drauf ankommt, auch nachts arbeite. Das hatte der nicht vergessen. Der war sowieso gleich wieder der alte, ne. Ja, und so war das 'n wahnsinnig glücklicher Zufall. Äh.. das paßte also alles so gut ne.. ich bin hingegangen und hatte meinen alten Job wieder. Kaum vorstellbar, ne?*

I.: *Nee, grenzt ja fast an 'n Wunder.*

V.: War das auch... war das auch ne. Ich kann's ja heute noch nich begreifen. Also äh.. und Sabine erst.. Hab ja sofort da angerufen. Und die hat dann immer wieder nur gesagt: „Ich hab immer an dich geglaubt, Klaus, ich hab immer an dich geglaubt... (ist dem Weinen nahe)..

I.: *ham se aber wirklich 'ne phantastische Frau.*

V.: *ne?... wenn ich die nicht hätte, ich glaube, dann wär' manches anders gelaufen. Wüßte gar nicht, ob ich heute noch hier wäre.. (putzt sich die Nase).. Gut äh... dann auch gleich Wohnung. Das ist 'n paar Tage später über'ne Arbeitskollegin zustande gekommen. Die kennt jemand, der nach S.-Stadt versetzt werden soll, zieht am nächsten Ersten aus. Schöne Drei-Zimmer-Wohnung mit Bad und Einbauküche und allem pi-pa-po, ne. Bin ich hin und .. hatt auch gleich 'n Arbeitsvertrag mitgenommen. War aber nicht nötig, denn der Hausbesitzer wohnt ja nicht da, wußte ich aber nich. Hab mir also die Wohnung mit 'm Bekannten von der Kollegin angeguckt. Tausendsechshundert kalt.. aber klasse, gibt's ja nichts. Und äh.. der hat dann auch gleich noch mit 'm Besitzer telefoniert. War ja auch gerade erst 'n paar Tage her, daß der gekündigt hat. Die Wohnung ist also noch keinem anderen versprochen. Und dann ham wa 'n Termin ausgemacht, an dem ich mich in der Wohnung mit 'm Besitzer treffe, den Fünfzehnten. Und das ist also morgen. Und äh.. in vierzehn Tagen kommt Sabine nach Hause. Wenn wa also morgen den Mietvertrag machen können, dann kommt se genau richtig zum Umzug. ... Ja, so sieht's aus, ne. „Auch 'n blindes Huhn findet mal 'n Korn" hätt ich bald gesagt, aber lieber nich. Das is ja noch so'n Spruch aus der Vergangenheit. Äh..aber damit ist jetzt Schluß... ((6))... So Herr A, das wär's erstmal. So hat sich das also alles bisher in meinem Leben abgespielt. Äh..ja, war oft bestimmt nich einfach, ne. Und vieles war ja dann auch durch's Saufen vorprogrammiert. Hab ja leider viel zu oft nur an mich gedacht. Aber das hab ich ja nun einigermaßen im Griff (klopft auf den Tisch). Heute würd' ich vieles anders machen, das könn' Sie mir glauben. Wir wollen hoffen, daß das morgen mit der neuen Wohnung klappt. Meinen Job habe ich ja Gott sei Dank wieder, geht auch ganz gut im Moment, überhaupt keine Einstiegsschwierigkeiten und so. Hört man ja oft von andern, ne.*

I.: *ja*

V.: *Das liegt aber auch an Werner und den Kollegen. Ich bin jetzt eigentlich auch sehr zuversichtlich, daß wir Tobias bald wieder zu uns nach Hause holen können. Müßte nur klappen morgen, daß der uns die Wohnung vermietet, damit wir hier endlich rauskommen. Ham se ja gesehen, als Sie gekommen sind, was hier für Chaoten wohnen. Alles Penner und Kanaken. Für das Kind wär' das bestimmt nichts. Und deswegen ham wa's ja auch erstmal weggegeben. Hat's ja nicht schlecht da... Sind auch sehr anständige Pflegeeltern... So, jetzt weiß ich nichts mehr, jetzt müssen Sie mal fragen.*

I.: Ja.. vielen Dank, das war ja wirklich 'ne ganz spannende Geschichte. Und ich freue mich mit Ihnen und auch für Ihre Frau und Ihren Jungen. Nun wird ja die Familie auch bald wieder komplett sein... wunderbar. Äh.. ich hab jetzt noch...

Wir haben hier also den gesamten Erzählablauf der Haupterzählung eines vollständigen autobiographisch-narrativen Interviews vorliegen. Deutlich erkennbar ist die Anfangsproblematik der Verkettung der Ereignisse: - die Eltern sind beide Alkoholiker; - die Eltern leben sich auseinander und sind für den Sohn kaum erreichbar; - die wenigen signifikanten anderen gehen verloren (der Opa stirbt, der Musiklehrer ist nicht mehr im Relevanzsystem enthalten); - der Erzähler (Sohn) schliddert nun selbst in die Verlaufskurvenproblematik „Alkoholabhängigkeit“ hinein; - auch seine Frau ist von dieser Verlaufskurvenproblematik betroffen; - die sozialen Netzstrukturen werden brüchig und der soziale Abstieg ist durch das Trinken vorprogrammiert, beide Eheleute werden arbeitslos und schließlich zum Sozialfall; - die Zugzwänge der Sucht determinieren die gesamte Sinn- und Handlungsorientierung; - das Kind wird aus der Perspektive des alkoholkranken Vaters als das „andere Fremde und Bedrohliche“ erlebt und abgelehnt; - die Handlungsorientierung des Vaters bricht zusammen und er ist auf Hilfe von außen angewiesen.

Und auch der vorläufige Endzustand nach Ablauf der Ereignisse ist deutlich geworden: - das Kind ist in der Fremdunterbringung und die Eltern haben dadurch die Chance, mit sich selbst erst einmal ins Reine zu kommen; - der Vater hat einen bisher erfolgreichen Entzug hinter sich und hat wieder Arbeit gefunden; - das intentionale Handeln wird wieder dominant und die familienbiographische Planung setzt wieder ein.

Weiterhin enthält die Lebensgeschichte aber auch wichtige Zwischenzustände, die jeweils den Übergang von einem Vorher in ein Nachher plausibel werden lassen; der zentrale Zwischenzustand in diesem Fallbeispiel ist die kurze gemeinsame Erlebensphase mit dem eigenen Kind, die das Leben der Familie (insbesondere das des Vaters) aus dem Gleichgewicht bringt. Der Übergang zum vorläufigen Endzustand wird durch die Entscheidung der Eltern für den Hilfeplan eingeleitet.

Schließlich wird aber ebenso die kognitive Gesamtgestalt der Lebensgeschichte bereits in der Erzählpräambel angekündigt: es wird keine lustige Geschichte sein und das Leben war und ist für alle Familienmitglieder nicht einfach. Und nicht zuletzt wird die kognitive Struktur der Gesamtgeschichte (bisherige Lebensgeschichte) auch darüber zum Ausdruck gebracht, dass der Erzähler im Darstellungsvorgang Nebenereignisketten und Hintergrundsgeschichten berücksichtigen muss (Nebenereignisketten wie etwa die Rezessionsphase der Firma oder die Konstitution der für die 70er Jahre typischen subkulturellen Milieus; Hintergrundsgeschichten wie etwa die Verlaufskurvenpotentiale in der Familie der Schwiegereltern, die schließlich im Selbstmord des Schwiegervaters ihren Höhepunkt finden und eine Interpretationsfolie für die Entwicklung zur Alkoholabhängigkeit bei der Ehefrau bereitstellen. So viel zunächst einmal zu den kognitiven Strukturen in diesem autobiographisch-narrativen Interview.

2.6 Die Zugzwänge des Erzählens, exemplarisch dargestellt an den Detaillierungskomponenten

2.6.1 Die spezifischen Zugzwänge des Erzählens

Wir haben gesagt, dass es in der Erzählung nicht ausreicht, wenn die konstitutiven kognitiven Strukturen nur angedeutet werden; sie müssen also auch durchgeführt werden. So hat denn auch in unserem Fallbeispiel der Erzähler nicht nur sich selbst als zentralen Geschichtenträger eingeführt, sondern darüber hinaus auch andere, in seiner Erlebensperspektive relevante Ereignisträger (wie beispielsweise die Ehefrau, die Eltern beider Eheleute, die Großeltern, das Kind, die Schwägerin und ihre Familie, den Musiklehrer, den Abteilungsleiter, den Sozialarbeiter, den Mitarbeiter vom Jugendamt). Während diese Einführung in einigen Fällen über ausgebaute Erläuterungen und Charakteristika erfolgt, wird sie in anderen Fällen eher mit minimalen **Konstitutionsmitteln** und den so genannten Expansionszapfen durchgeführt (für Letztere steht beispielsweise die Nachbarin, die explizit lediglich mit Namensnennung eingeführt wird, und noch knapper der Arbeitskollege Helmut).

Aber ungeachtet des Konstitutionsmittels, dessen sich der Erzähler auch bedient, können wir feststellen, dass die kognitiven Strukturen immer in einem geordneten Verfahren durchgeführt werden. Dieses Verfahren gründet nun auf Zugzwängen, die im Handlungsschema „Erzählen" als konditionelle Relevanzen durchgängig wirksam sind. Das beginnt in unserem Fallbeispiel ja bereits damit, dass der Interviewer den Vater als potentiellen Informanten um seine Lebensgeschichte bittet, dass dieser daraufhin die Aufforderung und das Handlungsschema ratifiziert und anschließend die Erzählung seiner Lebensgeschichte präsentiert. **Konditionelle Relevanzen** sind Bedingungen, die dem Erzähler und dem Forscher in der Situation „narratives Interview" gesetzt werden. Ich habe ja bereits darauf hingewiesen, dass der Erzähler hinsichtlich der Plausibilität und des Wissensgefälles fortlaufend auch die Perspektive des Zuhörers mitdenken muss oder dass der Forscher den Seklusionscharakter der Interviewsituation permanent im Auge haben muss, also keine Öffentlichkeit herstellt und die Vertrauensbasis aufrechterhält und ausbaut, um Interaktionskrisen auszuschließen. Die konditionellen Relevanzen wirken also deshalb, weil kognitive Strukturen in der Interaktionssituation „narratives Interview" hervorgebracht werden sollen.

Für das Erzählen sind von Schütze[25] nun die folgenden drei spezifischen Zugzwänge herausgearbeitet worden, die ich zunächst kurz skizzieren, auf die ich aber am konkreten Datenmaterial später noch näher eingehen werde.

---

25 Vgl. hierzu Schütze, Fritz, 1987: Das narrative Interview in Interaktionsfeldstudien 1, Studienbrief für die Fernuniversität Hagen; Kap. 2.4.

Der Detaillierungszwang

In der Darstellung seiner Erfahrungen erlebt sich der Erzähler immer aufgefordert, sich an der tatsächlichen Abfolge der Ereignisse (so wie in der Reihenfolge nacheinander eins zum anderen gekommen ist) zu orientieren. Er wird in seiner Darstellungsarbeit von der Schilderung des Ereignisses A zur Schilderung des Ereignisses B und so weiter übergehen. Und er wird sich dabei auch an der von ihm erlebten besonderen Verbindung der einzelnen Ereignisse untereinander orientieren. Wir können also davon ausgehen, dass Erzählungen immer an einer zeitlich geordneten Ereignisabfolge orientiert sind. Und diese temporale Abfolge ist konstitutiv für das Erzählen von Geschichten. Wenn der Erzähler jedoch in der aktuellen Interviewsituation merken sollte, dass ein solcher Übergang von Ereignis A zu Ereignis B dem Zuhörer erklärungsbedürftig, oder ihm selbst retrospektiv nicht plausibel erscheint, dann wird er diese Orientierungsfolie für einen Moment verlassen, um die notwendige Detaillierung einzuschieben.

Ich werde das kurz einmal an einem Transkriptionsausschnitt aus unserem Fallbeispiel zeigen. Dort schildert der Erzähler das veränderte Erleben von Schule seit der Trennung der Eltern und nach dem Umzug, zusammen mit der Mutter, in eine Eigentumswohnung in die Innenstadt.

> *Naja äh.. jetzt wohnten wir also mitten in der Stadt. Ich konnte zu Fuß zum Gymnasium gehen. Aber...äh.. war ja alles nicht mehr so das Wahre. Ich hatte einfach kein' Bock mehr, hatt' ich ja von Anfang an nicht. Konnte die Lehrer nicht ab und die mich wohl auch nicht, bis auf den in Musik, der war so auf meiner Wellenlänge. Der hat auch mal die Stones im Unterricht gespielt. Weiß ich noch genau, weil ich ja heute noch treuer Stones-fan bin. Und/äh.. der war auch der Einzige, der mir später bei meinem Abgang geholfen hat und mit mir noch 'n Bier trinken war. Danach hab ich ne aber auch nicht mehr gesehen. Schade eigentlich, wenn's nach dem gegangen wäre, der hätt' mich durch's Abi geschleppt. Aber der hatte dann auch äh..äh.. mal was mit meiner Mutter, was genaues weiß ich nicht. Und die muss ihn wohl dann auch äh.. verarscht haben. Naja, gut... wo war ich jetzt?... Äh.. ach ja, hatte also kein Bock mehr auf Schule,... (67/34-68/12).*

Der Erzähler bemerkt, dass es für den Zuhörer erklärungsbedürftig wird, warum es dennoch einen Lehrer gab - und dazu auch noch ausgerechnet den Musiklehrer -, zu dem der Erzähler als damaliger Schüler ein Vertrauensverhältnis entwickeln konnte. Er hat ja zuvor erzählt, dass es zwischen den Lehrern und ihm keine Annäherungspunkte gab und dass dieses distanzierte Verhältnis auf Gegenseitigkeit beruhte. In der Detaillierung, mit der der Erzähler sozusagen kurzfristig die Orientierungsfolie mit der temporalen Abfolge der Ereignisse verlässt, wird nun zur Plausibilisierung nachgereicht, dass dieser Lehrer die besondere Fähigkeit zur Perspektivenübernahme besaß und sich an dem Sinn- und Orientierungshorizont der Jugendlichen nicht nur auskannte, sondern auch seinen Unterricht auf deren Relevanzsetzungen abzustimmen verstand. Und weiterhin lässt der Erzähler deutlich werden, dass dieser Lehrer unter günstigeren Rahmenbedingungen für ihn durchaus hätte zum signifikanten anderen werden können. Er hat ihn in der biographischen Krise unterstützt und hätte ihn auch durch's Abitur gebracht, wenn er (der Erzähler) weiterhin zur Schule gegangen wäre und wenn da nicht noch diese verfahrene Beziehungskiste mit der Mutter gewesen wäre. Nach dieser Expansion in seiner Erzählung knüpft der Vater dann wieder exakt an den letzten Erzählgerüstsatz an (*Äh.. ach ja, hatte also kein Bock mehr auf Schule...)* und geht dann in seiner Darstellung zur nächsten Ereignisgestalt (Beginn der Suchtproblematik) über. Damit ist er dann wieder in einem geordneten Verfahren auf die Haupterzähllinie zurückgekehrt und orientiert seine Darstellungsarbeit weiter an der temporalen Abfolge der damaligen Ereignisse. Bevor ich jetzt weiter auf den Detaillierungszwang eingehen werde, möchte ich aber noch kurz die Wirkmechanismen der beiden anderen Zugzwänge skizzieren.

Der Gestaltschließungszwang

Wenn der Erzähler in seiner Darstellung einmal eine kognitive Struktur auszubreiten begonnen hat, sieht er sich gehalten, diese auch abzuschließen. Er wird also die kognitive Struktur gegenüber anderen Sachverhalten abgrenzen und als eine in sich geschlossene Struktur präsentieren. So eine kognitive Struktur ist in unserer Fallgeschichte beispielsweise die Konstitution der sozialen Einheit „Clique von elf Jugendlichen" im sozialräumlichen Rahmen der Disco.

Wie wir an dem gerade zitierten Transkriptionsausschnitt gesehen haben, beginnt in dieser biographischen Phase für den Geschichtenträger das institutionelle Ablaufmuster brüchig zu werden und die Verlaufskurvenpotentiale der Sucht, die er ja in seiner bisherigen Darstellungsarbeit charakterisierend für seine Eltern verwand hat, beginnen nun auch allmählich sein Leben und seine Handlungsplanung zu dominieren. Der besondere Ort, an dem sich diese Verlaufskurvenpotentiale entfalten können, ist in unserem Fallbeispiel die Diskothek. Dieser besondere Ort wird in der Darstellung des Erzählers in Kontrastanordnung zur Schule präsentiert; hier konnten sich freundschaftliche Beziehungen und ein „Wir-Gefühl" entwickeln, wie es im Schulalltag nicht möglich gewesen war.

Zwar wird zunächst das Gefahrenpotential der Disco unmittelbar in Verbindung mit der Einführung dieses Schauplatzes thematisiert (*Und dann ging das auch in der Disco mit 'm Stoff los. 68/13-14),* es wird dann aber sozusagen überblendet durch die Einführung der sich dort konstituierenden besonderen sozialen Einheit „Gruppe von elf Leuten", die die Aufmerksamkeit von der Gefahr abzieht und sie auf die „schöne Zeit" in der Wir-Gemeinschaft der Gruppe fokussiert. Hier können wir nun sehen, wie in der Erzählung der Gesamtgeschichte (Biographie) innerhalb der übergeordneten kognitiven Struktur „Suchtproblematik“ der Aufbau und Abschluss einer darin eingelagerten kognitiven Struktur „Clique“ als geordnetes Verfahren abgewickelt wird. Mit der Gruppe wird nun eine neue kognitive Gestalt in den Gang der Erzählung eingebracht und im weiteren hinsichtlich Form und Funktion im Rahmen von Beispielerzählungen ausgebreitet.

> *War aber auch 'ne schöne Zeit, ne. Da hatten wir so 'ne Gruppe von elf Leuten, vier Jungen und sieben Frauen. Wir waren ja damals fast jeden Tag zusammen. Sind auch zusammen in die Ferien gefahren, sind am Wochenende mal eben zur Ostsee hoch... (68/17-21) Ja, aber das war ja dann auch schon die Zeit, wo wir tierisch das Saufen angefangen haben.. (68/37-38) Und da habe ich auch meine jetzige Frau kennen gelernt. (69/8-9) Unsere Disco-Clique, naja das hatte sich in der Zwischenzeit alles so verlaufen. Welche war'n verheiratet, andere war'n umgezogen oder mit ihrer Berufskarriere beschäftigt. Jedenfalls waren nur noch Sabine und ich übrig geblieben. Aber der Dampf war auch raus. Äh.. und dann sind wir zusammengezogen... (72/5-10)*

Die kognitive Struktur „Clique“ wird zunächst von dem übergeordneten Darstellungszusammenhang „Entfaltung der Suchtproblematik“ mittels kontrastiver Anordnung und der Einführung eines neuen Schauplatzes abgelöst. In dieser biographischen Phase, in der sich der Erzähler damals befindet, bekommt der Schauplatz Discothek den Charakter eines Interaktionstableaus, innerhalb dessen sich im Wesentlichen über das Medium Musik gemeinsam getragene Sinn- und Bedeutungszuschreibungen für die Clique konstituieren. Es ist auch der zentrale Ort, von wo aus in mehrfacher Hinsicht der Aufbruch zu neuen Welten geplant und durchgeführt wird.

Der Erzähler präsentiert weiterhin neben dem Schauplatz und der Form für die soziale Einheit ebenso die Perspektive der Gruppe. Und er bedient sich darüber hinaus eines wesentlich höheren Detaillierungsniveaus. Bei den sozialen Erfahrungen, die er in der Wir-Gemeinschaft der Gruppe gemacht hat, handelt es sich um dichte Erfahrungen, die im Kontrast zu den meisten bisherigen sozialen Erfahrungen stehen und hinsichtlich der Dichte vergleichbar mit denen sind, die er gemeinsam mit dem Opa gemacht hat. Die Dichte der sozialen Erfahrungen in der Clique wird aber insbesondere noch gefördert (und bleibt ihm bis heute symbolisch präsent), weil er ja mit einem der Gruppenmitglieder später eine dauerhafte Ehegemeinschaft eingehen wird.

Und schließlich wird auch die Schließung des Strukturzusammenhangs dokumentiert. Im Rahmen der je individuellen biographischen Planung und Veränderung der einzelnen Gruppenmitglieder löst sich im Laufe der Jahre einerseits die Clique auf, andererseits bleibt ihre Bedeutung aber symbolisch erhalten durch das Zusammenziehen mit Sabine als Gruppenmitglied und die anschließende Ehe mit ihr. Wie wir sehen, ist der Gestaltschließungszwang nicht nur konstitutiv für die globale Gesamtgestalt (Lebensgeschichte), sondern ebenso auch für kleinere kognitive Strukturierungen, die in die globale Gesamtgestalt eingelagert sind.

Der Relevanzfestsetzungs- und Kondensierungszwang
Die vorläufige Darstellungsplanung des Erzählers sieht zunächst vor, dass er sich in seiner Erzählung auf Ereignisse und Ereignisknoten konzentriert, die hinsichtlich der von ihm vorgenommenen Bedeutungszuschreibung innerhalb der zu erzählenden Gesamtgeschichte relevant sind. Auf dem Hintergrund dieser globalen Orientierungsmatrix entwickelt sich dann der Zugzwang zur Relevanzfestsetzung. Der Erzähler setzt sich damit dem Zwang aus, die einzelnen Ereignisse und Situationen permanent bewertend abzuwägen, und zwar im Hinblick auf die zentrale Aussage der zu erzählenden Geschichte. In unserer Fallgeschichte haben wir auch für diesen Zugzwang hinreichend Beispiele.

Die knappe Erwähnung der wiederholten Londontrips veranschaulicht diesen Zugzwang. Zunächst einmal stellt sich dem Zuhörer die Frage, warum der Erzähler überhaupt, wenn schon so hochkondensiert dargestellt, das Trampen nach London thematisiert. Es bleibt ja gewissermaßen nur bei einem **Erzählzapfen**. Aber mit dieser Form der Darstellung deutet der Erzähler auch an, dass es darüber eigentlich noch viel mehr zu erzählen gäbe, dass er seine Darstellung hinsichtlich dieser Ereignisse, die damals ganz offensichtlich hohe biographische Relevanz beigemessen bekommen haben, jedoch im Hinblick auf die Gesamtaussage der zu erzählenden Lebensgeschichte extrem raffen muss (Kondensierungszwang). Er bewegt sich ja auf den dramatischen Höhepunkt seiner Geschichte zu. Und dieser dramatische Höhepunkt ist gekennzeichnet durch extreme Verlusterfahrungen (vom sozialen Verlust über zunehmenden Kontrollverlust und Orientierungszusammenbrüche bis hin zum Verlust des eigenen Kindes).

Die gerade zuvor erzählte Mexico-Geschichte war ja noch das genaue Gegenteil von Verlusterfahrung, wenngleich es dem Erzähler sozusagen im letzten Moment zunächst dennoch gelingt, sie als solche zu präsentieren. Aber gleich anschließend werden ja Erfahrungs- und Statusgewinn zumindest auf der symbolischen Ebene präsentiert (der stolze „Stadtindianer“ mit einer seltenen Auslandserfahrung). Und nun in Folge die ausgebaute Darstellung einer weiteren Geschichte mit dem Charakter eines Zugewinns, das würde die ursprünglich festgelegte Erzählintention vermutlich doch zu sehr in Unordnung bringen. Dennoch kommt dieser Erzählzapfen, und er trägt ja gerade auch dazu bei, ein geordnetes Verfahren in der Abfolge der Ereignisse sicherzustellen.

Der Erzähler hat in seiner Darstellung eine Erlebensphase erreicht, in der er sozusagen Brücken hinter sich abgebrochen hat, die Orientierung am institutionellen Handlungsmuster aufgegeben hat und sich, wie er es zunächst rahmt, in einer time-off-Phase befindet (*Äh.. dann habe ich erstmal gar nichts gemacht.* 69/30-31). Beim Zuhörer entsteht nun der Eindruck, dass sich der Geschichtenträger damals bereits orientierungslos von den Wirkmechanismen der Alkohol- und Drogenabhängigkeit treiben lässt. Aber dann macht der Erzähler deutlich, dass in diese Zeit bis zum Beginn der Lehre ganz wichtige Erfahrungen fallen, die unter der Kategorie „Suchbewegungen" mit dem besonderen Aspekt der Annäherung an das andere Fremde subsumiert werden können. Und aus dieser Betrachtungsperspektive schreibt nun der Erzähler seinen Londontrips nicht nur biographische Relevanz zu, sondern sie bekommen auch temporal aufordnenden Charakter. Während diese biographische Phase am Erinnerungshorizont des Erzählers also zunächst als „weißer Fleck" auftaucht („*erstmal gar nichts gemacht*"), muss er, als sich die Erinnerung vor seinem inneren Auge zu verflüssigen beginnt und reflexive Konturen bekommt, berücksichtigen, dass er ja gerade in dieser „time-off-Phase" ganz zentrale und biographisch relevante Erfahrungen gemacht hat, die auch seine Identität in der Außenperspektive der Mitglieder seiner sozialen Welt verändert haben. Er wird jetzt identifiziert über die Prädikatszuschreibung „Stadtindianer". Orientierungsleitend in dieser Phase der Suchbewegungen sind seine Affinität zu fremden Kulturen und zur Rockmusik. Und genau auf diesen beiden Ebenen ist ja dann auch die Sinngebung für seine Londontrips gegründet - London (in den 70er Jahren), das europäische Mekka sowohl für die Rockmusik als auch für kulturelle Vielfalt und damit für die Begegnung mit dem anderen Fremden.

Mit diesen Erzähl- bzw. Expansionszapfen, die charakteristisch für den Relevanzfestsetzungs- und Kondensierungszwang sind, hat es aber noch eine andere Bewandtnis: hier bekommt der Forscher vom Erzähler nicht nur den impliziten Hinweis darauf, dass er über dieses nur angedeutete Ereignis in einem anders gerahmten Darstellungszusammenhang noch mehr zu erzählen wüsste. Diese Erzählzapfen sind auch insbesondere für die an die Haupterzählung anschließenden Nachfragen des Forschers eine wahre Fundgrube, vor allem auch im Hinblick auf die Auslösung von Narration. Und sie sind auch noch aus einem anderen Grund für die anschließenden Nachfragen besonders geeignet: der Forscher kann mit hoher Sicherheit davon ausgehen, dass sich der Erzähler der narrativen Ausführung der mit einer solchen Nachfrage an ihn gestellten Bitte nicht verweigern wird. Mit anderen Worten: über alles, was der Erzähler in der Haupterzählung - wenn auch hochkondensiert - thematisiert hat, wird er in der Regel im Nachfrageteil bereit sein, beim entsprechenden Aufgreifen durch den Forscher ausführlich zu erzählen. Das trifft erfahrungsgemäß selbst in Fällen zu, in denen es sich um eine äußerst heikle Angelegenheit oder eine traumatische Erfahrung handelt. Wenn es für den Informanten zu schwer, zu verletzend oder zu gefährlich wäre, darüber zu erzählen - und davon können wir ausgehen -, dann hätte er es in der Haupterzählung auch nicht thematisiert.

Mit dem Erzählzapfen „Londontrips" in unserer Fallgeschichte wurde vom Erzähler eine Ereignisreihung unter Kondensierungszwang angedeutet, die ohne weiteres der Kategorie der für den Erzähler „harmlosen“ Geschichten zuzurechnen ist. Und ich möchte abschließend darauf hinweisen, dass der Forscher die „Londontrips“ im Rahmen der Nachfragen wieder thematisiert hat. Es war sozusagen ein „Volltreffer“ und er hat damit eine selbstläufige Erzählung ausgelöst, die als in sich abgerundete Geschichtengestalt mehrere Seiten füllt.

So viel in aller Kürze zunächst zu den drei spezifischen Zugzwängen des Erzählen. Wir wollen uns nun im Folgenden, wie angekündigt, der tiefergehenden analytischen Betrachtung der Detaillierungskomponenten zuwenden.

2.6.2 Analytische Betrachtung der Komponenten des Detaillierungszwangs

Wenn der Informant in seiner Stegreiferzählung eigenerlebte Erfahrungen thematisiert, dann wird er sich im aktuellen Darstellungsablauf „narratives Interview“ auch immer an der Reihenfolge der damals erfahrenen Ereignisse orientieren. Die zeitlich geordnete Ereignisabfolge ist ein fester Bestandteil des Erzählgerüsts, an dem der Informant seine Geschichte aufbaut. Für den Fall, dass ihm jedoch in seiner Darstellung beim Übergang von Ereignis A zu Ereignis B etwas unplausibel und lückenhaft erscheint, sieht er sich (auch aufgrund der stets mitgedachten Wahrnehmungsperspektive des Interaktionspartners) aufgefordert, eine Geschichte, die diesen Hintergrund erhellt, zu erzählen. Wir sprechen hier von einer **Hintergrundserzählung**. Hintergrundsgeschichten sind Rückblenden, die auf einer Nebenerzähllinie präsentiert werden. Aber auch auf der Nebenerzähllinie ist die zeitlich geordnete Ereignisabfolge fester Bestandteil des Erzählgerüsts.

Zwischen die Schilderung einzelner Ereignisse werden vom Erzähler **zeitliche Verknüpfer** eingeschoben. Der zeitliche Verknüpfer ist ein Phänomen, an dem sich eine Komponente des Detaillierungszwangs zeigen lässt. Die wohl häufigste Verknüpfungsform ist die Konjunktion „und“. Wir finden diesen Verknüpfer auch oft als zeitliche Erweiterung (beispielsweise „und dann...“). In solchen Fällen wird von den Interaktionspartnern die Beziehung zwischen Ereignis A und Ereignis B als selbstverständlich unterstellt. Diese schwachen Verknüpfer werden entsprechend stärker markiert, wenn es sich um die Darstellung zwischen einem Ereignis und einem Situationsknoten handelt. Ein Beispiel dafür finden wir in unserer Fallgeschichte auf Seite 74. Die Eheleute haben bereits über Jahre erfolglos versucht, ein Kind zu bekommen und beide trinken in diesen Jahren auch regelmäßig Alkohol. Schließlich entschließt sich die Ehefrau für den Entzug und eine anschließende Therapie. In Folge dessen - die Ehefrau hat das Trinken aufgegeben und ihre Depressionen sind merklich abgeflacht - reduziert auch der Ehemann seinen Alkoholkonsum und es geht beiden bedeutend besser. Vermutlich hatten aber beide die Hoffnung auf ein Kind schon aufgegeben, als plötzlich ein unerwartetes Ereignis eintritt:

„Tja und äh... äh.. und dann auf einmal is se eines Morgens ganz aufgeregt zu mir gekommen und hat mir gesagt, dass se schon den zweiten Monat mit ihrer Periode über de Zeit is. Ich hab's natürlich zuerst nur für 'ne Unregelmäßigkeit gehalten. Kommt ja immer mal vor. Nach so viel Versuchen hat man die Hoffnung ja irgendwann aufgegeben." (74/16-21)

Der markierte zeitliche Verknüpfer „und dann auf einmal" deutet nicht nur darauf hin, dass inzwischen viel Zeit vergangen ist, in der die Hoffnung auf ein Kind auf Null angelangt war, sondern er macht auch deutlich, dass sich innerhalb dieser Situation des zunehmenden Hoffnungsverlustes etwas unerwartetes ereignet. Die Frau ist im zweiten Monat schwanger. Das angekündigte Unerwartete ist in der damaligen Situation für den Ehemann nicht so ohne weiteres verständlich. Es ist ihm unerklärlich und selbst seine Frau scheint noch Zweifel zu haben. Diese damalige Erklärungsbedürftigkeit kommt in der aktuellen Darstellung im Interview wieder zum Ausdruck - und zwar sowohl durch die zeitlichen Verknüpfer als auch durch die **Reihung** von knappen und kurz aufeinander folgenden Sätzen. In der Reihung wird die Aufeinanderfolge einzelner Situationen durch die Reihenfolge entsprechender Bündel eng verbundener Sätze ganz deutlich: - eines Morgens kommt sie ganz aufgeregt zu ihrem Mann; - sie deutet an, dass sie schwanger ist; - dann holt sie sich die Teststreifen aus der Apotheke; - der Teststreifen hat positiv angezeigt; - und dann ist sie am gleichen Tag zum Frauenarzt gegangen; - sie erfährt, dass sie schwanger ist; - die Freude ist riesengroß.

Der Erzähler nähert sich hier in seiner Darstellung einem **Ereignishöhepunkt**. Die Aktivitäten nehmen zu und das Niveau der narrativen Detaillierung steigt an. Die Darstellung des Informanten ist nun auf die Situationsentwicklung, so wie sie sich damals für beide Eheleute präsentiert hat, fokussiert. Der Erzähler verengt den Aufmerksamkeitsfokus immer mehr auf den Ereignishöhepunkt hin, während parallel dazu die Relevanz für die Kontexte abnimmt.

Eine weitere Komponente, die auf den Detaillierungszwang hinweist, ist durch die **Einführung des Geschichten- bzw. des Ereignisträgers** gekennzeichnet. Und ebenso muss auch der **Ort der Handlung** eingeführt werden. Diese einführenden Expansionen zeichnen sich fast immer durch eine explizite Nennung von Eigennamen bzw. von Zeit und Ort aus. Die neben dem Geschichtenträger einzuführenden Ereignisträger werden in der Regel durch beschreibende und bewertende Expansionen vorgestellt. Dazu ein Beispiel aus unserer Fallgeschichte. Es handelt sich um den ersten Kontakt, den der Vater mit dem zuständigen ASD-Mitarbeiter hat:

Am nächsten Vormittag war der schon da, der Herr P. Ist eigentlich 'n richtiger Kumpel-Typ. Der wusste auch nicht sofort immer gleich alles. (76/16-18)

Hier haben wir neben der expliziten Nennung des Eigennamens ebenso die Zeitangabe und die bewertende Expansion. An einer anderen Stelle im Interview wird Lisa, die Schwester der Ehefrau, im wiederholten Rekurs auf ihre bereits zuvor erfolgte Einführung noch einmal durch eine beschreibende Expansion ins Spiel gebracht. Es handelt sich um die Situation, in der der Sozialarbeiter gemeinsam mit dem Vater überlegen, bei wem denn wohl aus der Verwandtschaft eine Unterbringung des Kindes möglich wäre.

V.: Naja und Lisa, die kommt nicht in Frage. Hat ja selber nichts zu lachen mit den Zwillingen und 'm kranken Mann. Peter hat Darmkrebs, und das wird wohl auch nicht mehr lange dauern. Se hat ja die Hoffnung noch nicht aufgegeben, aber man macht sich ja dann selber auch immer viel vor, nech?

I.: Ja

V.: Also Lisa äh.. das habe ich ihm gleich gesagt, Lisa kommt auf keinen Fall in Frage. Und dann hat der Herr P. ... (77/13-22)

Auf eine ganz ähnliche Weise gestaltet der Informant unmittelbar zuvor den wiederholten Rekurs auf seine bereits eingeführte Mutter. Der Rekurs fällt jedoch lediglich andeutend und kurz aus:

Naja, hab ich ihm erzählt, dass es bei meiner Mutter auf keinen Fall ginge, weil die ja mit sich selbst genug zu tun hat. (77/1-3)

Daran anschließend folgt die Einführung der Ereignisträgerin „Mutter der Ehefrau". Die Ereignisträgerin ist noch nicht vorgestellt worden, weil der Erzähler bisher keinen Anlass gesehen hat, sie entsprechend einzuführen. Diese Frau war also bislang im Rahmen seiner Relevanzsetzung relativ bedeutungslos. Nun ist ihre Einführung aber schon deshalb erforderlich, weil ja mit der Frage des Sozialarbeiters nahe stehende Verwandtschaftsmitglieder, und damit implizit auch die Schwiegermutter, thematisiert worden sind. Der Erzähler ist hier also unter Zugzwang gesetzt und muss die Schwiegermutter einführen und in ihrer Beziehung zu seiner Familie vorstellen. Der Zugzwang löst in diesem Fall eine ausgebaute Expansion aus, weil sich im Laufe der Jahre neue Gesichtspunkte ergeben haben und weil sich der Erzähler darüber hinaus in der Schilderung des zu diesem Zeitpunkt aktuellen Beziehungsgefüges zwischen der Mutter und seiner Familie zu einer aktualisierenden Definition aufgefordert sieht.

Und die Mutter von meiner Frau, die hat ja den Kontakt zu uns schon lange abgebrochen. Die war ja schon zur Hochzeit nicht gekommen, nur Lisa, die war da. Und Sabines Mutter will ja auch bis heute nichts von Tobias wissen. Das muss wohl damals zu viel für sie gewesen sein, als sich ihr Mann erhängt hat. Is ja dann auch schon bald aus F.-Stadt weggezogen. Ich glaube äh.. 'n Alkoholiker ist und bleibt für die 'n rotes Tuch. Se hat uns ja auch nie besucht, nur durch Lisa sagen lassen, dass se kein mehr von uns sehen kann, das würde se dann nicht überleben. Na gut äh... haben wir uns auch dran gehalten. Kann ich in ihrem Fall heute auch 'n bisschen verstehen, wenn auch nie endgültig. (77/3-13)

Ebenso kann es aber auch vorkommen, dass sich der Informant zur Einführung eines neuen Ereignisträgers **allgemeiner Kategorien** zur Kennzeichnung bedient, weil auch ihm, dem Erzähler und Geschichtenträger, der neue Ereignisträger fremd ist und auch weiterhin fremd bleibt bzw. von ihm nicht eingeschätzt werden kann und daraufhin, wie in unserem Fallbeispiel, als potentielle Gefahr eingestuft wird.

Am nächsten Tag stand dann aber erstmal so'n Typ vom Jugendamt auf der Matte. Der war mir von vorne rein unsympathisch. Der hat sich hier aufgeführt wie 'n Bulle und hat auch gleich was von Adoption und Vormundschaft gefaselt. Ich hätte den am liebsten an die frische Luft gesetzt, weil äh... das war ja Gift für Sabine. Aber wir mussten ja vorsichtig sein. Und äh.. ich hatte ja das damals auch noch nicht so schnell geschnallt, dass beide miteinander nicht so viel zu tun ham, also der Herr P. und dieser Typ. Aber dann ist der ja auch wieder gegangen... So äh.. (77/35 - 78/6)

Die sofort erkennbare Form, in der der Erzähler den Detaillierungszwang zum Ausdruck bringt, ist die ausgebaute expansive **Hintergrundsgeschichte**. Diese Form der Detaillierung finden wir in unserem Fallbeispiel auf Seite 81. Nachdem der Erzähler aus dem Krankenhaus entlassen worden ist - dort war er zwecks Entgiftung stationär behandelt worden -, spricht er kurz darauf bei seiner alten Firma hinsichtlich einer möglichen Wiedereinstellung vor. Es ist für ihn damals (und natürlich auch für den Zuhörer aktuell) zunächst nicht nachvollziehbar, aus welchem Grund ihm dort ohne Umschweife sofort wieder seine ehemalige Stelle als Konstrukteur angeboten wird. Daraufhin expandiert die Darstellung des Informanten, und er reicht die notwendigen Informationen, so wie er sie damals von seinem Freund und Vorgesetzten erhalten hat und zusätzlich mit einem eigenen Kommentar versehen, in einer Hintergrundsgeschichte nach.

V.: Damit hatt ich <u>nie</u>... niemals gerechnet. Also alles hätte ich mir vorstellen können, aber nicht das.

I.: Das muß ja wie'n Geschenk des Himmels für Sie gewesen sein.

V.: War das auch, ich konnt's ja selber nicht begreifen. Naja äh.. als ich dann wieder rein bin, hat mir Werner, also unser Abteilungsleiter, erzählt, warum das überhaupt nur möglich war. Die hatten also 'n riesen Auftrag aus'n Vereinigten Emiraten auf'm Tisch und das war bestimmt keine Eintagsfliege. Also 'n Auftragsvolumen.. na ich weiß nicht, wie das kohlemäßig aussieht, aber das reicht noch weit in die nächsten Jahre rein. Und nun waren die natürlich ganz schön unter Druck. Und Werner kannte mich ja von früher, der wußte ja, daß ich, wenn's drauf ankommt, auch nachts arbeite. Das hatte der nicht vergessen. Der war sowieso gleich wieder der Alte, ne. Ja, und so war das 'n wahnsinnig glücklicher Zufall. Äh.. das passte also alles so gut ne.. ich bin hingegangen und hatte meinen alten Job wieder. Kaum vorstellbar, ne? (81/11-29)

Wenn nun aber an einer solchen Stelle mangelnder Plausibilität der Zugzwang zur expandierenden Detaillierung von einer noch stärker wirkenden Rahmenbedingung sozusagen überformt wird - wir haben uns ein solches Beispiel ja bereits mit den Londontrips (S. 70) vor Augen geführt -, dann wird zwar der Zugzwang nicht aufgehoben, aber der Erzähler beschränkt sich in seiner Darstellung auf einen **Detaillierungszapfen**. Damit deutet er an, dass ihm durchaus klar sei, dass an dieser Stelle eine expansive Plausibilisierung erforderlich wäre und er eigentlich auch eine komplette Hintergrundsgeschichte zu diesem Ereignis erzählen könnte. Gleichzeitig denkt er jedoch auch mit, dass eine ausgebaute Hintergrundsgeschichte in diesem Darstellungszusammenhang - er will ja von einer time-off-Phase erzählen, in deren Folge sozusagen die Verlaufskurvenpotentiale für seine Alkoholikerkarriere festgeschrieben werden - dem Zuhörer irrational oder unglaubwürdig erscheinen könnte. Er kann beim Zuhörer kaum voraussetzen, dass dieser um die Wissensbestände dieser spezifischen sozialen Welt der „Stones-fans" - und nur darüber könnte seine Hintergrundsgeschichte von den Londontrips erklärt werden -, weiß. Der Erzähler müsste hier weit ausholen (was er ja bekanntlich dann später auf die Nachfrage des Forschers hin auch tut, als ihm signalisiert wird, dass auch dem Interviewer diese Wissensbestände nicht fremd sind). Er müsste an dieser Stelle seiner Darstellung auf seine damaligen inneren Zustände und seine individuellen Dispositionen zu sprechen kommen, und damit auf etwas, wie er zunächst vermutet, das nur eingefleischte Stones-Fans verstehen würden. Und zu dieser Kategorie kann er den Forscher in diesem Moment noch nicht dazurechnen. Also bleibt es in seiner Darstellung bei dem Detaillierungszapfen.

Abschließend möchte ich die Funktion des Erzählschemas und der darin wirksam werdenden Zugzwängen der Sachverhaltsdarstellung vor dem Hintergrund der Wissensbestände über die Konstitution von Sachverhalten in der erlebten sozialen und psychischen sozialen Welt noch einmal zusammenfassend thematisieren. Ich habe ja gerade in meinen Ausführungen zum Detaillierungszapfen sowohl die spezifischen Wissensbestände von Mitgliedern einer sozialen Welt als auch die inneren Zustände des Erlebens (als Stones-fan), die für einen outsider kaum oder gar nicht nachvollziehbar sind, angesprochen. Zusammenfassend bleibt mir an dieser Stelle noch zu sagen, dass mit dem Erzählschema ein Kommunikationsverfahren in Gang gesetzt wird, in dem Zugzwänge dahingehend wirksam werden, dass sie den Erzähler auffordern, Sachverhalte von „sozialer, subkultureller oder auch psychischer Welt", so wie sie auf der Erlebensfolie abgespeichert sind, nachzureichen. Der Erzähler ist einer der (beiden) Interaktionspartner innerhalb des Interaktionsprozesses „narratives Interview". Und in der von ihm ratifizierten Rolle ist er verpflichtet sicherzustellen, dass in der Fortsetzung des Darstellungsablaufs auch weiterhin beide (alle) Interaktionspartner von einem gemeinsam geteilten Wissen ausgehen können. Solange nämlich ein Minimum dessen nicht für alle Beteiligten sichergestellt ist, wirken die Zugzwänge. Ich werde hier am Schluss des Kapitels noch einmal zwei Passagen aus dem transkribierten Fallbeispiel herausgreifen, die diametral zueinander stehen, die uns aber über die durch den Zugzwang der Detaillierung ausgelöste Expansion der Darstellung sozusagen die Hinterbühne für soziale Welt- und Zustands-Innenansichten öffnen und uns ein Einfühlen darin ermöglichen.

1. Beispiel: die Darstellungsexpansion für die Hinterbühne der sozialen Welt (in der Funktion einer Nische) des Erzählers als Kind.

V.: Dann war ich immer bei der Oma. Bin sowieso viel lieber da gewesen als zu Hause, weil die Oma, die wohnte noch etwas weiter draußen in so'm kleinen Vorort. gehört ja heute alles zu F.-Stadt. Aber damals.. die hatten noch Hühner und Kaninchen, als der Opa noch lebte.

I.: toll!

V.: Ja, das war richtig idyllisch da draußen. Und äh.. mit Opa Willy, das war sowieso der Größte, mit dem bin ich immer gern losgezogen. Dann ham wa Klee und Löwenzahn für die Kaninchen gepflückt. Für so'ne Stofftasche voll gab's fünfzig Pfennig. Oder auch Pferdeäpfel. Äh.. wenn da welche auf 'a Dorfstraße lagen, bin ich immer gleich mit Schaufel und Eimer los und hab die aufgesammelt. Das war'n auch wieder fünfzig Pfennig. Das Kino kostete damals noch fünfzig Pfennig. Und der Opa hat sich immer mit mir die Cowboyfilme angeguckt. Und dann gab's in der Pause, also zwischen der Wochenschau und dem Hauptfilm, da kam dann immer so 'ne Frau mit 'm Korb, und der war voll mit äh.. mit Langneseeis.

I.: genau

V.: Da gab's also immer 'n Eis. Der Opa ist dann leider gestorben, als ich in der vierten Klasse war und als ich dann auf's Gymnasium gehen sollte. (66/13-34)

Für den Zugang zu dieser Hinterbühne, das wird in der Interaktion zwischen Erzähler und Zuhörer ganz deutlich, verfügt auch der Forscher über ein entsprechendes insider-Wissen. Er kann offensichtlich mit dem damaligen Erleben des Jungen „mitgehen". Und so stellt sich zunächst einmal die Frage, warum der Zugzwang zur Detaillierung an dieser Stelle eine so offensichtliche Wirkung zeigt. Dazu liegen aber gleich mehrere Gründe vor:

Zunächst einmal müssen die Großeltern nicht nur als weitere Ereignisträger innerhalb der Gesamtgeschichte eingeführt werden, sondern darüber hinaus als hochsignifikante andere, und hier insbesondere der Großvater. Letzterer erhält eine Bedeutungszuschreibung, die weit über der der Eltern für den damaligen Jungen liegt. Der Großvater wird mit einem expliziten Superlativ eingeführt - eine Expositionierung, die ihn aus der Perspektive des Erzählers über allen anderen Ereignisträgern und signifikanten anderen, die in der zu erzählenden Lebensgeschichte thematisiert werden, ansiedelt. Des Weiteren wird der Schauplatz beschrieben, der Schauplatz als „besonderer Erfahrungs- und Erlebnisort", der in Kontrastanordnung sowohl zum städtischen Wohnumfeld des Elternhauses, als auch zum sozial-räumlichen Rahmen, innerhalb dessen die innerliche Befindlichkeit des Jungen hervorgebracht werden kann, steht. Und schließlich erfolgt ebenso eine Zeitangabe, die über den damaligen individuellen biographischen Zeitraum „Grundschulzeit" sehr genau gerahmt ist durch die kollektiv-historischen Besonderheiten der 60er Jahre. Damals hatte das Kino noch den Charakter eines „besonderen Ortes" mit den entsprechend fixierenden und generationenübergreifenden Wirkmechanismen. Dieser „besondere Ort" wird vom Erzähler symbolisiert und stilisiert - Cowboyfilme, Wochenschau und die Frau mit dem Eis in der Pause.

Der Erzähler macht sich (und dem Zuhörer) in der aktuellen Situation „narratives Interview" in dieser detailgetreuen Expansion noch einmal rückblickend klar, dass es trotz des zuvor gesetzten starken suprasegmentalen Markierers - er werde nichts Lustiges erzählen können - ein paar Jahre in seinem frühen Leben gegeben hat, in denen es ihm außerhalb der elterlichen Wohnung und in der Distanz zu den Eltern möglich war, ohne Stress und außerhalb fremdbestimmter konditioneller Rahmen im Hier und Jetzt zu leben und dieses Leben sinnvoll zu erleben. Dort gab es den Großvater, der diese Welt mit ihm teilte und der bis zu seinem Lebensende „sowieso der Größte" für ihn war. Der Großvater war nicht nur Vaterersatz, er war viel mehr für das Kind. Zwischen ihm und dem Enkel gab es offensichtlich keinerlei Distanz; beide teilten gemeinsam ein und dieselbe Welt, und diese Welt machte für beide Sinn. Alles was der Junge nach dem Tod des Großvaters erleben wird, hat den Charakter von Prozessierung und Fremdbestimmung - ein kontinuierliches Aufschichten von Verlaufskurvenpotentialen. In der Darstellung des Informanten gibt es später noch einige Hinweise darauf, dass es innerhalb des schließlich immer wieder alles überformenden Verlaufskurvenpotentials Momente in seinem bisherigen Leben gab, in dem ihm kurzfristig der Ausstieg bzw. der Ausbruch geglückt ist. Aber weil diese von außen gesetzten konditionellen Relevanzen und Rahmen eine derartig massierende Wirkung haben, ersticken sie auch immer wieder diese kurzen positiven Erlebensmomente und töten sie sozusagen in der Erfahrungsaufschichtung beinahe ab. Und diese Problematik spiegelt sich dann auch in der Darstellungsstruktur wider. Genau die Ereignisse, die eine Expansion in der Erzählung einfordern würden, werden von dem anfänglich eingenommenen Darstellungsduktus, unter dem die Geschichte angekündigt wird, regelrecht im Keim erstickt. Die Darstellung geht an diesen Stellen wiederholt nicht über Detaillierungszapfen hinaus. Aber dennoch einige Male, und hier am Beispiel der vermutlich bisher dichtesten sozialen Erfahrungen in seiner bisherigen Lebensgeschichte und vermutlich auch einer der bisher schmerzlichsten Verlusterfahrungen, setzt sich der Zugzwang der Detaillierung gegenüber den mächtigeren Rahmenbedingungen durch.

2. Beispiel: die Darstellungsexpansion für die Hinterbühne der sozialen Welt (in der isolierenden Funktion) des Erzählers und seiner Frau, unmittelbar nachdem das Kind zur Fremdunterbringung abgeholt worden war.

> *Naja äh... dann war'n wa erstmal alleine. Hat irgendwas gefehlt... das roch alles noch so nach Baby, aber äh.. der Tobias war ja nich mehr da. Sabine hat auf'm Bett gelegen und in die Kissen geheult. Hat nichts gesagt. Und ich hab auch nichts gesagt. Und dann is 'se irgendwann eingeschlafen. Ich hab vor'm Fernseher gesessen, hab aber überhaupt nicht mitgekriegt, was da läuft. Und am nächsten Tag dasselbe. Also äh.. jetzt war'n wa ja plötzlich wieder allein. Meine Frau hat die ersten Tage nur geheult... nur geheult. Abends ham wa uns dann die Birne zugezogen. Se hat dann auch wieder mitgetrunken. Und am nächsten Mittag, wenn ich aufgestanden bin, hat se schon am Tisch gesessen und weitergeheult... Na äh.. äh... und dann ist se erstmal in 'n Entzug gekommen. Ich war zu Hause. Wollten ja nicht beide gleichzeitig. Und dann auf einmal... (79/37 - 80/12)*

Der Erzähler ermöglicht uns hier in der Expansion seiner Erzählung den Zugang zur damaligen Innenwelt-Ansicht der Eheleute, deren Kind unmittelbar zuvor der Fremdunterbringung zugeführt worden ist. Der Informant beginnt das Segment folgendermaßen:

> *(Jetzt leise bis *) Und dann an dem Tag, als se Tobias geholt ham, das war dann aber doch ganz schön krass. (79/25-26)*

An diesem Tag ändert sich das Alltagserleben für beide Eheleute radikal. Auch Sabine, die Mutter von Tobias hat sich ja zuvor nach langem Zögern doch noch entschließen können, der befristeten Fremdunterbringung des Kindes zuzustimmen. Beiden ist daraufhin das Hilfeplanverfahren noch einmal genau erklärt worden. Und die Zuversicht in die von ihnen getroffene Entscheidung scheint sich zunächst dadurch zu stabilisieren, dass ihnen noch einmal ausdrücklich die im monatlichen Turnus vorgesehene Besuchsmöglichkeit zugesichert wird und dass sie sich die relativ geringe räumliche Distanz zum Wohnort der Pflegeeltern vor Augen führen: *H.-Stadt war ja auch nicht aus der Welt... (8)... (79/24-25)*

Aber in unmittelbarer Folge mit der Realisierung ihrer Entscheidung bricht dann die unerwartete Situationsveränderung, für deren Bewältigung ihnen keinerlei brauchbare Bewältigungsmuster zur Verfügung stehen, mit voller Wucht in ihr Alltagsleben ein. Der Zeitpunkt, von dem an sich nun die Verlaufskurvenpotentiale rasant häufen und schließlich über ihnen zusammenbrechen werden, ist in der Darstellung des Vaters eindeutig markiert. Die Markierung ist allein schon in der Oberflächenstruktur seiner Darstellung unübersehbar. Dem Beginn des neuen Segments geht mit acht Sekunden eine relativ lange Pause voran, und der Erzähler beginnt daraufhin mit deutlich verringerter Lautstärke zu sprechen. Aber diese formalen Markierer alleine reichen nicht aus, um sich und dem Zuhörer verständlich zu machen, dass die sich dramatisch verändernde Situation seine innerliche Befindlichkeit dermaßen aus dem Gleichgewicht bringt. Dass für seine Frau die faktische Trennung vom Kind mit Schmerzen verbunden sein würde, dessen konnte er sich schon vorher sicher sein. Aber nun bleibt auch er vom Schmerz nicht verschont.

> *Äh... Äh.. für Sabine sowieso. Die hat ja nur geheult und gemacht... konnte sich gar nicht wieder einkriegen. Ist dann auch nicht mit raus. Aber auch ich hätte nicht geglaubt, dass <u>mir</u> das so an die Nieren geht. (79/26-29)*

Und während der Interviewer dem Erzähler daraufhin sein Verständnis für die Veränderung der innerlichen Befindlichkeit zusichert, ist der Vater über die Erinnerung noch einmal ganz nahe an dieser Verlusterfahrung und der damit einhergehenden dramatischen Situationsveränderung. Hier schließt nun zunächst ein theoretischer Kommentar des Erzählers an

> *V.:* *Ist ja nicht einfach.. äh..äh.. das eigene Kind.. erstmal weg. Ich glaube, da hab ich dann zum ersten Mal begriffen was es heißt, Vater zu sein. Und was das auch mit einem machen kann. Das war schon nicht ohne... (*).. ((putzt sich die Nase))...*
>
> *I.:* *glaub' ich (79/31-36)*

Das neue Segment beginnt der Informant nun mit dem Erzählgerüstsatz: *„...dann war'n wa erstmal alleine."*

Die familiale Konstellation hat sich verändert, das Kind wurde aus der Familie herausgeholt und die **innere Befindlichkeit** beginnt sich dramatisch und für beide unvorhergesehen zu verändern. In der nun folgenden **Detaillierungsbeschreibung** wird vom Erzähler die **Situationskonstellation** mit einem inneren Zustand und seiner Veränderung verbunden. In der Darstellung ist die Konstellation durch „alleine" (79/38) repräsentiert. Kurz zuvor gehörte ja noch Tobias als drittes Mitglied zur Familie.

Mit der Detaillierungsbeschreibung wird also implizit eine **Kontrastanordnung** eingeführt. Und diese Kontrastanordnung ist mit dem Zusatz (*Hat* *irgendwas gefehlt... (79/38)*) versehen. Vorher waren sie eine komplette Familie, und jetzt ist diese Familie auseinander gerissen. Die Hülle des Symbols für die komplette Familie schwebt regelrecht noch im Raum, aber der „Symbolkern" wurde bereits „entfernt", um es einmal mit den Vertretern des symbolischen Interaktionismus auszudrücken. Die über den Detaillierungszwang ausgelöste Beschreibungsdichte kommt hier u.a. auch dadurch zum Ausdruck, dass das Spektrum für die unterschiedlichen Sinneserfahrungen geöffnet wird. Der spezifische Geruch für ein Baby hängt sozusagen noch wie ein Damoklesschwert in der Luft und hält die schmerzliche Erinnerung an das unmittelbare Vorher wach. Die Konstellation der neuen veränderten Situation wird gewissermaßen durch die symbolische Überformung mit zunehmender Dramatik hervorgebracht und sie steht in unmittelbarer Verbindung mit dem Kontrollverlust für die inneren Zustände. Die innere Befindlichkeit, die ja beide gerade durch die befristete Trennung vom Kind kontrollierbar gestalten wollten, gerät völlig außer Kontrolle.

Beide Eheleute greifen nun wieder auf bisher vertraute, aber völlig unbrauchbare und in ihrer Wirkung entgegengesetzte Bearbeitungsmuster zurück, die sie sozusagen vom Regen in die Traufe führen. Sie versuchen ihren Schmerz gemeinsam im Alkohol zu ertränken. Ein Bearbeitungsmuster, dass beiden aus ihren Stammfamilien nur allzugut vertraut ist. Eine erfolgreiche Bearbeitung der sich entwickelnden Verlaufskurvenpotentiale mit Hilfe signifikanter anderer und im Hinblick auf sich einstellendes intentionales Handeln hat ja zumindest der Vater in seinem bisherigen Leben noch nicht kennen gelernt. Und noch ein weiterer Aspekt ihrer Ohnmacht wird in der Detaillierungsbeschreibung zur Situationskonstellation in Verbindung mit ihrer innerlichen Befindlichkeit deutlich: die Situationsentwicklung ist darüber charakterisiert, dass die Fähigkeit zur kommunikativen Interaktion blockiert ist. Schließlich kommt dann die Situationszuspitzung in ihrem Höhepunkt durch die Verlaufskurventransformation zum Ausdruck - das Umschlagen der dramatischen psychischen in lebensbedrohliche somatische Befindlichkeit. Die Ehefrau wird zum Entzug eingeliefert.

Der Detaillierungszwang ist ausgelöst worden durch die vom Erzähler in seinem theoretischen Kommentar angekündigte Bewusstseinsveränderung. Er sei sich der durch das Kind veränderten familiären Konstellation und den damit verbundenen Anforderungen an die neue Rolle des Vaters mit dem Verlust des Kindes bewusst geworden. Wenn wir uns nun an das von mir gerade zuvor präsentierte erste Beispiel erinnern, dann wird hier im Hinblick auf einen kontrastiven Vergleich die Chance deutlich. Im ersten Beispiel wird der **unwiederbringliche** Verlust des Großvaters als eines hochsignifikanten anderen thematisiert. Im zweiten Beispiel geht es ebenfalls um eine zentrale Verlusterfahrung, jedoch mit dem Unterschied, dass dem Geschichtenträger in der damaligen Situation in unmittelbarer Folge der erlebten Verlusterfahrung eben dieser bewusst wird, und dass darüber hinaus die Chance gegeben ist, diesen Verlust rückgängig zu machen. Mit der Entscheidung der Eheleute zur Fremdunterbringung ist ja die Option verbunden, dass sie ihr Kind nach der Ordnung von inneren und äußeren Rahmenbedingungen im Sinne der gesellschaftlichen Erwartungshaltung und im Hinblick auf das mit der Elternrolle verbundene Pflichtbewusstsein in die Familie zurückholen können. Es muss also im Vergleich zum Tod des Großvaters kein endgültiger Verlust eines signifikanten anderen werden.

Im ersten Beispiel expandiert die Erzählung an einer Stelle in der Darstellung, an der der Informant deutlich machen kann und muss, dass sein bisheriges Erleben doch nicht durchgängig von der Aneinanderreihung trauriger und dramatischer Ereignisse bestimmt war. Aber diese wenigen Jahre in der Geborgenheit und gemeinsam geteilten Sinnwelt von signifikanten anderen waren durch den unwiederbringlichen Verlust des Großvaters begrenzt. Im zweiten Beispiel expandiert die Erzählung an einer Stelle in der Darstellung, an der der Informant deutlich machen kann, dass sein bisheriges und weitgehend fremdbestimmtes Erleben, das schließlich von einem Katastrophenhöhepunkt in den anderen gleitet und nun mit der Fremdunterbringung des eigenen Kindes durch einen weiteren Verlust eines signifikanten anderen gekennzeichnet ist, dahingehend geändert werden kann, dass er sich seiner aktuellen familienbiographischen Situationen mit allen Implikationen bewusst wird, und dass er die erneute Verlusterfahrung durchaus rückgängig machen kann, indem er sich nicht länger von den konditionellen Relevanzen einfangen und treiben lässt, sondern sich mit Hilfe- und Begleitungsangeboten von außen die Fähigkeit zurückerobert, seine Erfahrungen aufzuordnen, zu reflektieren und sich Bearbeitungsmuster anzueignen, die sich durch intentionales Planen und Handeln auszeichnen. Der erlebte Verlust des Großvaters war in Folge ja noch durch die Aufgabe eigenständiger biographischer Planung gekennzeichnet. Die Fähigkeit zur Reflexion war noch nicht herausgebildet, und im Übrigen haben ihm damals auch die signifikanten anderen gefehlt. Zum Zeitpunkt der zweiten zentralen Verlusterfahrung scheint ihm jedoch beides mehr oder weniger als Angebot zur Verfügung zu stehen. Und weil er sich und dem Zuhörer die Kontextbedingungen für die Auslöser der Bewusstseinsveränderung in der ganzen Dramatik der Situationsentwicklung vor Augen führen muss, damit der in Folge darzustellende **Wandlungsprozess** auch plausibel und authentisch erscheint, wirkt an dieser Stelle im Darstellungsablauf und ausgelöst durch seinen theoretischen Kommentar (79/31-34) der Zugzwang zur Detaillierung. Der Erzähler muss also die Sachverhalte der zuvor katastrophal veränderten sozialen und psychosomatischen (Erlebens-) Welt in der Detaillierung nachreichen bzw. sie an dieser Stelle auch präventiv für die beabsichtigte anschließende Darstellungsintention in der Expansion offen legen, damit beide (alle) Interaktionsbeteiligten von einem gemeinsam geteilten Wissen darum ausgehen können. Auf die Markierer für einen Wandlungsprozess werde ich später noch eingehen.

3. Erzähltheoretische Grundlagen

3.1 Erfahrungsbereiche, die durch das Stegreiferzählen erfasst werden

In den narrativen Interviews, die wir durchführen, erzählen die Informanten über ihre eigenerlebten Erfahrungen. In der Darstellungsarbeit des Erzählers, die uns nach der Transkription als verschriftlichter Text vorliegt, wird das Handeln des Geschichtenträgers ebenso wie das Erleiden transparent und auf dem Hintergrund der damals für den Informanten relevanten Orientierungsmuster rekonstruiert.

Wie wir auch sehr deutlich in unserem Fallbeispiel erkennen können, rekonstruiert der Geschichtenträger, also der Vater des Kindes, das der Fremdunterbringung zugeführt wurde, in seiner Erzählung wiederholt die **Zeit- und Ortsbezüge**. Weiterhin wird von ihm das seinem Handeln zugrunde liegende und in der jeweiligen Situation relevante **Sinn- und Orientierungssystem** thematisiert, wie ich es schon an einigen Textausschnitten gezeigt habe. Darüber hinaus scheinen die **Bedingungsrahmen**, innerhalb derer er sein **intentionales Handeln** oder - wie es bei ihm viel häufiger der Fall ist - lediglich sein **Reagieren auf die von außen gesetzten konditionellen Relevanzen** hervorbringt, in seiner Erzählung implizit oder auch explizit auf. Ebenso bekommen wir einen Einblick in seine Planungs- und Realisierungskapazitäten, wenn auch, wie in unserem Fallbeispiel, diese Kapazitäten bei beiden Elternteilen des Kindes schon lange vor dessen Geburt durch den Alkoholkonsum extrem stark eingeschränkt waren und nun erst allmählich und mit Hilfe biographischer Begleitung und Beratung ihre Wirkung zu zeigen beginnen. Und eng verbunden damit werden nun auch wieder erste Hinweise auf grundlegende **Basispositionen** in der Handlungsorientierung des Vaters erkennbar, die ihm über viele Jahre aus dem Blick geraten waren, weil die Krankheitsverlaufskurve (Alkoholismus) seine gesamte Alltagsorientierung sozusagen überformt hat.

Es ist also diese allgemeine **Fähigkeit der Erfahrungsrekonstruktion** innerhalb des Stegreiferzählvorgangs, die das Erhebungsinstrument „narratives Interview“ in der sozialwissenschaftlichen Forschung begründet. In der Interaktionssituation „narratives Interview“ werden **Erzählungen** eigenerlebter Erfahrungen hervorgelockt und vom Forscher mit dem Tonband als in sich **geschlossene Gestalt** aufgezeichnet. Auf diese Weise werden dem Forscher empirisch gegründete Datenbestände aus den für ihn relevanten

Teilbereichen der sozialen Realität zugänglich. Ein solcher Teilbereich der sozialen Realität wird in unserem Fallbeispiel mit dem autobiographisch-narrativen Interview gefasst, in dem der Vater eines fremduntergebrachten Kindes seine Lebensgeschichte erzählt. Wir wollen uns nun etwas genauer ansehen, wie sich ein solcher Teilbereich konstituiert.

In dem im narrativen Interview aufscheinenden Teilbereich der sozialen Realität sind die **prozessualen Erscheinungen** enthalten, die in einer besonderen Weise mit dem Alltagserleben des Informanten verbunden sind. Dabei handelt es sich ebenso um seine Handlungsentwürfe und -realisierungen wie auch um die gesellschaftlicher Kollektivitäten. In unserer Fallgeschichte haben wir dafür beispielsweise die Darstellung der Subwelt der Disco-Clique, deren Mitglieder sich gewissermaßen der Rockmusik der 70er Jahre verschrieben haben und auch ihre Zeit- und Ortsbezüge an den dafür bereitgestellten besonderen Orten (den spezifischen Discotheken) ausrichten. Derartig handlungsorientierende Relevanzsetzungen finden wir in der Wir-Gemeinschaft, durch deren Mitgliedschaft sich auch der Erzähler auszeichnet. Hinsichtlich seiner individuellen Handlungsorientierung werden diese Relevanzen ebenso, und noch einmal mit der besonderen Fixierung auf die Musik der Stones, deutlich. Und im weiteren Verlauf der Darstellung seiner Lebensgeschichte wird als prozessuale Erscheinung ebenfalls das individuelle und kollektive Erleiden aus seiner Sicht thematisiert. So beispielsweise im Erleben des kollektiven Phänomens der mit der ersten Rezessionsphase in Gang gesetzten Massenarbeitslosigkeit, das für ihn in Folge auch in der individuellen Verlaufskurve erfahrbar wird. Er gehört ja damals zu den Ersten, die entlassen werden. Und parallel dazu hatten sich ja bereits individuelle Verlaufskurvenpotentiale, die sich auf dem Hintergrund seiner Alkoholabhängigkeit entwickeln konnten, angesammelt. Wenn auch abgekürzt und im Kontrast zur eigenen Alltagsbewältigung dargestellt, so lässt der Erzähler dann auch an verschiedenen Stellen seiner Geschichte die prozessuale Erscheinung der Abhängigkeit im Wohnmilieu als kollektive Erleidenserfahrung deutlich werden. In der Außenperspektive der Gesellschaft wird auch seine Familie über Stereotypisierung mit den Mitgliedern des Submilieus „Nachtjackenviertel" assoziiert und mit Kategorien belegt, von denen er sich in seiner Darstellung im Hinblick auf die Haltung sich selbst gegenüber distanziert.

Bei den prozessualen Erscheinungen, die für einen Teilbereich aus der sozialen Realität charakteristisch sind, handelt es sich um **längerfristige soziale Prozesse im Handeln und Erleiden**. Auch in unserer Fallgeschichte wird deutlich, dass diese Prozesse weit über einzelne Interaktionsepisoden hinausreichen. In seiner Darstellungsarbeit lässt der Erzähler für den Zuhörer neben den biographischen Ablaufstrukturen ebenfalls solche deutlich werden, in denen wir das Ablaufmuster einer Beziehungsgeschichte (beispielsweise zu den Eltern, zu den Großeltern oder zu seiner Ehefrau) und darüber hinaus auch kollektiv-historische Ablaufmuster (beispielsweise über die orientierungsrelevanten Aspekte der Rockmusik der 70er Jahre für eine ganze Generation oder - im kleineren Maßstab - für die Disco-Clique) erkennen können.

Wenn wir zunächst festgestellt haben, dass - wie in unserer Fallgeschichte gezeigt - die individuellen und kollektiven Prozesse des Handelns und des Erleidens für die Abbildung eines Teilbereichs der sozialen Realität konstitutiv sind, dann können wir an unserer Fallgeschichte weiterhin zeigen, dass diese in der Stegreiferzählung thematisierten Prozesse dem Forscher darüber hinaus einen **Zugang sowohl zur Außen-** als auch zur **Innenperspektive des Informanten** auf die prozessualen Erscheinungen ermöglichen. Über die Außenperspektive fasst der Informant in seiner Darstellungsarbeit die Abfolge der „äußeren Ereignisse", während er mit der Innenperspektive dem Zuhörer und auch sich selbst noch einmal eine Annäherung an das Erleben seiner Innenwelt ermöglicht.

So erfahren wir von unserem Erzähler an mehreren Stellen im Interview etwas über den Zustand und auch über die Veränderung seiner individuellen Identität. Ich erinnere hier beispielsweise an das Erleben, als er nach extremem Alkoholkonsum zunächst im Kontrollverlust seine Frau schlägt und später nach einer Phase der Ausnüchterung retrospektiv feststellt, dass das doch nicht er gewesen sein könne, der sich zu solch einer massiven Verletzung habe hinreißen lassen. Aber mit dieser Innenperspektive im Erzählvorgang fasst er darüber hinaus auch die Veränderung des Zustands einer kollektiven Identität, wenn wir uns an das von ihm geschilderte allmähliche Auseinanderdriften der Clique, dessen Mitglied er war, erinnern. Es wird aber auch deutlich, dass der Erzähler diese Zustandsveränderungen kaum erwartet haben dürfte und dass er sie in ihrem Ablauf selbst zum Zeitpunkt der aktuellen Interviewsituation noch gar nicht so recht überblicken kann.

Und hier haben wir einen Hinweis darauf, dass in Stegreiferzählungen das Handeln und das Erleiden in der sozialen Welt des Informanten aus seiner subjektiven Erkenntnisperspektive rekonstruiert werden. Ein solcher Teilbereich sozialer Realität kann von den standardisierten, verteilungstheoretisch orientierten Erhebungsinstrumenten lediglich an seiner Oberfläche erfasst werden. Stellen wir uns diesbezüglich noch einmal unser Beispielsinterview vor.

In dem Interview erzählt der Vater seine Lebensgeschichte. Wir bekommen gleich zu Beginn den Hinweis, dass es sich dabei im Wesentlichen um dramatische Erfahrungen handeln wird. Und schon nach ein paar Sätzen in seiner Darstellung wird der Zuhörer mit der Anhäufung von Verlaufskurvenpotentialen konfrontiert, die hochkomplexe Entwicklungs- und Ablaufprozesse in Gang setzten werden, die intentionales Handeln und biographisches Planen im Leben des Erzählers immer randständiger werden lassen. Die zeitliche Ablaufstruktur eines Vorher und eines Nachher lässt schon bald keine Planung und Erfüllung mehr erkennen, dagegen dominieren Enttäuschung und Schicksalhaftigkeit schon sehr früh den Ablauf der Ereignisse im Leben des Erzählers. Es gelingt ihm nicht, sein Leben selbst in die Hand zu nehmen und den weiteren Ablauf zu planen. Er lässt sich zusehens prozessieren. Schon sehr früh in seinem Leben hat er keinen Einfluss mehr darauf, wie eins zum anderen kommt. Diese Fremdbestimmung wird bereits nach dem Tod des hochsignifikanten Großvaters dominant, wenn auch zunächst noch phasenweise prozessuale Erscheinungen mit dem Charakter von „kleinen Fluchten“ und „Ausbruchversuchen“ aus dieser handlungseinengenden Fremdbestimmung im biographischen Verlauf auftauchen.

Über diese Zustände, ihren Entwicklungsverlauf und ihr Ineinandergreifen wissen wir sehr wenig. Die standardisierte Fragebogenerhebung setzt jedoch für die Konstruktion ihrer gezielten und mehr oder weniger geschlossenen Fragen bereits sehr viel Wissen über diese Zustände voraus. Und die verteilungstheoretisch orientierten Erhebungsinstrumente sind darüber hinaus ungeeignet für die Erfassung komplexer und unkalkulierbarer Ablaufstrukturen, weil sie auf statische Zustandsbilder der sozialen Wirklichkeit ausgerichtet sind. Die sozialen Prozesse, die den Forscher, der das autobiographisch-narrative Interview mit dem Vater macht, interessieren, sind bereits abgelaufen, als sie für den Sozialwissenschaftler Forschungsrelevanz bekommen. Er könnte sie also auch gar nicht mehr beobachten. Forschungsverfahren wie beispielsweise die teilnehmende Beobachtung oder die Interaktionsanalyse würden hier also auch nicht mehr greifen. Es handelt sich ja in unserem Fallbeispiel um Typen von sozialen Prozessen, die eine derart große zeitliche Ausdehnung haben, dass sie der Sozialwissenschaftler in ihrer Gesamtgestalt im Forschungsfeld nicht mehr direkt beobachten bzw. als Interaktionsgeschehen aufzeichnen kann.

Und wenn wir uns nun noch einmal die Ausgangsfragestellung unseres Forschers vor Augen führen, dann wird deutlich, dass es sich um eine prozessorientierte Fragestellung handelt, die insbesondere auch die **inneren Zustände** und Zustandsveränderungen der von der Fremdunterbringung betroffenen Eltern in den Blick rücken möchte. Es geht ja vor allem darum - um es einmal sehr allgemein und verkürzt auszudrücken -, was die Fremdunterbringung des Kindes mit den leiblichen Eltern macht, wie sie ihre Haltung und Basispositionen verändert und welche Funktion dem eingeleiteten Hilfeplanverfahren im Hinblick auf die inneren Zustände bzw. Zustandsveränderungen der Eltern aus deren Perspektive zugeschrieben wird. Diese inneren Vorgänge sind im Kontrast zum narrativen Interview den meisten Forschungsverfahren, von denen ich gerade einige genannt habe, nicht direkt zugänglich. In solchen Fällen - und dafür steht das Interview mit unserem Vater als Beispiel - erscheint es dann sinnvoll, ein Forschungsverfahren wie das narrative Interview durchzuführen, in dessen Rahmen Erzählungen über die sozialwissenschaftlich interessierenden Erscheinungen von Betroffenen im Stegreif hervorgebracht werden.

Wir haben in unserer Beispielserzählung wiederholt Hinweise darauf, dass die Verstrickungen, in denen sich der Vater erlebt, weit in seine Lebensgeschichte zurückreichen und nicht mehr in die Aufmerksamkeitsspannweite des Alkoholikers vordringen. Dabei handelt es sich um Hinweise auf die **biographische Tiefe**. Der Erzähler ist durch die dramatische Entwicklung innerhalb seiner Stammfamilie (beide Elternteile sind Alkoholiker; das Kind erlebt schon früh die Geselligkeitsstrukturen des Alkoholkonsums; dann wird die Ehe geschieden; der Sohn (Erzähler) bleibt bei der Mutter, die jedoch aufgrund ihrer Suchtproblematik seine Existenz aus ihrer Handlungsorientierung und Alltagsorganisation weitestgehend ausblendet) permanent an der Hervorbringung und Umsetzung einer zielorientierten eigenbiographischen Planung gehindert worden. Hinzu kommt der Abbruch des institutionellen Ablaufmusters (Schulbesuch), der die **Identitätsirritationen** weiter fördert.

Der Erzähler überlässt seine biographische Planung und Entwicklung weitgehend der in seiner Generation kollektiv-historisch hervorgebrachten Idol- und Trendorientierung. Er lässt sich „treiben“, gerät ins „Trudeln“ und beginnt seine freie Zeit mit für ihn zunächst noch bedeutungsbesetzten Geselligkeitsstrukturen, Discopartys und wiederholten Annäherungsversuchen an das faszinierende andere Fremde zu füllen. Dabei verläuft sein Leben jedoch mehr und mehr fremdbestimmt. Die vereinzelten Versuche, den eigentlichen Entfaltungspotentialen seiner Identitätsentwicklung entsprechend zu leben (ich erinnere in diesem Zusammenhang noch einmal an die von außen gesetzte Typenkategorie „Stadtindianer“), werden zunächst von der Wir-Identität der Clique aufgesaugt und überformt. Gleichzeitig wird er über diese soziale Einheit in die Geselligkeitsstrukturen des Alkoholismus hineingezogen, die ihm jedoch auch schon vorher als Handlungsmuster aus seinem Erleben in der Stammfamilie hinreichend vertraut sind.

Als dann die Identifizierungsmöglichkeit über die Gruppe allmählich wegbricht und obsolet wird, fehlen signifikante andere, die ihm hätten helfen können, seine biographische Planung selbst in die Hand zu nehmen. Die Alkoholverstrickung nimmt ihren Lauf und das eigentliche Wirkpotential seiner **Alkoholverlaufskurve** wird von ihm nicht erkannt. Dieses Wirkpotential liegt außerhalb seiner Aufmerksamkeitsspannweite in der lebensgeschichtlichen, familiengeschichtlichen und kollektiv-historischen Vergangenheit der biographischen Rahmenbedingungen der späten Nachkriegszeit (die Auswirkungen der 60er Jahre, der so genannten „Wirtschaftswunderjahre“). „Außerhalb seiner üblichen Aufmerksamkeitsspannweite“ bedeutet hier aber auch: in einer Lebenskonstellation, die ihn permanent daran hindert, die Chance für die Entfaltung der **biographischen und der kreativen Identitätsanteile**, die ja bei ihm offensichtlich grundgelegt vorhanden sind (ich erinnere hier an die dichten und sinnstiftenden Erfahrungen zusammen mit dem Großvater), zu ergreifen.

Wir können an unserem Fallbeispiel sehen, wie schwer es für den Betroffenen ist, langfristige biographische Hintergrundszusammenhänge differenziert in den Blick zu nehmen. Hier spreche ich die **biographische Tiefe** an, in die die Stegreiferzählung vorzudringen vermag. Die biographische Tiefe ist aus seiner alltäglichen Handlungsaufmerksamkeit ausgeblendet. Und wenn sich der Geschichtenträger aktuell - wie an einigen Stellen im Interview in ersten Andeutungen ersichtlich - um seine biographischen Hintergründe zu kümmern beginnt, dann können wir darin eine Zuflucht zu globalen Erklärungstheorien erkennen. Globale Erklärungstheorien verschleiern in ihrer Suggestivität häufig die eigentlichen biographischen Prozesse. Eine solche Verschleierungsfunktion hätte beispielsweise die globale Erklärungstheorie, der Alkoholismus sei als Krankheit „angeboren“[26] , sein können.

Ebenso können wir aber auch beim Geschichtenträger unseres Fallbeispiels feststellen, dass in Interaktionssituationen, in denen er in seiner Stegreiferzählung transparent wird, soziale Reziprozitätsstrukturen nicht mehr funktionieren. Er kann die Übernahme der Betrachtungsperspektive seiner Interaktionsgegenüber nicht immer leisten und ist somit nur noch eingeschränkt zur Interaktion fähig. Der Vater verliert wiederholt die Fassung, schlägt seine Ehefrau und lehnt immer häufiger die Interaktion mit seinem Kind ab. Im fortgeschrittenen Stadium der Alkoholiker-Verlaufskurve wird sein Alltagsleben durch die Wirkmechanismen der Sucht zunehmend entstabilisiert. Es kommt zum Orientierungszusammenbruch hinsichtlich der Alltagsbewältigung. Der Betroffene kann in solchen Fällen die kleinen Rezeptionssignale und Bestätigungsgesten seines Interaktionsgegenübers nicht mehr adäquat wahrnehmen. Die ohnehin rar gewordenen Interaktionspartner funktionieren für ihn nicht mehr im Mead'schen Sinne[27] als Spiegel, vor allem deshalb nicht, weil der Alkoholiker schon lange vorher selbst nicht mehr seine eigenen Rückspiegelungen in geeigneter Weise vollzogen hat[28]. Kleine Ursachen bekommen plötzlich eine ganz große Wirkung. Die blockierte Fähigkeit zur interaktiven Perspektivenübernahme destabilisiert die Alltagsorganisation und führt den Orientierungszusammenbruch herbei. So viel zu den Verlaufskurvenpotentialen in einer Alkoholiker-Karriere und den biographischen Tiefen, die durch das Stegreiferzählen hervorgebracht werden.

---

26 Vgl. hierzu Schütze, Fritz, 1994: Ethnographie und sozialwissenschaftliche Methoden der Feldforschung. In: N. Groddeck und M. Schumann (Hrsg.): Modernisierung Sozialer Arbeit durch Methodenentwicklung und -reflexion; Freiburg.

27 Vgl. Mead, G.H., 1968: Geist, Identität und Gesellschaft; S. 216 ff.

28 Vgl. hierzu auch Eco, Umberto, 1990: Über Spiegel und andere Phänomene, München.

3.2 Die schöpfenden Komponenten einer Stegreiferzählung

Ich habe ja schon wiederholt darauf hingewiesen, dass das narrative Interview dem analytischen Anspruch der Sozialforschung, Prozessstrukturen der sozialen Wirklichkeit erkenntnisgenerierend zu erfassen, durchaus gerecht wird. Im narrativen Interview wird vom Informanten eine Stegreiferzählung hervorgebracht. Aus dieser Erzählung gewinnen wir unser Datenmaterial. Und eben dieses Datenmaterial weist gegenüber dem **Prozesscharakter** der sozialen Realität eine große Nähe auf. Wir haben ja bereits gesehen, dass die Reihenfolge der einzelnen Darstellungssequenzen des Erzählers prinzipiell der Reihenfolge der erlebten Ereignisse entspricht. Schütze spricht in diesem Zusammenhang von einem **Linearisierungsmechanismus**, der dem Stegreiferzählen zu Eigen ist. Die Aufeinanderfolge von äußeren Rahmenbedingungen, von den eigenen Handlungen darin und von den Veränderungen der inneren Zustände, kommen im Darstellungsvorgang des Informanten durch das Nacheinander seiner Sätze und Darstellungssequenzen zum Ausdruck.

Nun kann es aber auch vorkommen, dass in der Erfahrungsaufschichtung des Informanten Leerstellen vorhanden sind, wie wir gesehen haben. Dabei kann es sich sowohl um regelrechte Erinnerungslücken, aber auch um Blindstellen handeln, die durch unbewusste oder bewusste Ausblendungsleistungen des Geschichtenträgers zustande gekommen sind. Wir kennen dieses Ausblendungsphänomen auch aus der Psychoanalyse; etwa bei einer traumatischen Erfahrung in der Kindheit, die bei Wiedererinnerung noch einmal die Schmerzen von damals verursachen würde und die deshalb unbewusst aus der zu erinnernden Erfahrungsaufschichtung ausgeblendet wird. Wir kennen aber auch beispielsweise bei den Kriegsteilnehmern meiner Elterngeneration die bewussten Ausblendungsversuche von Schuldverstrickungen bis hin zu kriminellen Handlungen innerhalb der Kriegsereignisse, wie sie schon früh von den Mitscherlichs[29] und später von Giordano[30] thematisiert worden sind. In dem aktuellen, groß angelegten Forschungsprojekt von Schütze[31] wird das Phänomen der kollektiven Schuldverstrickung auf dem Hintergrund der Erarbeitung und Differenzierung der analytischen Kategorie „kollektive Verlaufskurve“ zum zentralen Forschungsthema gemacht. Derartige Blindstellen in der Erfahrungsaufschichtung kommen aber den-

29 Margarete und Alexander Mitscherlich, 1967: Die Unfähigkeit zu trauern - Grundlagen kollektiven Verhaltens. München, Zürich.

30 Giordano, Ralph, 1987: Die zweite Schuld oder Von der Last Deutscher zu sein. Hamburg.

31 Vgl. hierzu Schütze, Fritz, 1989: Kollektive Verlaufskurve oder kollektiver Wandlungsprozess - Dimensionen des Vergleichs von Kriegserfahrungen amerikanischer und deutscher Soldaten im Zweiten Weltkrieg. erschienen in BIOS, Zeitschrift für Biographieforschung und oral history; 1/89.

noch in der Stegreiferzählung zum Ausdruck, selbst dann, wenn der Informant versucht, solche Lücken aus seiner Aufmerksamkeit auszublenden. Sie schlagen sich als markierte Lücken im Darstellungsvorgang nieder, die wir in der analytischen Bearbeitung des transkribierten Interviewtextes entdecken können.

Ich hatte im Rahmen meiner Dissertationsforschung einen Informanten, der mir seine Lebensgeschichte über viele Stunden und in der Aufeinanderfolge von drei Interviewterminen erzählte. Mehr als die Hälfte seiner Darstellungsarbeit hat er darauf verwand, über sein Hineinschliddern in die Netze der nationalsozialistisch straff organisierten Strukturen und über seine Verstrickungen in die Kriegsverbrechen zu erzählen. Es ist schließlich auf eine regelrechte Schuldabarbeitung hinausgelaufen. So waren dann zunächst seine Bemühungen, derartige Blindstellen aus der Darstellungsaufmerksamkeit auszublenden, durch Lücken im Darstellungsvorgang markiert, die ich später im Nachfrageteil wieder thematisiert habe. Beispielsweise wurden vom Informanten in der Haupterzählung in der Kondensierung von Erzählzapfen Stationen seiner militärischen Ausbildung und seiner späteren Einsatzorte mit Namen genannt, die bei Experten für die Geschichte des Zweiten Weltkriegs sozusagen die Alarmglocken läuten lassen. Es handelt sich um Namen von Orten, in denen nachweislich SS-Ausbildung betrieben wurde bzw. die für die Partisanenbekämpfung durch SS-Sonderkommandos bekannt sind. Der Erzähler hatte also in seiner Darstellung das Nacheinander von erlebten Ereignisabfolgen berücksichtigt, wenngleich die erzählte Erfahrungsaufschichtung für einzelne Ereignisabläufe Ausblendungen erkennen ließ, die er in einem Fall - aber wesentlich später im Darstellungsvorgang - in einer nachgereichten Hintergrundserzählung und entsprechenden Detaillierungen zwecks notwendiger Plausibilisierung für die Folgeereignisse mit Informationen füllte, auf die er in anderen Fällen jedoch in der Haupterzählung zunächst nicht weiter einging und es bei weitgehend unbewussten Markierern für Blindstellen beließ.

Der Erzählvorgang kann natürlich auch durch **Fremdthematisierungen** des/der zuhörenden Interaktionspartner(s) gestört oder sogar unterbrochen werden. In abgeschwächter Form haben wir eine solche Unterbrechung auch in unserem autobiographisch-narrativen Interview auf Seite 77 vorliegen (*so 'ne befristete Fremdunterbringung?* 29-30). Aber dennoch bietet das Erzählen der Tendenz nach die Chance, unbeeinflusst von Fremdthematisierungen die innere Form der eigenen Erfahrungsaufschichtung für den Zuhörer nachvollziehbar und für den Erzähler zur eigenen Selbstvergewisserung zu explizieren. Auch in unserem Fallbeispiel hat die Unterbrechung keine gravierenden Folgen für die vom Erzähler geplante Darstellungsintention. Er reagiert nur kurz und zustimmend auf die Vermutung des Interviewers (*Genau, so heißt das glaube ich in der Amtssprache. Und ich habe mir nun Folgendes überlegt:... 77/31-32*) und folgt dann unbeirrt der inneren Form seiner Erfahrungsaufschichtung.

Ich möchte jedoch noch einmal darauf hinweisen, dass **fremdthematisierte Interventionen** seitens des Forschers für das narrative Interview im Einzelfall verheerende Auswirkungen haben können. Solche Interviewartefakte können wir wiederholt in Interviews, die von Professionsnovizen durchgeführt wurden, wieder finden. Der Erzähler erlebt die Zwischenfrage des Interviewers aus seiner Sicht und im Vergleich zur eigenen Thematisierungslinie eventuell bedeutungsvoller. Er wird dann irritiert sein, möglicherweise auch durch die nicht zu verbergende Unsicherheit und Ungeduld des Interviewers, und er wird sich in der Regel verpflichtet fühlen, die Zwischenfrage aufzugreifen. Wenn auch der Erzähler nun verunsichert ist, dann kann es vorkommen, dass er seine geplante Darstellungsform daraufhin mehr oder weniger lange aus den Augen verliert, und nach einer ausgedehnten Abarbeitung der Frage des Forschers nur mühsam oder gar nicht mehr zu der inneren Form seiner Darstellungsabsicht zurückfinden kann.

Ein weiteres Grundmerkmal für das Stegreiferzählen ist der **Blick von hinten** auf das Geschehen. Es sind bereits in sich abgeschlossene Ereignisse, die schon eine Gesamtform angenommen haben und die auf der Erlebensfolie des Erzählers abgelagert sind - Ereignisse, in die er handelnd oder auch erleidend verstrickt worden war. Aus dieser Perspektive geben Stegreiferzählungen einen Überblick über ganze Serien von Ereignissen im Hinblick auf ihre Wirk- und Erlebniszusammenhänge. Der Erzähler kann aus dieser Perspektive das Ineinandergreifen von Ereignissen in ihrer **Gesamtformung** hinsichtlich lebensgeschichtlicher oder sozialer, ja sogar historischer Prozesse erfassen und über große Zeitspannen hinweg überblicken. Auch dem Erzähler unseres Fallbeispiels - obwohl durch die Wirkmechanismen der Verlaufskurve der Sucht stark überformt - gelingt es, eine derart große Zeitspanne im Hinblick auf die Gesamtformung sozialer und biographischer Prozessstrukturen interpretierend in den Blick zu nehmen, und zwar als Mitglied einer Generation, die die Sinnschöpfung und Bedeutungszuschreibung für ihre Handlungsorientierung weitgehend auf den milieukonstituierenden Interaktionsforen für die spezifische Rockmusik der 70er Jahre hervorbrachten. Und ansatzweise gelingt ihm auch etwas früher in seiner Darstellung der Entwurf für die Hinterbühne kollektiv-historischer Prozesse, wie sie für die späteren Nachkriegsjahre, also die 50er und 60er Jahre charakteristisch waren, als er von den dichten sozialen Erfahrungen mit dem Großvater erzählt.

In anderen großen autobiographisch-narrativen Interviews, in denen das intentionale Handeln des Geschichtenträgers weitaus dominanter ist, werden die erlebten Ereignisse in ihren sachlichen Zusammenhängen miteinander und in ihren Bedeutungsverweisen aufeinander noch wesentlich detaillierter und in der Gestaltschließung eindeutiger dargestellt. Und hinsichtlich des Überblicks über extrem große Zeitspannen haben wir ebenso ausgezeichnete Beispiele in Stegreiferzählungen. Einem meiner Informanten, von dem ich im Rahmen meines Forschungsprojekts zum Erleben von alten Stadtteilquartieren ein narratives Interview bekam - die Familie ist über mehrere Generationen an exponierter Stelle im städtebaulichen Bereich beruflich engagiert -, ist es gelungen, Verflechtungen von kollektiv-historischen und lokalpolitischen Ereignissen als Gesamtformung in seiner Darstellungsarbeit transparent werden zu lassen, die eine Zeitspanne von der Kaiserzeit in der zweiten Hälfte des letzten Jahrhunderts, über die Zeit des Ersten Weltkriegs und die anschließende Räterepublik, die Weltwirtschaftskrise und die Nazizeit, den Zweiten Weltkrieg und seine Folgen bis hinein in die 80er Jahre dieses Jahrhunderts in den Blick rückt. Der Informant wurde 1894 in K.-Stadt geboren und lebte und arbeitete dort bis zu seinem Tod 1988, ein Jahr nach dem Interview. Der alte Mann blickte sozusagen von hinten her und von vorläufigen Ereignissen ausgehend auf das erlebte Geschehen und unter Einbezug der ihm im familiären Diskurs wiederholt vermittelten Erfahrungsbestände der um zwanzig Jahre älteren Zwillingsbrüder und des Vaters. Die komplexen Empfindungs- und Sinngehalte, die er seinen Gesamtformungen für die einzelnen Zeitepochen jeweils zuschrieb, kommen in seiner Haltung und den an die suprasegmentalen Zusammenhänge jeweils ergebnissichernden Erzählsätze anschließenden Kommentaren zum Ausdruck.

Dieses autobiographisch-narrative Interview mit dem alten Mann und lokalen Experten steht sozusagen bilderbuchartig für viele andere narrative Interviews, in denen es den Erzählern gelingt, unzählige Einzelerlebnisse zu Prozesszusammenhängen zusammenzufassen, sie im Hinblick auf die Wirkmechanismen des Kondensierungs- und Relevanzsetzungszwangs zu suprasegmentalen Darstellungsabschnitten zu raffen, und in ihnen mit Blick auf die eigene Biographie die Entwicklungsstadien und -alternativen der jeweils erlebten Ereignissequenz herauszuarbeiten.

Weiterhin wird mit dem Stegreiferzählen ein Erkenntnisvorgang auf den Weg gebracht, den ich wiederholt mit der Kategorie **Selbstvergewisserung** als reflexiven Vorgang gefasst habe. Der Motor für die Selbstvergewisserungsarbeit ist die **Erinnerungsdynamik**, die mit dem Stegreiferzählvorgang ausgelöst wird.

Dabei handelt es sich um einen inneren Vorgang, in dem die abgelagerte Erfahrungsaufschichtung wieder in Erlebnisabfolgen verflüssigt wird. Die Erfahrungsaufschichtung ist dem menschlichen Gedächtnis in Form statischer Erinnerungsbilder zu Eigen. Und im Erzählvorgang werden die statischen Erinnerungsbilder sozusagen in einen anderen Aggregatzustand - den des Fließens - transformiert. Innerhalb der vom Erzähler erinnerten Erlebnisabfolge lässt sich dieser nun noch einmal von der ursprünglichen Erlebnisabfolge im Strom des Geschehens mitreißen. In dem so nacherlebten Prozess werden damalige Handlungs- und Sinnorientierungen ebenso wie Emotionen, Schmerz- und Verlusterfahrungen wieder lebendig. Der Erzähler durchlebt sozusagen im Zeitraffer noch einmal seine zurückliegenden

Erlebnisse in der ursprünglichen Aufeinanderfolge und gerade nicht aus einer erlebnisdistanzierten Perspektive, wie häufig angenommen wird.

In seiner reproduzierenden Darstellungsarbeit nimmt er die Perspektive vom Standpunkt der Handlungs- und Erleidenssituation seines damaligen Erlebens ein. Ist dieser retrospektive Nacherlebensvorgang auch für größere Ereigniszusammenhänge einmal in Gang gesetzt, dann wird der Erzähler zu einer regelrecht **synthetischen Erkenntnisleistung** veranlasst. Sein Blick ist ja nicht nur darauf gerichtet, wohin sich sein Handeln und Erleiden bewegt, sondern er hat ebenso die vorhergehenden Ereignisverwicklungen im Blick. Im Zuge der ihm durch den Stegreiferzählvorgang regelrecht angetragenen Selbstvergewisserungsarbeit wird die eingenommene Perspektive vom gerade beschriebenen Standpunkt aus auch wieder für den Erlebenskontext, in den die einzelnen Ereignisse eingebettet sind, geöffnet. Auf diese Weise können dann vom Erzähler auch wieder die damaligen parallel verlaufenen großen sozialen und biographischen, ja selbst die historischen Prozesse in den Blick genommen werden. In dieser Perspektivität kann er nun noch einmal nacherleben, wie sich seine „Wohin-Orientierungen immer wieder aus den Woher-Erfahrungen" herauskristallisieren - um mit Schütze zu sprechen.

Retrospektiv bekommt er nun im Zuge der synthetischen Erkenntnisleistung für die Wirkmechanismen innerhalb der biographischen und sozialen Prozesse, die seine lebensgeschichtliche Entwicklung begleitet haben, einen Blick. Und bei entsprechender Fähigkeit für diese biographische Arbeit - der Vater in unserer vorgestellten Fallgeschichte ist dazu aufgrund der mächtigen Wirkmechanismen innerhalb der Verlaufskurvenpotentiale, die seine biographische Entwicklung über viele Jahre seines Lebens fremdbestimmend überformt haben, noch nicht in der Lage - kann der Erzähler ein Gespür dafür entwickeln, in welchem Zusammenhang die gerade thematisierten Wirkmechanismen mit der von ihm hervorgebrachten Identität stehen. Er ist ja gewissermaßen ein Teil der sozialen Realität, innerhalb derer diese prozessualen Abläufe und ihr je spezifisches Zusammenwirken hervorgebracht wurde.

Und damit sind wir bei einer weiteren schöpfenden Kompetenz von Stegreiferzählungen. In ihnen werden nicht nur allgemeine Aussagen über die eigenen Erlebnisse getroffen, vielmehr werden die konkreten Ereignisverwicklungen der individuellen Identität in ihrer biographischen, sozialen oder historischen Besonderheit zum Ausdruck gebracht. In den dargestellten Handlungsvollzügen und Erleidensprozessen geht es um das Schicksal einzelner Personen oder einer Wir-Gemeinschaft. Es werden also spezifische Handlungs- und Erleidenssituationen dargestellt und die dafür spezifischen Situationen werden mit den besonderen Zeiten und Orten herausgearbeitet. Weiterhin wird der Informant in der Stegreiferzählung seine ehemalige **Relevanzsetzung und Haltung** gegenüber dem damaligen Geschehen zum

Ausdruck bringen. Er wird die Relevanz kennzeichnen, die das erlebte Geschehen aus der damaligen Sicht für ihn als Akteur auf die Entwicklung seiner individuellen Identität bzw. auf die kollektive Identität einer Wir-Gemeinschaft, dessen Mitglied er war, hatte. Und damit thematisiert er die biographischen und historischen Bedeutsamkeiten des damaligen Geschehens, die auf die individuelle bzw. kollektive Identitätsentwicklung eingewirkt haben. In der Regel werden die damals eingenommenen Orientierungs- und Haltungsstandpunkte nicht nur mal eben angedeutet, sondern sie werden im Rahmen der dargestellten Prozessverläufe des Handelns und Erleidens explizit herausgearbeitet; so auch auf den Hintergrund der erlebten historischen Gesamtgestalten. Die damaligen Orientierungen, Einschätzungen und Haltungen werden in der Stegreiferzählung kontextualisiert.

Wenn wir uns aus unserer Beispielserzählung die damalige Situation des jugendlichen Erzählers vor Augen führen, als er einerseits in der Wir-Gemeinschaft der Disco-Clique, andererseits jedoch ohne jegliche Begleitung und Beratung eines signifikanten anderen sozusagen die letzten „kleinen Fluchtversuche“ unternommen hat, bevor die sich vor ihm auftürmenden Verlaufskurvenpotentiale der Sucht eine eigenständige biographische Planung und intentionales Handelns immer unmöglicher haben werden lassen, dann werden in diesen Darstellungssequenzen ebenso die damaligen Orientierungs- und Haltungsstandpunkte auf der Folie einer kollektiv-historischen Gesamtgestalt zum Ausdruck gebracht.

Eingeleitet wird dieser suprasegmentale Darstellungszusammenhang auf Seite 66 mit eindeutigen Haltungs- und Orientierungsmarkierern: *„keinen Bock mehr auf Schule“*, weil Freunde und signifikante andere fehlen; und Hinorientierung auf die subkulturelle soziale Welt der Discothek *„ging das auch in der Disco mit ‘m Stoff los. Erst ‘n paarmal probiert.* Weiterhin kommt nun die Hervorbringung einer kollektiven Identität in der sich konstituierenden Clique der elf Jugendlichen über folgende Merkmalsausprägungen zum Ausdruck: über die permanente Präsenz (*„damals fast jeden Tag zusammen“),* über die gemeinsam getragenen und durchgeführten adhoc-Entscheidungen im Rahmen der Vergrößerung von Erlebensräumen mit dem Charakter von „territorialen Eroberungen“ (*„zusammen in die Ferien gefahren, sind am Wochenende mal eben zur Ostsee hoch“),* über die Solidargemeinschaft im Hinblick auf eine gemeinsame symbolische Bedeutungszuschreibung (*„nachts mit ‘m Auto los. Einer hatte immer ‘ne Kiste (...) genug Stoff dabei (...) Zelt war immer im Auto (...) wir sind dann praktisch so ins Wochenende reingefahren ne. Zelt irgendwo aufgebaut (...) „Büchsenbier und ein Joint, und der Tag ist dein Freund“ oder so ähnlich jedenfalls.“).*

Die Folie für die kollektiv-historische Gesamtgestalt wird dann weiterhin folgendermaßen aufgespannt: über die damalige Dominanz einer speziellen Musikrichtung (*Das war so äh.. Reggaetime, so Bob Marley, Peter Tosh und wie die alle hießen... so die Musik, jeder für sich alleine getanzt, nichts mehr mit anfassen und so.. stundenlang (...) War'n ja alle auf'm Trip ne...")*, über den besonderen Reiz des anderen Fremden im Zusammenhang mit einer „Weltenbummler-Mentalität" sowie den Abbau von Kommunikationsbarrieren über das Medium „Musik" (*„für zwei Monate in Mexico gewesen mit so'm Billigflug. Kannte dort niemanden, aber habe mich schon immer für die Indianerkultur interessiert (...) Und über die Musik habe ich da aber auch immer wieder Leute getroffen und kennen gelernt...")*, über die „besonderen Orte" (im Sinne von subkulturspezifischen Interaktionstableaus) (*„... zwischendurch war ich auch noch mehrmals nach London getrampt zu'n Stones (...) war nun bei allen der Stadtindianer..")*, weiter über den KdV-Antrag, der damals noch in der dritten Instanz vor Gericht verhandelt wurde und über den 50-km-Nachtmarsch bei der Bundeswehr, der wenig später abgeschafft wurde. Schließlich auch noch über die erste Welle von Massenarbeitslosigkeit in der zweiten Hälfte der 70er Jahre (*„Haben damals viele entlassen in unserer Firma (...) zunächst die jüngeren und die, die keine Kinder hatten..)*.

In diesen konkret thematisierten Rahmen werden dann die individuelle Identität des Geschichtenträgers wie auch die kollektive Identität der Wir-Gemeinschaft weniger hervorgebracht als vielmehr behindert. In unserem Fallbeispiel werden dagegen die Rahmen- und Kontextbedingungen zur Hervorbringung von Identitätsirritationen dargestellt. Zunächst einmal ist es durchaus bezeichnend, dass dem Geschichtenträger während dieser biographischen Phase keine signifikanten anderen zur Seite stehen, insbesondere deshalb, weil ja die Eltern niemals diese Funktion für das Kind bekommen haben, weil der Großvater als zentraler signifikanter anderer bereits gestorben ist und der Einzige, der möglicherweise diese Funktion für den Jugendlichen hätte einnehmen können - der Musiklehrer - mit dem Abbruch des Schulbesuchs aus der Aufmerksamkeit herausfällt. Zum anderen sind die Interaktionstableaus, auf denen eine gemeinsam getragene Orientierungshaltung und Bedeutungszuschreibung hervorgebracht wird, ganz eindeutig von einer hohen Diversifikation der Angebote, von einer hohen Fluktuation, von Diskontinuität und einer Unüberschaubarkeit, die einem erkenntnisgenerierenden Gestaltschließungsprozess entgegensteht, gekennzeichnet. Diese Charakteristika stehen diametral zu den Voraussetzungen für eine identitätsfördernde Entwicklung. Die explizite Kontextualisierung ist aber dennoch deshalb erforderlich, weil der Zuhörer an diesen Prozessverläufen nicht beteiligt war. Er kann sich hier nicht mit Andeutungen begnügen.

In einem weitaus höheren Grade explizit kontextualisiert finden wir die die Prozessabläufe rahmenden Bedingungskonstellationen und die Haltung des Geschichtenträgers ihnen gegenüber in den autobiographisch-narrativen Interviews wieder, die ich mit Hochschullehrern an den Universitäten der neuen Bundesländer im Rahmen meines Habilitationsforschungsprojekts geführt habe. In diesen Stegreiferzählungen werden die konkreten Ereignisverwicklungen individueller und auch kollektiver Identitäten in ihrer biographischen und historischen Besonderheit explizit zum Ausdruck gebracht. Die im Interview kontextualisierten Orientierungs- und Handlungsperspektiven wie auch ihre Haltungen, die sie gegenüber dem damaligen Geschehen - sowohl vor als auch unmittelbar nach der Wende - eingenommen haben, sind als ihre theoretischen Einschätzungen und Einsichten über konkrete Erlebnisse markiert. Und darüber hinaus machen die Informanten deutlich, dass die von ihnen dargestellten Ereignisverwicklungen Identitätsveränderungen und/oder -irritationen zur Folge hatten und häufig noch haben.

In allen Stegreiferzählungen, aber ganz besonders in diesen, wird die Selbstvergewisserungsarbeit mehr oder weniger deutlich. In den Erzählungen der ostdeutschen Hochschullehrer liegt nun nicht nur das Maß für die Selbstvergewisserungsarbeit sehr hoch, hier erreichen auch die reflektierenden Theorieanteile in Bezug auf die eigene Identitätsveränderung ein bemerkenswertes Ausmaß. Das narrative Interview als Forschungsinstrument der Sozialwissenschaften kann in diesem Forschungsfeld, insbesondere für den Teilbereich „Hochschulmilieu zu DDR-Zeiten", seinen analytischen Anspruch, die Strukturen der sozialen Wirklichkeit erkenntnisgenerierend zu erfassen, ganz besonders gut einlösen. Ich werde zum besseren Verständnis und als Beispiel eine der autobiographischen Stegreiferzählungen, und zwar die des Dr. Klaus Martin, skizzieren.

Klaus Martin wird im letzten Kriegsjahr als drittes Kind einer Stellmacher-Familie in Thüringen geboren. Seine biographische und spätere berufsbiographische Entwicklung ist durch mehrere „biographische Passungen" im Sinne von begünstigenden Fügungen charakterisiert. In das institutionelle Ablaufmuster des Schulsystems der DDR einsozialisiert, gelingt es ihm schon mit 18 Jahren und auf dem Hintergrund eines extremen Lehrermangels, seinen Berufstraum vom Schulpädagogen zu verwirklichen. Er genießt diesen sozialen Aufstieg zusammen mit seiner Frau und entwickelt sich zum „Lehrer mit Leib und Seele". Über ein zusätzliches Qualifikationsstudium in der Schulpsychologie bekommt er einen ersten Zugang zum wissenschaftlichen Arbeiten. Neben seine berufsbiographische Basisposition tritt nun parallel die Faszination für die wissenschaftliche Forschung.

Nach zwanzigjähriger Tätigkeit als Schulmeister und innovativer Pädagoge, dem es gelingt, sowohl zu seinen Schülern wie auch zu seinen eigenen Kindern immer wieder ein gutes Verhältnis zu entwickeln, bekommt er als einer von ganz wenigen Parteilosen an der Universität die Stelle als „Lehrer im Hochschuldienst" mit der Auflage zu promovieren angeboten. Herr Martin erkennt die Chance zur Parallelisierung von Schulpädagogik und wissenschaftlichem Arbeiten, und kann den Umzug in die Großstadt sowohl mit einem langjährigen Wunsch seiner Ehefrau als auch mit dem seiner Kinder, für die jeweils ein Übergang in die nächsthöhere Schulstufe ansteht und die das städtische Milieu dem Alltag auf dem Lande vorziehen, verbinden. Mit drei weiteren ebenfalls parteilosen Kolleginnen auf vergleichbaren Qualifikationsstellen fristet er von nun an im parteipolitisch durchorganisierten und kontrollierten Milieu der Hochschule ein Nischendasein, allerdings mit der Gewissheit um eine sozial-ökonomisch abgesicherte Stelle auf Lebenszeit (im Gegensatz zu den Mittelbau-Stellen in der Bundesrepublik). In der Zeit seiner Promotionsforschung, die er erst unmittelbar nach der deutsch-deutschen Wiedervereinigung abschließen wird, verschafft er sich zusammen mit den Kolleginnen der Vierer-Gruppe illegal Zugang zu westlichen wissenschaftlichen Veröffentlichungen im Bereich der Sozialwissenschaften und es werden erste Kontakte zu Berufskollegen im Westen geknüpft. So scheinen dann auch die wissenschaftliche Qualität und Forschungsrelevanz seiner Dissertation, die er im Herbst 1989 einreicht, durchaus den westdeutschen Ansprüchen genüge zu leisten. Herr Martin erlebt die Wende als politisch-systemische Veränderung und historisches Ereignis aus seiner Perspektive als eine zwar glückliche aber zunächst auch nichts großartig umstürzende Zustandsveränderung.

In eine dramatische Sinn- und Orientierungskrise gerät er jedoch schon wenig später, als er zunächst feststellen muss, dass im Hinblick auf eine erste Stellenumbesetzung viele ihm bekannten Funktionäre aus den alten Seilschaften auf Lehrstellen berufen werden, die er aufgrund seiner über die Jahre aktualisierten Wissensbestände im Bereich der Sozialpädagogik wesentlich besser und professioneller ausfüllen könnte, und dass auf diese Weise die Erwartungshaltungen vieler KollegInnen aus dem Mittelbau bitter enttäuscht werden und ihre Hoffung auf Gerechtigkeit eines besseren belehrt wird. Als er dann im Januar 1990 im Hinblick auf die anstehenden Evaluierungsverfahren in die so genannte „Warteschleife" und damit in eine völlige berufsbiographische Ungewissheit kommt, erreichen die Wirkmechanismen der Verlaufskurvenpotentiale ihren Höhepunkt. Klaus Martin gerät in eine psychosomatische Verlaufskurventransformation, die im Februar in einen Herzinfarkt einmündet.

Nachdem Herr Martin nach wenigen Monaten gesundheitlich bereits wieder rehabilitiert werden und im Herbst sein Promotionsverfahren mit der Disputation erfolgreich abschließen kann, arbeitet er zunächst hochmotiviert und mit einer relativen Sicherheit auf eine Anstellung bis zu seiner Pensionierung als Dozent für Schulpsychologie im neu gegründeten Fachbereich Erziehungswissenschaften. In dieser Funktion spreche ich ihn als potentiellen Informanten an und das autobiographisch-narrative Interview kommt im Sommer 1994 zustande. Die latente Unsicherheit hinsichtlich seiner Stelle wie auch die Identitätsirritationen sind jedoch noch immer deutlich erkennbar.

Wir haben es hier mit einer Stegreiferzählung zu tun, in der alle bisher von mir genannten schöpfenden Komponenten besonders deutlich und ausdrucksvoll aufscheinen. Im Vergleich zu unserer Beispielserzählung des alkoholkranken Vaters, dessen Kind der Fremdunterbringung zugeführt worden ist, haben wir in der Erzählung von Klaus Martin gewissermaßen eine gegenläufige Entwicklungsgestalt. Während bei unserem Vater die Wirkmechanismen der Verlaufskurvenpotentiale seine biographische Entwicklung bereits von Geburt an dominieren und die „glücklichen Fügungen" sich erst in den letzten Monaten vor dem Interviewtermin abzuzeichnen beginnen, stellt sich die biographische Entwicklung von Herrn Martin aus seiner Erlebensperspektive so dar, dass bis zu seinem Eintritt in das Milieu der Hochschule die biographischen Passungen charakteristisch gewesen seien, und dass sich seit seinem Nischendasein im Hochschulmilieu - und zwar vor und nach der Wende - die Verlaufskurvenpotentiale auftürmen und bereits einmal im Zuge der Umstrukturierung der Hochschullandschaft nach westlichem Vorbild einen dramatischen Höhepunkt erreicht haben. Wir wollen uns nun im Folgenden einige Stellen im Interview, die das Ineinandergreifen von prozessualen Zusammenhängen, von Selbstvergewisserungsarbeit und der Veränderung des Zustands seiner Identität deutlich werden lassen, ansehen.

Zunächst einmal haben wir in der Gesamtgestalt der Lebensgeschichte von Klaus Martin einen eindeutigen Haltungsmarkierer, der in der wiederholten Verweigerung des ihm mehrfach angetragenen Parteibeitritts zum Ausdruck kommt - zuletzt unmittelbar vor seinem Wechsel ins Hochschulmilieu. Als Folge dieser Verweigerungshaltung wird eine Verlaufskurve in Gang gesetzt, deren Potentiale von fortdauernden Kontroll- und Überwachungsmechanismen - bis hin zur sozialen und bildungspolitischen Marginalisierung gekennzeichnet sind.

> *„Und damit war ich dann auf einer bestimmten Liste, wo mir alles späterhin verweigert wurde." (15/21-22)*

Eine Parallele zu dieser Verweigerungshaltung können wir dann auch im familialen Bereich wieder finden. Herr Martin lässt seine Kinder in räumlicher Distanz zum Wohnort im Dorf seiner Eltern konfirmieren. Hier und an vielen anderen Stellen im Interview wird deutlich, dass er die Verweigerungshaltung zwar als biographische Kontinuität beibehält, sich jedoch öffentlich sichtbar damit nicht identifizieren kann, weil damit ein hohes Berufsrisiko verbunden ist. In diesem Zusammenhang charakterisiert er sich selbst als „feige und mutlos". Zu seinen Befürchtungen hinsichtlich disziplinarischer Maßnahmen seitens der Schulbehörde ist in seinem Blick ebenso die mögliche Variante der sozialen Stigmatisierung am Wohnort. Dieses Oszillieren zwischen dem teilweisen Einlösen parteipolitischer Erwartungshaltung, um das er aufgrund seiner Lehrtätigkeit nicht herumkommt, und seiner unterschwelligen Verweigerungshaltung typisiert das Format und die Qualität seines Nischendaseins, das er - bei genauerem Hinsehen - bereits vor seinem Eintritt in das Hochschulmilieu fristen musste, wenn auch nicht so offensichtlich. Seine detaillierten Beschreibungen der jeweiligen besonderen Orte, in denen sich dieses Nischendasein entwickeln konnte, enthalten immer wieder auch Hinweise auf die Besonderheit seiner Identitätsentwicklung, in der weder eine kollektive Identität noch eine biographische Identität voll zur Entfaltung zu kommen scheinen, während sich aber genau in diesen besonderen Orten die kreativen Anteile seiner Professionellenidentität besonders gut entfalten können.

An einer anderen Stelle im Interview wird seine Verweigerungsmentalität im Zusammenhang mit einer „glücklichen Fügung“ thematisiert. Mit seiner Bewerbung für das Zusatzstudium der Schulpsychologie beginnt für ihn ein Kampf gegen die Behörden, die von ihm als Gegenleistung den Eintritt in die SED mit Nachdruck einfordern und ihm gleichzeitig zu verstehen geben, dass er sich als Parteiloser keinerlei Karrierechancen ausrechnen könne. In einem Alleingang über die vorgesetzten Behörden hinweg trifft er an der Uni schließlich auf einen maßgeblichen und entscheidungskompetenten Professor, der eine den Behörden entgegengesetzte Haltung einnimmt:

> *„Naja Herr Martin, das, was Ihr Schulrat Ihnen sagt, das stimmt nicht. Denn diese Ausbildung der pädagogischen Psychologie ist für Schulpraktiker gedacht und nicht für irgendwelche Funktionäre.“ (16/4-6)*

Diese berufsbiographische Passage lässt einen Typus des parteilosen Lehrers in der ehemaligen DDR deutlich werden, der einerseits in den Nischen im staatsbürokratischen Behördenapparat beruflich überlebt und sich weiterentwickeln kann, der andererseits aber auch keine offensive Kämpfermentalität hervorbringen kann und sich ohne Hilfe von außen relativ schnell zur Aufgabe seiner eigenständigen Planung und streckenweise auch zur Funktionalisierung hinreißen lässt, wie es an vielen Stellen im weiteren Interviewverlauf deutlich wird.

Für die Charakterisierung des Typs seiner Professionellenidentität ist in seiner Darstellungsarbeit ein Erkenntnisprozess enthalten, der in der eben genannten Studien- und Forschungsphase nach vielen Jahren erneut in Gang gesetzt wird. Er erkennt wieder aus sich heraus, wo seine Stärken liegen und dass er seine Fähigkeiten selbst treffsicher einzuschätzen weiß - eine Fähigkeit, die ihm in den einzelnen Stationen des institutionellen Ablaufmusters seiner Berufskarriere regelrecht abtrainiert worden war. Die symbolische Bestätigung erfolgt über die Examensnote „sehr gut“. Der Erzähler nimmt in einem das Segment abschließenden eigentheoretischen Kommentar dazu folgendermaßen Stellung: *„... du kannst doch 'n bisschen etwas auch.“ (18/42-43)*

Hier schaut sich der Erzähler retrospektiv gewissermaßen selbst über die Schulter und auf die Früchte seiner Arbeit zurück. An einer weiteren Stelle im Interview wird vom Informanten der besondere Ort „Ideologie-Seminare“ in kontrastiver Anordnung zur Erwartungshaltung der Hochschulfunktionäre thematisiert. Diese ihm auferlegte Pflichtaufgabe steht diametral zu seiner inneren Überzeugung und Professionellenidentität. Klaus Martin gelingt es jedoch, dieser Veranstaltung den ihr immanenten Charakter von Zwangskommunikation zu entziehen und dem Ablaufverfahren einen eher diskursiv-argumentativen Charakter in Distanz zum Zwang zu verleihen:

> *„Wir ham aber meistens nicht nur vorgelesen, sondern ham auch uns manchmal Gedanken gemacht, eben wie könn/wie kann denn das werden, ist'n das wichtig? Und... äh.. so verkehrt war das im Grunde genommen meines Erachtens nicht, weil da auch, sagen wir pädagogische, psychologische, philosophische Betrachtungen mit hineingingen. Es wurde immer etwas in der Gruppe zwangsfrei reflektiert." (31/10-14)*

Diesen Entgrenzungsleistungen im Hinblick auf die in der Erwartungshaltung der Kader angelegten eingeengten und kommunikativ eindimensional verlaufenden Rahmenstrukturen setzt Herr Martin Interaktionsangebote zur Horizonterweiterung entgegen, die sich u.a. dadurch auszeichnen, dass auf diesem Interaktionstableau Wissensbestände aus einem gemeinsam hervorgebrachten Erkenntnisprozess geschöpft werden können. In solchen und ähnlichen Situationen, in denen er zentrale staatspolitisch vorgegebene Tabuisierungsmechanismen aufbricht, kommt die Besonderheit seiner professionellen Arbeit mit Blick auf eine synthetische Erkenntnisleistung und gleichzeitig dem Charakter nach als Gratwanderung zum Ausdruck. Das Erlebnis der Wende wird dann zunächst aus der Professionellenperspektive dargestellt und im Kontrast zu der bisher notwendige Gradwanderung präsentiert:

> *„Äh... ich selbst äh konnte jetzt viel Literatur studieren, alles, was mich schon immer interessiert hat, konnt' ich jetzt insbesondere in mich aufsaugen." (30/19-20)*

Hier sehen wir nun eine Besonderheit seiner Professionellenmentalität und der auf die Wissenschaft fixierten Handlungsorientierung. In die Darstellungsaufmerksamkeit werden vom Erzähler weder der Zusammenbruch des Staatssozialismus noch die sich in Folge vollziehenden gesellschaftlichen und (hochschul-) politischen Veränderungs- und Transformationsprozesse einschließlich der damit verbundenen Chancen und gesellschaftlichen Erwartungshaltungen gerückt. Der Erzähler entwirft in seiner weiteren Darstellung für den Zuhörer ein Hintergrundsszenario, das ihn weiterhin in seiner Nische sitzend erkennen lässt, während das kollektiv herbeigeführte historische Großereignis lediglich an der Peripherie seines Sinnhimmels vorbeizuziehen scheint. Und auch auf der Bühne der Akteure, die diese kollektive Veränderung in Gang gesetzt, und damit in die Gestaltungsmöglichkeiten im Hinblick auf neue Lebens- und Arbeitsformen, die soziale Wirklichkeit schlechthin, aktiv eingegriffen haben, wird Klaus Martin nicht sichtbar. Er bleibt den neu geschaffenen Interaktionstableaus fern. Er verhält sich gewissermaßen zuwartend, wie sich die Dinge entwickeln werden, jedoch auch mit der Erwartungshaltung verbunden, nun endlich unbegrenzten Zugang zu neuen und bisher tabuisierten Wissensbeständen zu bekommen. Die Sogkraft neuer und bisher auch für ihn weitgehend fremder wissenschaftlicher Wissensbestände, die die mit der Wende einhergehende Entgrenzung auslöst, dominiert seine Handlungsrelevanz, während die in der Veränderung enthaltenen Gestaltungschancen für eine sich neu konstituierende Gesellschaft und die in diesem Prozess hervorgebrachte soziale Wirklichkeit im Randbereich seiner Aufmerksamkeit verblassen. Hier haben wir wieder einmal die typischen, das intentionale Handeln einengenden Wirkmechanismen, die das Nischendasein hervorbringt - so, wie ich es bereits weiter oben gekennzeichnet habe. Eine offensive Kämpfermentalität kann Herr Martin nicht ohne Hilfe von außen hervorbringen. Aber gerade in dieser historisch einmaligen Situation ist jeder mit sich selbst beschäftigt und damit, eine ihm adäquat erscheinende Position in der sich neu formierenden Gesellschaft einzunehmen - insbesondere auch in der sozialen Welt der Hochschule. Und so kann Klaus Martin in seiner abwartenden Nischenposition kaum Hilfe und biographische Begleitung von außen erwarten.

Die hier vor dem historischen Hintergrund der Wende von dem Erzähler dargestellten Ereignisse haben eine Veränderung des Zustandes seiner Identität - und insbesondere auch seiner Professionellenidentität zur Folge. Das, was er lange überwunden geglaubt hatte - wenn wir uns an seinen von mir gerade rezitierten eigentheoretischen Kommentar (18/42-43) erinnern -, zeigt in dieser exponierten Situation auf einmal und unerwartet wieder seine einengende Wirkung. Es sind die Wirkmechanismen, die dem institutionellen Ablaufmuster einer Schulkarriere in der ehemaligen DDR aller Wahrscheinlichkeit nach zu Eigen gewesen sein dürften, weil in diesem Ablaufprozess den heranwachsenden Menschen vermutlich weitgehend die Fähigkeit zur Entwicklung der kreativen Identitätsanteile (auch gerade im Sinne eines selbstbewussten biographischen Planens und einer gesunden Selbsteinschätzung der individuellen Fähigkeiten) abtrainiert, und das Gegenteil als ideales Produkt einer staatssozialistisch orientierten pädagogischen Arbeit - der systemangepasste Funktionär - angesehen worden ist. Es kommt mir hier weniger auf die empirischen Nachweise für meine vorläufigen Aussagen an (und als solche habe ich sie auch gekennzeichnet) als vielmehr auf das Aufzeigen der schöpfenden Komponenten der Stegreiferzählung - hier insbesondere die Identitätsveränderungen, die im Vorgang des Erzählens hervorgebracht werden. Und ich werde nun noch auf einige weitere schöpfende Komponenten des Stegreiferzählens eingehen.

In Stegreiferzählungen werden Ereignisabläufe und die mit ihnen verbundenen *biographischen und sozialen Prozesse* thematisiert. Die Menschen sind in Ereignisse verwickelt, die von sozialen und biographischen Prozessen begleitet sind. Zwischen dem Eintreten von Ereignissen und der Entwicklung biographischer Prozesse besteht eine komplexe Wechselwirkung.

Der Informant nimmt im Erzählvorgang die verschiedenen Bereiche und Ebenen der sozialen und lebensgeschichtlichen Wirklichkeit in den Blick. Das geschieht immer dann, wenn die soziale und biographische Wirklichkeit durch Ereignisabläufe verändert wurde. Stegreiferzählungen sind somit auf die biographische, soziale und physische Wirklichkeit im Alltagserleben ausgerichtet und erfassen dort die Prozesse, in die der Erzähler und seine Interaktionspartner verwickelt waren. In unserem empirischen Belegbeispiel können wir sehen, welche Bereiche und Ebenen der alltagsweltlichen Erlebniswirklichkeit von der Stegreiferzählung erfasst werden.

Unser Erzähler konturiert gleich zu Beginn seiner Darstellung den Schauplatz des sozialen und biographischen Geschehens. Es sind die Wohnung und das Wohnquartier, in denen er als Kind aufgewachsen ist: das Einfamilienhaus mit dem Zimmer des Vaters und der Gartenlaube in der S.-Siedlung in F.-Stadt. Dazu wird dann in Kontrastanordnung auf der nächsten Seite ein Szenario für das dörfliche Milieu entworfen, in dem er die schönste Zeit seiner Kindheit bei den Großeltern erlebt hat. Diese **physischen Ereignisrahmen** sind die Schauplätze (wie das Haus, der Garten, die Landschaft etc.) des sozialen und biographischen Geschehens seiner frühen Kindheit. Gleichzeitig wird aber auch mit den Großeltern der **soziale Rahmen** von biographischen und sozialen Geschehensabläufen (wie das Milieu und die soziale Welt) dargestellt. Und darüber hinaus werden die handelnden und betroffenen **sozialen Einheiten** (Einzelpersonen und Wir-Gemeinschaften) vorgestellt und mehr oder weniger explizit beschrieben bzw. die Haltung des Erzählers ihnen gegenüber zum Ausdruck gebracht.

Bereits eine Seite weiter wird dann der Umzug als Folge der Trennung der Eltern und damit in Folge der Verlust und die Zerstörung von biographischen und sozialen Zuständen dargestellt („ *Das ging auch alles ratz-batz, so'ne Nacht-und-Nebel-Aktion. (...) Aber... äh.. war ja alles nicht mehr das Wahre."*). Hier werden vom Informanten **physische Abläufe** im Hinblick auf das Wohnen thematisiert. Auch die Krankheitskarriere, von der er im weiteren Verlauf seiner Darstellungsarbeit Platz greifend erzählt, ist ein solcher physischer Ablaufprozess, der in diesem Fall durch Bedrohung und Zerstörung von biographischen und sozialen Zuständen charakterisiert ist. In anderen Stegreiferzählungen, wie beispielsweise in der von Herrn Martin, wird der Umzug aus seiner damaligen Erlebensperspektive wie auch aus der seiner Ehefrau und seiner Kinder als Förderung und Fortschritt wahrgenommen.

Des Weiteren werden **biographische und kollektiv-historische Geschichtengestalten** und die ihnen entsprechenden individuellen und kollektiven Identitätsveränderungen vom Erzähler ausgebreitet, so wie ich es gerade zuvor sowohl am Beispiel unseres Erzählers (Vater) als auch an der erzählten Lebensgeschichte des Hochschullehrers aus den neuen Bundesländern aufgezeigt habe. Und ebenso nimmt der Informant in seiner Stegreiferzählung eine **biographische Haltung** gegenüber dem lebensgeschichtlichen, sozialen und/oder kollektiv-historischen Geschehen ein. Dazu ist auch unser Erzähler, wenn auch aufgrund seiner Alkoholkrankheit und den die Wahrnehmungsperspektive überformenden und einengenden Wirkmechanismen eingeschränkt, in der Lage:

> *„Opa Willy, das war sowieso der Größte!" (66/19-20); „Ich hatte einfach kein' Bock mehr, hatte ich ja von Anfang an nicht." (67/36-37); „Nach so viel Versuchen hat man die Hoffnung ja irgendwann aufgegeben." (74/20-21); „Ich bin jetzt eigentlich auch sehr zuversichtlich, dass wir Tobias bald wieder zu uns nach Hause holen können." (82/32-34); usw.*

Dann habe ich ja auch schon wiederholt auf die Andeutung bzw. die detaillierte Darstellung der **inneren Befindlichkeit** der Informanten hinsichtlich des sozialen und lebensgeschichtlichen Geschehens in Stegreiferzählungen hingewiesen. Hier möchte ich als Belegbeispiel aus dem autobiographisch-narrativen Interview mit dem Vater noch einmal die Stelle in den Blick rücken, als sich nach der Geburt des Kindes aus der Perspektive des Vaters die Ereignisse zu überschlagen scheinen, als er daraufhin wiederholt nach reichlichem Alkoholkonsum die Kontrolle über sich verliert und für die Phase danach, wenn er also wieder halbwegs nüchtern auf das Geschehene zurückblicken konnte, seinen inneren Zustand beschreibt:

> *„Das wurde immer unkontrollierter und hat Formen angenommen... äh.. äh.. ich habe mich nachher immer selbst nicht mehr gekannt." (73/8-10); „Wenn ich dann wieder halbwegs klar war, hab ich nichts mehr geschnallt. Ich dachte nur noch ... also ich war so fertig... Ich hatte das Kind auf'm Arm und habe geheult. Und dann hab ich mir irrsinnige Vorwürfe gemacht und mich auch bei meiner Frau entschuldigt. Ich wollte ja ein guter Vater sein äh.." (75/12-17); usw.*

Hier haben wir vorausgehend Formen unkontrollierten Reagierens und anschließend Formen des Erleidens vorliegen, die das soziale und lebensgeschichtliche Geschehen in seinem inneren Erlebnisaspekt darstellen.

Ebenso werden in Stegreiferzählungen extreme lebensgeschichtliche Verletzungserfahrungen thematisch und ihre Auswirkungen auf die biographische Identität des Informanten und/oder auch auf die kollektive Identität einer Wir-Gemeinschaft. Ich erinnere hier an die Erfahrung der Ehefrau des Erzählers unserer Beispielsgeschichte, die auf ihren Ämtergängen mit dem Stereotyp „Nachtjackenviertel" (72/30-31) assoziiert wird oder an die Kindheitserfahrungen des Erzählers, als der Vater, ohne sich von ihm zu verabschieden, die Familie verlässt. Oder an das distanzierte Verhalten der Mutter ihm gegenüber, die ihn immer wieder „abschiebt" (vgl. hierzu insbesondere die Belegerzählung auf Seite 67). Die dann in Folge ausgelösten Identitätsirritationen finden wir ebenso in der Darstellung des ostdeutschen

Hochschullehrers, und in seinem Fall sowohl hinsichtlich seiner biographischen Identität als auch im Hinblick auf die kollektive Identität der Wir-Gemeinschaft der parteilosen DozentInnen. Und darüber hinaus als kollektive Verletzungserfahrung einer ganzen Gesellschaft - der der ehemaligen DDR nach dem Wirksamwerden des Einigungsvertrags und der damit in Gang gesetzten Wirkmechanismen[32] -, die sich im Milieu der Hochschule bei vielen Wissenschaftlern in Folge zu kollektiven Verlaufskurvenpotentialen aufgetürmt und derartig massive Identitätsirritationen ausgelöst haben, dass es in Einzelfällen zu dramatischen Verlaufskurventransformationen gekommen ist. Ich erinnere hier an das von mir zitierte Fallbeispiel Dr. Martin und den Übergang der kollektiven in eine biographische Verlaufskurve, und wiederum deren Transformation in den psychosomatischen Bereich. In diesem autobiographisch-narrativen Interview werden dann auch (wie in all den anderen, die ich mit ostdeutschen (ehemaligen) Hochschullehrern geführt habe) die **Auswirkungen des kollektiven Geschehens auf die Lebensgeschichte** immer wieder thematisch, vor allem in den in der Stegreiferzählung enthaltenen und gegenüber dem Zuhörer dargestellten und mehr oder weniger erfolgreich verlaufenen Bearbeitungsversuchen und -strategien. So viel zu der schöpfenden Komponente „soziale und biographische Prozesse", die der Stegreiferzählung immanent ist.

Eine weitere Komponente kommt in den Bemühungen des Erzählers zum Ausdruck, mittels derer er versucht, sich den Charakter, die Hintergründe und die Konsequenzen des Geschehensablaufs, an dem er beteiligt war bzw. in den er verstrickt war, klarzumachen. Es handelt sich also um die **eigentheoretischen Bemühungen** des Erzählers, die in jeder Stegreiferzählung aufscheinen. Um den Blick für die Hintergründe und Konsequenzen öffnen zu können, wählt der Erzähler unbewusst eine andere Darstellungsebene. Für die Darstellung von dramatischen oder gar traumatischen Passagen verlässt er die Haupterzähllinie, auf der bisher der Strom seiner Erfahrungsaufschichtung abgeflossen ist, und geht auf eine Nebenerzähllinie. Hier versucht er dann die Phasen des Ereignisablaufs insgesamt zu überblicken, um diese in ihren Gesamtformungen und Wirkmechanismen erfassen zu können. Mit dem Wechsel auf eine Nebenerzähllinie verschafft er sich und dem Zuhörer die Möglichkeit, Erkenntnisse über das Eintreten der Ereignisse zu gewinnen. Der Erzähler möchte sich aber auch darüber klar werden, auf welche Art und Weise das eigene Handeln und Erleiden im Verlauf der Ereignisse aufscheinen. Dabei geht es dem Erzähler um die Aufordnung und die Überschaubarkeit.

---

32 Vgl. hierzu Glinka, Hans-Jürgen, 1995: Orientierungs- und Wissensmilieus in der ostdeutschen Hochschullandschaft. Ihre biographische, soziale und kulturhistorische Relevanz für Wissenschaftler aus den neuen Bundesländern in lebensgeschichtlichen Übergangssituationen vor und nach der deutsch-deutschen Wiedervereinigung. Forschungsantrag.

Er befindet sich jetzt in seiner Darstellung auf einer Nebenerzähllinie und hat für kurze Zeit den Strom seiner Erfahrungsaufschichtung verlassen, um dort keine Unordnungen entstehen zu lassen. Die Darstellungsarbeit auf einer Nebenerzähllinie stellt sozusagen den Weg für die Erkenntnisarbeit bereit, auf dem die zunächst unüberschaubaren und erklärungsbedürftigen Figuren erklärt und überschaubar geordnet werden können. Auf diese Weise wird das Stegreiferzählen sowohl für den Informant als auch für den Forscher (für jeden Interaktionsteilnehmer) zum „besonderen Ort", innerhalb dessen und herausgelöst aus dem Haupterzählstrom empirisch gegründete Theoriebildung in den Handlungs- und Erleidenszusammenhängen seiner Erlebenswelt und damit erklärende Ordnung geleistet werden kann. Es ist also keinesfalls so, dass das Erzählen für den Informant lediglich eine Darstellungsplattform für seine Erfahrungen ist. Das Stegreiferzählen reicht in seiner Dimensionierung wesentlich weiter: es ermöglicht dem Erzähler gleichzeitig eine erkenntnis- und theoriegenerierende Aufordnung seiner Erfahrungen.

Natürlich bleibt diese Theoriebildung dem Charakter nach immer auf die Empirie des eigenen Alltagserlebens bezogen. Aber als qualitativ orientierte Sozialwissenschaftler wünschen wir uns ja gerade optimale Empiriegehalte. Und mit seinen erkenntnis- und theoriegenerierenden Wirkpotentialen erhöht das Stegreiferzählen insbesondere die Interpretations- und Erklärungskraft. Mit dem Wechsel auf die Nebenerzähllinie verschafft sich der Informant die dafür notwendige Erkenntnisdistanz. Hier kann er im geordneten Verfahren die durch das Wirkpotential des Stegreiferzählens in Gang gesetzten **biographischen und gesellschaftlichen Abstraktionsprozesse** in Angriff nehmen. So werden beispielsweise die folgenden unterschiedlichen Abstraktionsleistungen möglich:

Der Erzähler kann sich in der Rolle des damaligen Akteurs über den Charakter, die Bedingungen und die Folgen des Geschehens, in das er intentional handelnd oder erleidend verwickelt war, klar werden. Wenn es also dem Geschichtenträger unserer Beispielserzählung gelingen sollte, Kontinuität in die begonnene Abstinenz zu bringen, dann dürfte die Fähigkeit zu dieser Abstraktionsleistung schon bald wieder hergestellt sein. Er könnte dann beispielsweise die Bedingungen und Folgen, die durch die handlungsleitenden Orientierungsmechanismen der Wir-Gemeinschaft der 11er-Gruppe und durch die Fixierung auf die Discoszene konstitutiv wurden, in den Blick nehmen und so zu Erkenntnissen über seine anschließende soziobiographische Entwicklung gelangen.

Eine weitere Abstraktionsleistung würde ihn dann nicht nur in die Erkenntnislage versetzen, dass er mit den Konsequenzen der damaligen Geschehnisse und seiner eigenen Verflechtung in diese leben muss, sondern er hätte dann auch die Möglichkeit, die Veränderungen in den Blick zu bekommen, die der Ereignisablauf sowohl am Zustand der betroffenen kollektiven Identität (Clique) als auch an seiner individuellen Identität und an der eigenen Lebenssituation bewirkt hat.

Und in Folge dessen würde er allmählich und unterstützt durch die Begleitung eines signifikanten anderen (dazu könnte in diesem konkreten Fall durchaus der Sozialarbeiter, zu dem der Vater inzwischen ein relativ stabiles Vertrauensverhältnis entwickelt hat und der verfahrenswaltend und gemeinsam mit den Betroffenen die Hilfeplanfortschreibung erarbeitet und die weitere Fallgeschichte beratend begleitet, entwickeln) die massiven Auswirkungen auf sein eigenes Leben und auf das seiner Ehefrau und seines Kindes (also signifikanter anderer) emotional-praktisch verarbeiten können. Eine derartige Verarbeitung würde dann dem Versuch eines Sich-schonungslosen-Klarwerdens entgegenkommen. Andererseits wäre aber auch vorstellbar, dass ein solcher in Gang gesetzter Verarbeitungsprozess - wenn er denn nicht von professionellen Helfern aus der sozialpädagogischen Arbeit, die ein entsprechendes Einsozialisierungsverfahren, wie ich es in seiner Wichtigkeit schon mehrfach thematisiert habe, durchlaufen haben, begleitet würde - Ausblendungs- und Verharmlosungsstrategien hervorbringen könnte. In einem solchen Fall würde dann der Betroffene Zuflucht zu globalen Erklärungstheorien suchen, die in ihrer Suggestivität die eigentlichen biographischen Prozesse verschleiern würden, wie ich es ja bereits weiter vorne angedeutet habe. Um einer derartigen Perspektivenverzerrung entgegenwirken zu können, müsste der betreuende Sozialarbeiter bzw. -pädagoge durch ein entsprechendes Einsozialisierungsverfahren zuvor in die Lage versetzt worden sein, mit einem geschulten Blick die diesbezüglichen in der Stegreiferzählung des Vaters aufscheinenden Aufmerksamkeitsmarkierer zu erfassen, um sie in der weiteren Fallbegleitung und -bearbeitung entsprechend berücksichtigen zu können.

Ich thematisiere hier bereits die besondere Fähigkeit der Perspektivenübernahme im Sinne eines ethnographischen Fremdverstehens, die das **professionelle Handeln** eines Sozialarbeiters/-pädagogen auszeichnet. Auf die Besonderheiten eines solchen Einsozialisierungsverfahrens, innerhalb dessen sowohl der potentielle Praktiker als auch der zukünftige Forscher die hier in unserem Fallbeispiel geforderte Professionellenidentität hervorbringen können, gehe ich in meinen Aufsätzen zur „Innovationswerkstatt“, zum „professionellen Handeln“ und zur „fallorientierten sozialen Arbeit“[33] ausführlich ein. Und als weiterführende Literatur kann ich vor allem die Arbei-

---

33 Vgl. hierzu Glinka, Hans-Jürgen, 1993: Ein „Fall“ in der Sozialen Arbeit und seine Transformationsstrukturen - Interaktionsprozesse und Interaktionsgeschichte zwischen Klientel und Sozialpädagogen/Sozialarbeitern.
Ders. 1994: Professionelles Handeln in der Sozialen Arbeit und seine Paradoxien.
Ders. 1996: Die Innovationswerkstätten: Ein besonderer Lern- und Lehrort zur Hervorbringung erkenntnisgenerierender Verfahren für das professionelle Handeln in sozialen und pädagogischen Berufen.

ten von Schütze und Riemann[34], den Begründern der Forschungswerkstatt an den Universitäten Kassel und Magdeburg, empfehlen. Das hier von mir vorgestellte Forschungsverfahren kann als ein Basispfeiler für dieses Interaktionstableau, auf dem gleichsam Wissenschaftler und Praktiker ihre Erfahrungen austauschen und auf der Grundlage von Primärdatenmaterialien (die ganz wesentlich durch das narrative Interview hervorgebracht werden) erkenntnisgenerierend zusammenarbeiten, angesehen werden. Aber noch einmal zurück zu den im Stegreiferzählvorgang zu Tage geförderten Abstraktionsleistungen, wie sie in einem vorstellbaren weiteren narrativen Interview mit dem Erzähler unserer Fallgeschichte durchaus hervorgebracht werden könnten und wie sie in sehr vielen Stegreiferzählungen auftauchen, deren Erzähler bereits einen größeren zeitlichen Abstand zu der darin thematisierten Schicksalsbetroffenheit haben oder deren Lebensgeschichte in weitaus geringerem Maße durch Verlaufskurvenpotentiale gekennzeichnet ist.

Wenn wir also - wie es in unserer Beispielserzählung leider bisher nur im ersten Ansatz der Fall ist, weil ja der Erzähler noch viel zu dicht an den dramatischen Ereignissen, in die er als zentraler Akteur verwickelt war, ist - von einer entsprechend ausreichenden Reflexionsdistanz ausgehen können, dann liegt in einer Stegreiferzählung für den Informanten immer auch die Chance, sich über seine zukünftige Handlungsorientierung klar zu werden. Wir haben diese Reflexionsdistanz wie gesagt im Ansatz auch schon in unserer Beispielserzählung vorliegen, wenn wir uns die Erzählkoda einmal genauer ansehen. Der Erzähler kann bereits realisieren, dass die prozessierenden Mechanismen seiner Suchtkarriere der Vergangenheit seiner inneren Zustandswelt und Relevanzsetzung angehören, wenngleich seine Darstellung noch entsprechende Unsicherheiten und Vagheitsmarkierer enthält.

> *Ja, so sieht's aus, ne. „Auch 'n blindes Huhn findet mal 'n Korn" hätt ich bald gesagt, aber lieber nich. Das ist ja so'n Spruch aus der Vergangenheit. Äh.. aber damit ist jetzt Schluss ... (6)... So Herr A.,... (82/17-20).*

Und nachdem sich unser Erzähler über seine bisherige Handlungsorientierung und seine Haltung zu Lebenserfahrungen in einigen theoretischen Kommentaren während des Erzählvorgangs - wenn auch zunächst sicherlich nur vorläufig - Klarheit verschafft hat, schließen in der fortgesetzten Koda

34 Riemann, Gerhard und Schütze, Fritz, 1987: Some Notes on a Student Research Workshop on Biography Analysis, Interaction Analysis, and Analysis of Social Worlds. In: E. Hoerning, und W. Fischer: Newsletter No. 8 (Biography and Society), S. 54-70.
Vgl. ebenso Schütze, Fritz, 1988: Professional Schools: ein Entwicklungspotential für die Zukunft der GhK? 8. Gießhausgespräch (hrsg. vom Präsidenten der Gesamthochschule Kassel), Kassel.
Ders. 1992: Sozialarbeit als „bescheidene" Profession. In: B. Dewe und W. Ferchhof (Hrsg.): Erziehen als Profession; S. 132-170.

allmählich erste Überlegungen über die erfahrungsbegründete Umorientierung an.

> *Äh.. ja, war oft bestimmt nich einfach, ne. Und vieles war ja dann auch durch's Saufen vorprogrammiert. Hab ja leider viel zu oft nur an mich gedacht. Aber das hab ich ja nun einigermaßen im Griff ((klopft auf den Tisch)). Heute würd' ich vieles anders machen, das könn' Sie mir glauben. Wir wollen hoffen... (82/21-26)*

Ich werde nun noch einen kurzen Auszug aus der Transkription des autobiographisch-narrativen Interviews mit Dr. Martin, dass ich im Rahmen meiner Habilitationsforschung erhoben, und auf das ich auch schon mehrfach zurückgegriffen habe, wiedergeben, in dem die Reflexionsdistanz gegenüber seiner damaligen Haltung zur Forschung und Lehre im staatssozialistischen System zum Ausdruck kommt. Herr Martin ist in seiner Darstellung in der Schlussphase seiner Promotionsforschung angelangt und reflektiert nun retrospektiv über die Rollenspiele, die er mit seinen Studenten im Seminar gemacht hat und die er gern mit der Videokamera aufgenommen hätte. Auf diesen Wunsch reagiert die entsprechende entscheidungsbefugte Instanz jedoch mit einer Hinhaltetaktik, auf die Herr Martin aus der Erkenntnisdistanz nun folgendermaßen reflektiert:

> *... diese Herren von/von/von dieser technischen Stelle mit hier. Hab das vorbereitet ((alle Vorkehrungen für die Videoaufnahmen - Anm. H.-J. Glinka)). Und als die Seminare begannen in der Woche darauf, da war nichts mehr möglich in dieser Richtung. Das heißt also, das, was ich da machte damals, das sollte wahrscheinlich nicht gemacht werden. Das wurde mir aber nie direkt gesagt. Entweder war der zuständige Kollege krank, oder es war dies und das. Und dann hatte er keine Zeit. Jedenfalls hatten dann diese Veranstaltungen, die wertvoll gewesen wären, niemals stattgefunden. Das ist etwas, was ich, woran ich auch oft denke. Äh.. aber ich weiß eben niemals, ob das nun Absicht war, oder ob das tatsächlich alles nur zufällig war. Und ob ich nicht genügend mich dennoch eingesetzt habe und dem gründlicher nachgegangen bin, um diese Dinge <u>doch</u> zu machen. Und dann eben auch zu zeigen, und... tja dasss.. äh heute empfinde ich das eben als ein Hemmnis, obwohl ich eventuell auch wieder sagen könnte, ich habe mich nicht genügend hart engagiert und eingesetzt. Aber wenn der nicht gekommen ist, ich hab den ja nicht herziehen können. (34/46 - 35/8)*

In dieser Darstellungssequenz können wir sehen, dass die Stegreiferzählung ebenso auch ein Wirkpotential für biographische und gesellschaftliche Abstraktionsprozesse bereithält. Hier haben wir die Interpretations- und Erklärungskraft vor Augen. Und diese dem Stegreiferzählvorgang innewohnenden Wirkpotentiale ermöglichen es dem Erzähler (und damaligem Akteur), sich über den Charakter, über die Bedingungen, die Motive sowie die Folgen des Geschehens, seines Handelns und Erleidens klar zu werden. Das

Geschehen lässt einen tabuisierenden Charakter erkennen. Die Bedingungen sind derart gestaltet, dass das Aufzeichnen von Lehrveranstaltungen nicht nur einer Genehmigung bedarf, sondern dass es auch einer Vorabzensierung unterzogen wird. Aber auch über die Motive seiner eigenen Handlungsintention als auch über die der Kontrollinstanz verschafft sich der Informant in diesem Kommentar Klarheit, wenngleich er gegenüber letzteren auch aktuell eine nach wie vor ambivalente Haltung, in der insbesondere auch noch einmal der Berücksichtigungszwang und die Perspektivenübernahme zum Ausdruck gebracht werden, beibehält.

Und schließlich werden auch die Folgen seines damaligen Handelns, die dem Charakter nach einer Leidenserfahrung gleichgesetzt werden, in den Blick genommen. Er fühlt sich schuldig, weil er damals den Dingen nicht weiter auf den Grund gegangen ist, und er erlebt es heute als Blockierungsmechanismus, dass er seine pädagogisch professionelle Handlungsabsicht damals gegenüber den Funktionären, die in dieser Hinsicht Laien waren, nicht durchgesetzt hat. Es handelt sich hier also implizit um die Selbstanklage eines heute professionell arbeitenden Pädagogen, der damals seine Authentizität - eine zentrale Merkmalsausprägung professionellen Handelns - zumindest teilweise aufgegeben hat und sich heute an in der biographischen Tiefe aufscheinenden Irritationen bezüglich seiner Professionellen-Identität abarbeitet, wie die pragmatische Brechung seiner eigentheoretischen Kommentare erkennen lässt.

Diese eigentheoretischen Aktivitäten des Erzählers sind für uns schon deshalb von besonderem Interesse, weil in ihnen, wie die von mir herangezogenen Darstellungssequenzen aus beiden Stegreiferzählungen erkennen lassen, lebensgeschichtliche, aber auch die kollektiv-historische Sinnorientierungen aufscheinen. Der Erzähler ist in seiner Darstellungsarbeit permanent bemüht, sich den Sinn für sowohl sein eigenes damaliges Handeln als auch für das der am Geschehen beteiligten Akteure zu vergegenwärtigen. Der Stegreiferzählungsvorgang eröffnet ihm die Chance für diesen Erkenntnisprozess hinsichtlich seiner biographischen Haltungen zur eigenen Identität und zu den kollektiven Identitäten, wie es vor allem im letzten Transkriptionsausschnitt deutlich geworden sein dürfte. Dieser Erkenntnisprozess für die Sinngebung bestätigt oder verändert seine Identität und trägt auch dazu bei, sie von Irritationen zu befreien. Die biographischen Haltungen des Erzählers gehen einerseits auf verschiedene Lebensabschnitte zurück, wo sie sich damals auf dem Hintergrund der jeweiligen Ereignisabfolge herausgebildet haben. Andererseits werden sie aber auch erst im aktuellen Erzählvorgang hervorgebracht, wie wir es auch in den Transkriptionsausschnitten sehen können. Sie sind orientierungsleitend für das nachfolgende Handeln und Erleiden des Geschichtenträgers.

Die eigentheoretischen Aktivitäten des Erzählers sind aber auch noch aus einem anderen Grund für uns von besonderem Interesse. Sie eröffnen uns einerseits eine Erklärungsperspektive für den Ablauf des vom Informanten dargestellten Geschehens. Andererseits können wir sie aber als Analytiker auch nicht unbesehen aus der Darstellungsperspektive des Erzählers übernehmen. Ich habe ja bereits darauf hingewiesen, dass diesen Theoriegehalten auch mehr oder weniger die Tendenz zur Ausblendung bzw. zur Rationalisierung zu Eigen sein kann. Also müssen wir als Forscher die eigentheoretischen Aktivitäten des Erzählers einerseits in ihrem jeweiligen Hervorbringungskontext, andererseits aber auch in ihrem Anwendungszusammenhang sehen. Wir werden also in unseren analytischen Arbeitsschritten zu berücksichtigen haben, in welchem Erfahrungskontext des Informanten sich die jeweilige Eigentheorie konstituieren konnte und in welchem späteren Ereigniszusammenhang sich der Informant dieser Haltung hinsichtlich seiner handlungsleitenden Orientierung bedient hat bzw. wie er diese Haltung im Erleben des späteren Ereigniszusammenhangs modifiziert und wie er sich und dem Zuhörer diese mögliche Modifizierung zu erklären versucht. Wir werden also in unserer systematischen Untersuchung der eigentheoretischen Anteile im Darstellungsablauf die Gesamtgestalt der Stegreiferzählung in den Blick nehmen und das in ihnen enthaltene Erklärungspotential empirisch überprüfen. Nur aus dieser analytisch kontrastierenden und differenzierenden Zusammenschau werden wir es schließlich für unsere Theoriebildung nutzbar machen können.

Wie ich zu zeigen versucht habe, eignen sich die empirischen Daten aus Stegreiferzählungen für unsere sozialwissenschaftliche Forschung immer dann besonders gut, wenn wir mit unserer Fragestellung entweder biographische Prozesse von sozialer Betroffenheit oder auch sozialer Kreativität untersuchen wollen, oder wenn das Ziel unserer Studie die Untersuchung kollektiver Veränderungsprozesse ist. Und das liegt daran, dass Stegreiferzähltexte sowohl die biographische Tiefe des Erlebens als auch die Breite des sozialen und kollektiv-historischen Zusammenhangs, in den die erlebten Ereignisse eingebunden waren, erfassen.

Damit habe ich noch einmal das zentrale Charakteristikum von Stegreiferzählungen selbsterlebter Ereignisverkettungen in unsere Aufmerksamkeit gehoben: es zeichnet sich durch die Verquickung von individueller und kollektiver Identität aus. Wir finden in ihnen sowohl die Wechselwirkung der individuellen Identität im biographischen Geschichtenablauf als auch die kollektive Identität von Wir-Gemeinschaften in ihren sozialen Ablaufstrukturen und dem kollektiven Geschichtenablauf. Wir können in ihnen sehen und analytisch herausarbeiten, wie es in großen kollektiv-historischen Veränderungsprozessen zur (dramatischen) Umgestaltung der Beziehungen zwischen kollektiver und individueller Identität kommt.

Ich habe in den von mir durchgeführten Forschungsprojekten - insbesondere in meiner Dissertationsforschung und in den bisherigen Ergebnistexten zu meiner Habilitationsforschung - gezeigt, wie in den gesellschaftlichen

Veränderungsprozessen des so genannten Dritten Reiches, während des Zweiten Weltkriegs, in der Besatzungszeit und den anschließenden „Wirtschaftswunderjahren“, aber auch in der durch den deutsch-deutschen Einigungsvertrag eingeleiteten Umgestaltung der Beziehungen zwischen kollektiver und individueller Identität Wirkmechanismen in Gang gesetzt worden sind, die die Lebensorientierung und die biographische Entwicklung der Menschen auf ganz besondere Weise beeinflusst haben.

Wir wollen nun die bisher von mir skizzierten Merkmale des Stegreiferzählens genauer am empirischen Primärdatenmaterial untersuchen. Dabei werden wir feststellen, welche besondere Erkenntniskraft dem Stegreiferzählen nicht nur für uns als Forscher, sondern auch für den Erzähler selbst innewohnt. Wir werden uns aber zunächst mit der Frage beschäftigen müssen, wie diese Erkenntniskraft auch unter Interviewbedingungen im Forschungsverfahren zum Ausdruck gebracht werden kann.

4. Ablaufstrukturen der Erhebungsphase

4.1 Die Kontaktaufnahme

Das narrative Interview ist ein sozialwissenschaftliches Erhebungsverfahren. Mit diesem Verfahren wollen wir den potentiellen Informanten zu einer umfassenden und detaillierten Stegreiferzählung seiner Erlebnisse in einem uns interessierenden Themenbereich veranlassen. Wir werden also zunächst den Kontakt zu einem potentiellen Informanten, der voraussichtlich über eigenerlebte Erfahrungen in diesem Bereich erzählen kann, herstellen.

Die **Kontaktaufnahme** wird sich in der Regel über ein erstes Gespräch zwischen dem Informanten und dem Forscher vollziehen. Ebenso können wir uns aber auch einen Adressaten in der Funktion eines zentralen Akteurs oder eines so genannten „Experten" innerhalb der sozialen Welt, die mit unserem Themenbereich erfasst werden soll, vorstellen. Ich denke da beispielsweise an den Sozialarbeiter, der für die Betreuung einer bestimmten Klientel in einem abgegrenzten Stadtteil zuständig ist, an den Mittelsmann zwischen Genossenschaftsmitgliedern in der Rolle der Mieter und den zentralen Akteuren im Vorstand der Wohnungsbaugenossenschaft oder auch an den Pfarrer einer Kirchengemeinde. Solche Menschen sind oft aufgrund ihrer spezifischen Wissensbestände um die Konstitution eines Milieus, einer sozialen Gruppe, einer speziellen Klientel oder einer Wir-Gemeinschaft in der Lage, uns einen ersten informellen Zugang zu der uns interessierenden sozialen Welt oder zu einem sozial-räumlich abgegrenzten Milieu zu verschaffen. Wir kommen ja mit der Perspektive eines Fremden, eines immer auch ethnographisch interessierten Forschers. Und dann kann uns jemand, der aus den Reihen der „insider" kommt und für uns die Rolle des „Fremdenführers" einzunehmen bereit ist, sehr hilfreich sein. Es kann sich bei dieser Person aber auch um die besondere Mittlerposition eines „insider-outsiders" handeln, wie beispielsweise die eines Pfarrers, der einerseits eine Menge über individuelle und soziale Entwicklungs- und Veränderungsabläufe innerhalb seiner Gemeinde zu berichten weiß und damit ein hohes insider-Wissen besitzt, der andererseits aber auch immer die Perspektive des outsiders einnehmen und mitdenken muss. Ich habe diesen Typus in meiner Forschung über die „Veränderungen in den Orientierungsmilieus von Stadtbewohnern" entwickelt und dort ausführlich beschrieben. Eine solche Person wird uns erste Adressen nennen und möglicherweise in ihrer Mittlerfunktion eine erste Plattform für eine solide Vertrauensbasis zwischen uns und dem potentiellen Informanten grundlegen können. Sie wird auch grundsätzlich in der Lage sein, für uns ein Stück Sinnhimmel für eine erste Annäherung an und ein erstes Verständnis für die uns fremde soziale Welt, für die Milieugeschichte oder die spezifische Subkultur aufzuspannen. Und so kommt es schließlich zu einem ersten Kontakt mit einem potentiellen Informanten.

In unserem ersten Gespräch mit dem potentiellen Informanten geht es vereinfacht gesagt zunächst darum, dass wir uns und unser Anliegen vorstellen und unser besonderes Interesse an einem narrativen Interview mit eben dieser Person erklären. Dazu müssen wir aber zunächst die situationsherstellenden Bedingungen sozusagen als Infrastrukturleistung erfüllen. Wir werden versuchen, den potentiellen Informanten mit konkreten, aber gleichzeitig auch behutsamen Erläuterungen bezüglich der uns interessierenden zentralen Forschungsfrage und der Vorgehensweise unseres Forschungsvorhabens zur begrenzten Kooperation innerhalb dieses wichtigen Forschungsprojekts zu gewinnen. Dabei sollten wir jedoch auch immer im Auge behalten, dass wir keinerlei Druck auf den Informanten ausüben und dass es uns gelingt, ihm zu vermitteln, dass es sich hierbei auch um ein gerade für ihn relevantes Forschungsprojekt handelt. Der zukünftige Erzähler muss ein Gefühl dafür entwickeln können, dass gerade er auf dem Hintergrund seiner besonderen und für uns forschungsrelevanten Erfahrungsaufschichtung eine Geschichte erzählen kann, die niemand außer ihm so erzählen könnte. Und er müsste sich bereit erklären können, uns ein paar Stunden seiner Zeit zu schenken, er müsste Erinnerungsarbeit leisten und uns an seinem Wissen teilhaben lassen, an seinen Erfahrungsbeständen, über die wir so gut wie nichts wissen. Wenn es uns authentisch gelingt, unseren potentiellen Informanten von diesem Wissensgefälle zwischen ihm und uns zu überzeugen und ebenso davon zu überzeugen, dass sein Wissen für die Erarbeitung und den Erfolg unseres Forschungsvorhabens, dass gleichzeitig auch seine Interessen berücksichtigt, von ganz besonderer Bedeutung sein kann, dann haben wir bereits das Fundament für die interaktive Vertrauensgrundlage, auf der das Stegreiferzählen ablaufen soll, hergestellt.

Ebenso wichtig ist in diesem Zusammenhang, dass wir den potentiellen Informanten nicht nur über den Erhebungsablauf des Forschungsverfahrens „narratives Interview", über seine zentrale Rolle darin und das einzufordernde Handlungsschema „Erzählen" unterrichten, sondern ihn auch auf die Rahmen der besonderen Situation aufmerksam machen. Es geht darum, eine Interaktionssituation herzustellen, die Öffentlichkeit ausschließt. Das bedeutet für die Phase des Interviews, dass die Anwesenheit einer dritten Person ausgeschlossen werden kann; das bedeutet aber ebenso für die anschließende Phase der Datenaufbereitung und -analyse, dass alle Eigennamen (Personen, Orte, Institutionen usw.) und Zeitangaben maskiert werden, um auf diese Weise die Anonymisierung optimal zu gewährleisten. Für die Herstellung einer soliden Vertrauensgrundlage hat sich darüber hinaus auch immer wieder gezeigt wie wichtig es ist, dass wir als Forscher persönlich erzählen, wie wir zu unserem Forschungsprojekt gekommen sind und welche Gründe es hierfür in unserem eigenen Leben gegeben hat. So habe ich beispielsweise im Kontaktgespräch mit den potentiellen Informanten, die mir ihre Erfahrungen mit dem Hilfeplanverfahren hinsichtlich der Fremdunterbringung ihres Kindes auf dem Hintergrund ihrer Lebensgeschichte erzählen sollten, meine eigenen biographisch gegründeten Beweggründe für diese Forschung offen gelegt und davon erzählt, welche schmerzlichen Verlust- und Trennungserfahrungen sich für mich in Folge meiner Ehescheidung durch den Sorgerechtentzug für die Kinder entwickelt haben. Auf diese Weise können wir möglichen Erinnerungs- und Darstellungswiderständen seitens des potentiellen Informanten durchaus authentisch entgegenwirken.

Mit diesen Minimalanforderungen an ein gemeinsam geteiltes Wissen um die Rahmenbedingungen zur Herstellung einer geschützten und vertrauensgegründeten zukünftigen Interviewsituation und um das Wissensgefälle zwischen dem Forscher und dem potentiellen Informanten sollte dann der Interviewtermin und -ort gemeinsam ausgehandelt werden. Dabei müssen wir besonders darauf achten, dass sich der potentielle Informant selbst genügend Zeit einräumt und sich nicht a priori durch eine viel zu kurz bemessene Zeitspanne für das anstehende narrative Interview unter Druck setzt. Bei der Wahl des Ortes, an dem das Interview stattfinden soll, schlage ich dem Informanten in der Regel einen Raum in seiner eigenen Wohnung mit der Begründung vor, dass es sich dabei um die für ihn vermutlich vertrauteste Umgebung handele. Nun gibt es aber auch besondere Konstellationen, die die Wahl eines anderen Ortes als die eigene Wohnung nahe legen. Bei einer Untersuchung zum Phänomen der Nichtsesshaftigkeit ist das sofort offensichtlich. Aber auch für ein Interview im Zusammengang mit der Forschungsfragestellung, wie sie unserer Beispielserzählung zugrunde liegt, kann die eigene Wohnung als Durchführungsort für ein Interview vom potentiellen Informanten abgelehnt werden. Wir brauchen uns hier nur einmal die faktischen und für die Durchführung eines narrativen Interviews durchaus ungünstigen Rahmenbedingungen, wie ich sie wiederholt vorgefunden habe, vor Augen führen: ein mit Möbeln voll gestopftes Ein-Zimmer-Appartement in einem hellhörigen Mehrfamilienhaus des sozialen Wohnungsbaus, in dem ein Ehepaar oder eine Lebensgemeinschaft in extrem räumlicher und sozialer Enge und sozusagen auf Gedeih und Verderb die überwiegende Zeit des Tages zusammenerleben muss und keinerlei räumliche Ausweichmöglichkeit hat. Wo bliebe in einem solchen Fall der Ehepartner für die Dauer des Interviews? Wenn wir weiterhin daran denken, dass sich viele dieser Menschen zusätzlich in Abhängigkeitsstrukturen befinden (beispielsweise in der Suchtproblematik), die ein räumliches Ausweichen über längere Zeit nicht ohne weiteres zulassen, dann wird nachvollziehbar, warum im einen oder anderen Fall ein vertrauter Raum in der eigenen Wohnung vom potentiellen Informanten abgelehnt werden kann.

Im Einzelfall wird es also darum gehen, unter den besonderen Umständen gemeinsam einen Ort auszuwählen, der sowohl den Schutz vor Öffentlichkeit als auch eine gewisse Vertrautheit gewährleistet. So viel zunächst zu dem, was wir bei der Kontaktaufnahme im Gespräch mit dem potentiellen Informanten im Hinblick auf die Herstellung der Interviewbereitschaft und auf die zukünftige Interviewsituation berücksichtigen sollten.

4.2 Der Erzählstimulus

Der Beginn des Interaktionsablaufs „narratives Interview" ist durch eine erzählgenerierende Anfangsfrage markiert. Mit dieser ersten Frage setzen wir den **Erzählstimulus**. Der Erzählstimulus bezieht sich auf eine abgegrenzte (autobiographische, interaktionshistorische oder kollektiv-historische) Geschichtengestalt. Wir werden unsere erzählgenerierende Frage immer auf das **„Wie"** eines prozessualen Ablaufs ausrichten und weder auf das „Was" noch auf das „Warum". Damit haben wir dann auch implizit oder explizit das **Handlungsschema „Erzählen"** vom Informanten eingefordert.

Uns gegenüber sitzt jetzt ein potentieller Erzähler, der die Ereignisse innerhalb der Geschichtengestalt und die darin in Gang gesetzten Wirkmechanismen selbst erlebt hat und handelnd oder erleidend auf irgendeine Art und Weise in sie involviert war. Und hin und wieder werden wir auch erleben, dass dem Erzähler die Wirkmechanismen erst in der aktuellen Interviewsituation im Ablauf seiner Darstellungsbemühungen bewusst werden. Sie kristallisieren sich dann in der nachträglichen Erinnerung an die Ereignisse und an ihr Ineinandergreifen allmählich heraus.

Mit unserer letzten auffordernden Aktivität vor Beginn der Stegreiferzählung werden wir den potentiellen Erzähler über den Erzählstimulus eindeutig auf den prozessualen Ablauf, über den er erzählen soll, fokussieren. Es mag zunächst für den einen oder anderen banal klingen, wenn ich das Setzen des Erzählstimulus in eine solche exponierte Position unserer Aufmerksamkeit rücke. Es zeugt schon von einer besonderen Kunstfertigkeit und professionellen Fähigkeit, wenn der Erzählstimulus vom Interviewer optimal platziert werden kann, wenn mit ihm eine eindeutige Erzählaufforderung transportiert wird und wenn unmittelbar danach die Redeübergabe an den Informanten erfolgt.

Inzwischen wurde sicher eine Unmenge narrativer Interviews erhoben, aber ich würde behaupten, dass es den Interviewern nur in relativ geringem Umfang gelungen ist, diese Kunstfertigkeit unter Beweis zu stellen. Auf diesen neuralgischen Punkt kann die **Interviewer-Schulung** nicht oft genug abstellen. Wenn nämlich der Erzählstimulus „verunglückt", dann muss das nicht gleich bedeuten, dass die anschließende Stegreiferzählung, sofern sie dennoch zustande kommt, für den Forscher unbrauchbar ist. Was dieses

„Verunglücken“ aber auf jeden Fall zur Folge hat ist der besondere Umstand, dass der Forscher bei der anschließenden Bearbeitung des transkribierten Interviews einen mehr oder weniger höheren, in einigen Fällen sogar einen unverhältnismäßig höheren Arbeits- und Zeitaufwand betreiben muss, als wenn es sich um ein Interview mit geglücktem Erzählstimulus handeln würde. Viele Leser werden sich jetzt vielleicht noch verärgert, wohl eher aber abgeklärt lächelnd an die eine oder andere Situation erinnern, in der sie sich mit einem solchen Transkriptionstext konfrontiert erlebt, und sich vielleicht zunächst wiederholt gefragt haben, woran es denn liegen könne, dass das Interview so aussieht wie es aussieht und nicht anders (unkomplizierter).

Häufig kommt nämlich noch hinzu, dass der Interviewer das Tonbandgerät erst zu dem Zeitpunkt eingeschaltet hat, als der Stimulus bereits gesetzt war und der Informant zu erzählen beginnt. In solchen Fällen, und davon wird es leider immer wieder eine große Anzahl geben, können wir als analysierende Forscher die Ursache für die zustande gekommene Qualität und die komplizierten Besonderheiten des Datenmaterials im Transkriptionstext dann nicht mehr nachvollziehen, sondern lediglich noch vermuten, dass der Stimulus den potentiellen Erzähler beispielsweise irritiert hat, dass das Handlungsschema Erzählen nicht eindeutig eingefordert worden ist, oder dass die Erzählaufforderung derart theorielastig formuliert worden ist, dass die narrativen Anteile häufig durch lange argumentative Passagen unterbrochen werden. Wenn dann auch noch die auf die eine oder andere Art und Weise ausgefallene und in solchen Fällen häufig nur - wenn überhaupt - halbherzige Ratifizierung des Informanten im Transkriptionstext fehlt, dann können wir uns nur sehr schwer einen Reim auf die Kompliziertheit der Textgestalt oder auf die sehr kurz ausgefallene, hochkondensierte und mit vielen Verständnislücken behaftete Haupterzählung machen. In meinen Seminaren werde ich insbesondere von den Forschungsneulingen, die dann sehr verzweifelt und ratlos sind, mit derartigen Transkriptionstexten und der Frage konfrontiert, wie denn so etwas überhaupt passieren konnte. Ich werde hier exemplarisch zwei Erzählauforderungen aus Interviews vorstellen, die vor dem Hintergrund der Lebensgeschichte die individuellen Erfahrungen von betroffenen Eltern im eingeleiteten Hilfeplanverfahren in ihren Forschungsfokus gestellt haben, und eine Erzählaufforderung, in der lediglich ein beschreibendes Interview mit einigen wenigen narrativen Passagen zustande gekommen ist, weil die Aufforderung, autobiographisch-narrativ zu erzählen, für den Informanten (ehem. NVA-Offizier, der nach einer Umschulungsmaßnahme im Alter von 51 Jahren seine Berufskarriere als Sozialarbeiter neu beginnt) ein zu hohes Risiko dargestellt hat. Hier nun also die Erste der drei Erzähleinleitungen:

> *I.: Und das hat mich dann auch ermutigt zu sagen: „Okay, ich mache diese Untersuchung.“ Und ich möchte einfach zum Zweck/oder das Ziel der Untersuchung ist es, dass ich die Lebensläufe, verschiedene Lebens-*

läufe von Eltern, deren Kinder in Pflegefamilien leben, einfach beschreiben möchte. Und dazu ist es natürlich notwendig, dass ich sehr viel weiß über das Leben der Eltern

E.: die Vergangenheit?

I.: .. über die Vergangenheit und natürlich auch über die aktuelle Situation. Also insofern ist mir auch jedes Detail wichtig, jede Information, die Sie mir geben. Jede Situation, an die sie sich erinnern, ist mir wichtig. Und ich werde Sie im Gespräch überhaupt nicht unterbrechen, ja? Ich höre nur sehr interessiert zu. Und je mehr Sie mir sagen, umso besser gelingt es mir später in der Auswertung, solche Lebensläufe zu beschreiben, ja? Ich finde es gut, wenn Sie einfach mal beginnen und mit Ihren Erinnerungen an die Kindheit einfach mal anfangen.

E.: mit der Kindheit

I.: Ja, und sich dann so treiben lassen, ja?

E.: Ja, das kann ich machen. Also Kindheit.. Ich hatt`/na ja.. keine gute Kindheit will ich mal so sagen. ...

Wir haben hier eine Intervieweinleitung, die gleich durch mehrere Fehler gekennzeichnet ist. Zunächst einmal stehen wir vor der Frage, was denn eigentlich der Erzählstimulus sein soll? Wir finden weder eine eindeutige Aufforderung zum Erzählen der Lebensgeschichte noch zum Handlungsschema „Erzählen". Dagegen wird die Kategorie „Beschreiben" gezogen und der Interviewer spricht wiederholt von Lebensläufen, die er später einmal beschreiben möchte. Es geht ihm um „verschiedene Lebensläufe von Eltern, deren Kinder in Pflegefamilien leben".

Der Interviewer behauptet zunächst, dass es notwendig sei, sehr viel über das Leben der Eltern zu wissen. Diese Frage ist sehr diffus und sie verunsichert die potentielle Erzählerin. Mit ihrer Frage „Die Vergangenheit?" markiert sie für den Interviewer ihre Irritation und fordert ihn implizit auf, das „sehr viel wissen über das Leben der Eltern" zu präzisieren bzw. einzugrenzen. Dazu gibt sie ihm in Frageform die „Vergangenheit" vor.

Daraufhin erweitert der Interviewer die von der Erzählerin vermutete Frage zunächst und bezieht in sie auch die gegenwärtige Situation mit ein. Und er fügt hinzu, dass ihm jede Information, die er bekommen kann, wichtig sei. Dieses „jede Information" ist nun aber nicht nur sehr unspezifisch, sondern darüber wird implizit auch der Berichtscharakter, den die erwartete Darstellung annehmen könnte, angesprochen. Das Handlungsschema „Erzählen", und zwar das Erzählen einer Geschichte, in der die eigenerlebten Erfahrungen als in sich geschlossene Gestalt erkennbar werden würden, ist bisher noch nicht zum Thema gemacht worden. Der Interviewer bedient sich dagegen der Kategorie „Gespräch“ und suggeriert damit zunächst für die Informantin die Entwicklung einer Dialogsituation. Wenn er dann auch korrigierend nachschiebt, dass er sie nicht unterbrechen und ihr nur interessiert zuhören werde, erzeugt das in diesem Zusammenhang erneut Irritationen. Und als er schließlich fortfährt: „Und je mehr Sie mir sagen, umso besser...“ und im Folgenden noch einmal die Kategorien „Lebensläufe“ und „Beschreiben“ zieht, sieht sich die Informantin folgender zu bewältigender Aufgabe gegenüber: sie soll viel sagen, um dem Forscher das Beschreiben von Lebensläufen zu ermöglichen.

Und schließlich an der Stelle, wo wir in einer gelungenen Erzählaufforderung den unmissverständlichen Stimulus finden, schließt der Interviewer seinen einleitenden Kommentar mit einem Vorschlag ab, der eine persönlich-bewertende Stellungnahme enthält. Er fände es gut wenn sie folgendermaßen beginnen würde: sie solle ihre Darstellung mit den Erinnerungen an die Kindheit beginnen und „sich dann so treiben lassen“.

Jetzt muss ich zunächst etwas zu dieser exponierten Stelle innerhalb der Aushandlungsphase sagen. Wir haben gesehen, dass der Forscher sich offensichtlich bemüht hat, sowohl sein Forschungsvorhaben als auch den besonderen Stellenwert, den er diesem Interview beimessen würde, der Informantin darzulegen. Er erscheint authentisch, und trotz „Schemasalat“ (weder das Handlungsschema „Erzählen“ noch das des Beschreibens sind explizit eingefordert worden) ratifiziert die Informantin zunächst offenbar problemlos das nebulöse Handlungsschema. Ich muss an dieser Stelle erklärend hinzufügen, dass der Forscher, wie er mir versichert hat, im vorangegangenen Kontaktgespräch das Handlungsschema „Erzählen“ und die Geschichtenkategorie „Lebensgeschichte“ thematisiert hat. Und ich muss weiterhin einräumen, dass die Informantin schon relativ früh eine hohe Interviewbereitschaft signalisiert hat.

Exponiert ist nun diese Stelle innerhalb der Aushandlungsphase deshalb, weil sie sozusagen in ergebnissichernder Position steht. Hier sollte der Interviewer all das vorher Gesagte in einem einzigen, zentralen und eindeutigen Erzählstimulus zusammenbinden können und damit die Redeübergabe an den Informanten - von der Ratifizierung bis zum Ende seiner Haupterzählung - sicherstellen. Wir können beim Informanten erfahrungsgemäß und in aller Regel davon ausgehen, dass er an dem vom Interviewer zuletzt Gesagten seine Handlungsorientierung ausrichten wird, insbesondere dann, wenn eine ausführliche Vorrede und bereits mehrere Stimuli vorangestellt worden sind. Und wir können an unserem Beispiel sehen, dass das trotz zuvor ausgelöster Irritationen genauso verläuft. Die Informantin greift das Stichwort „Kindheit“ auf und signalisiert in ihrer Ratifizierung noch einmal rückmeldend, dass sie sich jetzt in ihrer Darstellungsarbeit dem Lebensabschnitt der Kindheit zuwenden werde, so wie es der Interviewer vorgeschlagen hat (*„also Kindheit“*). Und dann beginnt sie ihre Darstellung mit einem suprasegmentalen Markierer, der argumentativen Charakter aufweist: *„Ich hatt'/na ja.. keine gute Kindheit...“*

Wenn wir uns die Transkription der Haupterzählung genauer ansehen, wird Folgendes deutlich: a) sie ist hochkondensiert und nach drei Seiten beendet, wenngleich es dem Interviewer in dem anschließenden ausführlichen Nachfrageteil wiederholt mittels erzählgenerierender Fragen gelingt, von der Informantin längere narrative Passagen einzufordern; b) in der Haupterzählung nimmt die Informantin - exakt der Aufforderung des Interviewers folgend - zwei biographische Stadien in den Blick: die Kindheit und die aktuelle Erlebenssituation. Ihre dazwischenliegende Erfahrungsaufschichtung stellt sie äußerst knapp und tabellarisch-beschreibend als Lebensablaufstruktur dar. Ihre strikte Orientierung an dem verunglückten Erzählstimulus wird darin ganz offensichtlich.

Ich werde jetzt eine zweite Interviewеinleitung vorstellen, in der das vom Interviewer eingeforderte Handlungsschema, autobiographisch-narrativ zu erzählen, vom Informanten **nicht** ratifiziert wird. Es handelt sich dabei um ein Interview, dass im Rahmen einer Begleitforschung zum groß angelegten Forschungsprojekt „Aggression und Gewalt bei Jugendlichen“ den Forschungsfragefokus auf die Hervorbringung und Verhinderung von Entwicklungspotentialen zur Professionellen-Identität bei Sozialarbeitern/-pädagogen der ersten Generation in den neuen Bundesländern gerichtet hat.

I.: (...) das Interview/eh.. wir interessieren uns also für Ihre Arbeit. Und ich denke, diese Arbeit ist ja auch eine sehr persönliche Arbeit..

E.: mhm

I.: .. also die sehr viel mit Ihrer Person zu tun hat. Und von daher interessieren wir uns also auch stark für Ihre Person, weil wir meinen, dass wir die/also die Arbeit nur verstehen können, wenn man auch die Person und ihre ganze Lebensgeschichte.. eh

E.: mhm

I.: kennt und 'n bisschen verstehen kann. Und von daher.. von daher hätten wir jetzt einfach die Bitte an Sie, mal also Ihre Lebensgeschichte zu erzählen, also da/da anzufangen, wo Sie meinen, dass es zum Verständnis also der gegenwärtigen Situation Ihrer Arbeit eh wichtig ist. Sie können also bei den Großeltern anfangen oder..

E.: nö..nö

I.: .. wo immer.

E.: In wieweit sind Angaben zur Person notwendig?

I.: Ja?

E.: Ich meine, so datenmäßig?

I.: Ja.. bitte, also..

E.: Dann würde ich so beginnen:

I.: ..wir interessieren uns für Ihre Lebensgeschichte.

E.: Also mein Name ist Herbert R. Ich bin zweiundfünfzig Jahre alt, bin verheiratet, habe zwei Kinder, habe den Beruf eines Lehrers ergriffen, damals zu DDR-Zeiten, war zehn Jahre im Lehrerberuf, bin dann...

Wir haben hier eine Interviewaushandlungsphase in der Transkription vorliegen, die im Hinblick auf die Erzählaufforderung und den Erzählstimulus seitens des Interviewers den Kriterien, die ich diesbezüglich genannt habe, genüge trägt. Wir sollten also davon ausgehen können, dass nach vorab signalisierter Interviewbereitschaft - und die hat der potentielle Informant in der vorangegangenen Kontaktaufnahme durchaus erkennen lassen - jetzt die Ratifizierung des Handlungsschemas „Erzählen der Lebensgeschichte" seitens des Informanten vorgenommen wird und dass er dann mit der Stegreiferzählung beginnt. Beides kommt jedoch nicht zustande. Die Frage ist jetzt: wie konnte es zu dieser Interaktionskrise kommen?

Wenn wir uns die Platzierung der beiden Rezeptionssignale „mhm" ansehen, dann wurden bis dahin vom Interviewer zwei zentrale Darstellungsfiguren thematisiert: die individuellen Merkmale der aktuellen beruflichen Arbeit und die Gesamtgestalt der Lebensgeschichte, in die die Berufsbiographie eingebettet ist. Bis dahin enthält die Transkription keinerlei Aufmerksamkeitsmarkierer seitens des Informanten dahingehend, dass der Interviewer eine Verweigerungshaltung vermuten müsste. Dann folgt zunächst ein eindeutiger Erzählstimulus:

„... und von daher hätten wir jetzt einfach die Bitte an Sie, mal also Ihre Lebensgeschichte zu erzählen, ...".

Anschließend schiebt der Interviewer dann noch eine Detaillierung nach, die schließlich in den Vorschlag mündet, die Erzählung eventuell noch vor dem Beginn seiner eigenen Lebensgeschichte anfangen zu lassen. Darauf wird nun dem Interviewer vom Informanten eine eindeutig ablehnende Haltung signalisiert (*„nö.. nö."*). Der Interviewer ist nun zunächst in dem Glauben, er wäre mit seinem Vorschlag, bei den Großeltern anzufangen, zu weit vorgeprescht und versucht, Akzeptanz herzustellen (*„.. wo immer."*). Aber daraufhin gibt ihm der Informant zu verstehen, dass er möglichst keine persönlichen Angaben machen möchte. Dieser Hinweis ist vom Informanten im Hinblick auf die Aushandlungsphase in Frageform gekleidet. Als nun der Interviewer daraufhin verunsichert reagiert (*„ja?"*), spezifiziert der Informant seine Frage und lässt erkennen, dass er nur sehr bedingt bereit ist, persönliche Daten preiszugeben. Daraufhin setzt der Interviewer an, das Handlungsschema noch einmal unmissverständlich klarzumachen (*„Ja.. bitte, also..“)*, wird jedoch zunächst noch einmal vom Informanten unterbrochen, der das von ihm akzeptierte Handlungsschema - eben mit entsprechenden Ausblendungen von persönlichen Daten versehen - ratifizieren möchte und sozusagen eine Darstellungsprobe anbietet (*„Dann würde ich so beginnen: ...“)*. Jetzt erst gelingt es dem Interviewer, das von ihm erwartete Handlungsschema noch einmal unmissverständlich zur Disposition zu stellen. Der Informant ist jedoch bereits auf das von ihm so verstandene Handlungsschema eingestimmt, vermutlich auch bekräftigt durch den in seiner Aussage nicht eindeutig begonnenen Satz des Interviewers (*„Ja.. bitte, also ...“*), den er ja, der Informant, durch seine vorläufige Ratifizierung unterbricht.

Vermutlich unbeirrt durch den vom Interviewer soeben wiederholten und eindeutigen Erzählstimulus beginnt nun der Informant seine Darstellung in extrem kondensierten und knappen aneinander gereihten Sätzen, zunächst mit der Einführung des Geschichtenträgers - also seiner selbst - und in den weiteren Ausführungen dem Charakter nach als protokollarischen Lebenslauf (Alter, Familienstand, Anzahl der Kinder, erlernter Beruf und Berufsdauer). Ebenso knapp und weitestgehend in Berichtsform gekleidet wird dann der zweite berufsbiographische Lebensabschnitt thematisiert (die 21 Dienstjahre als NVA-Offizier), bevor er mit vielen Detaillierungsexpansionen versehen die Umschulung und seine aktuelle Berufstätigkeit als Sozialarbeiter auf den folgenden acht Seiten des Transkriptionstextes zu schildern beginnt. Und er schließt die Gesamtgestalt der Haupterzählung mit dem bezeichnenden Satz: *„Also wie gesagt, das nur ...“*. Dieser letzte Satz enthält einen eindeutig rückbezüglichen Hinweis auf seine Ratifizierung. Er hatte ja bereits zu Beginn angekündigt, dass in seiner Darstellung Angaben zu persönlichen Daten lediglich marginalen Charakter bekommen würden, dass er also mit der Geschichte, die er zu erzählen hat, primär seine berufsbiographischen Erfahrungen in seiner aktuellen Tätigkeit in den Blick rücken wird (*„..., das nur ...“*). Und auf nichts weiter - das habe er ja seinem Interaktionspartner bereits gleich zu Anfang zu verstehen gegeben (*„Also wie gesagt, ...“)* - habe er sich in der Aushandlungsphase eingelassen.

Wenn wir uns hier noch einmal die Frage vorlegen, warum sich der Informant einer autobiographischen Darstellung seiner zu erzählenden Geschichte verweigert, dann können wir das nicht so ohne weiteres mit dem Argument abtun, dass ihm dafür nun plötzlich das Risiko (er war ja bis zur Wende in zwei staatlichen Institutionen der DDR beschäftigt und erwartungsgemäß - daraus macht er keinen Hehl - parteipolitisch organisiert und „funktionalisiert“) zu hoch erscheine. Hier muss sich also bereits in der der Interviewsituation vorangegangenen Phase der Kontaktaufnahme ein Missverständnis konstituiert haben. Und wie ich vom Interviewer nachträglich in der Ersteinschätzung zu diesem Interview erfahren habe, hatte er im vorangegangenen Kontaktgespräch, in dem der Informant ja seine Interviewbereitschaft bekundet hatte, versäumt auf die Besonderheit hinzuweisen, das es sich bei dem bevorstehenden narrativen Interview um ein autobiographisch-narratives Interview handeln werde. Im Hinblick auf diese ganz wesentliche Zusatzinformation sollte nun deutlich geworden sein, warum sich der Informant trotz des eindeutigen und wiederholten Erzählstimulus nicht auf ein autobiographisches Erzählen einlässt, und dass er damit auch keineswegs die Basisregeln der Kommunikation verletzt. Er ist zwar auf das Handlungsschema „Erzählen" vorbereitet worden, und dazu hat er sich auch bereiterklärt, nicht aber auf das Handlungsschema „autobiographisches Erzählen". Auf Letzteres wurde er erstmals in der Intervieweinleitung fokussiert und hat dann jedoch diese Fokussierung nicht ratifiziert. Hier haben wir also einen ganz wesentlichen Hinweis auf die hohe Bedeutungszuschreibung für das erste Gespräch mit dem potentiellen Informanten. In diesem ersten Kontaktgespräch geht es ja zentral um die Frage, ob der vom Forscher Angesprochene Interviewbereitschaft signalisiert. Und in diesem Zusammenhang muss er selbstverständlich genau darüber informiert werden, auf was er sich da einlasse und zu was er sich bereiterklären solle. Die Kategorie „Stegreiferzählen" fasst ja noch keineswegs explizit, dass es sich dabei um das Erzählen der Lebensgeschichte handeln werde.

Wenn ich anfänglich im Hinblick auf diese Interaktionssituationsentwicklung von einer Interaktionskrise gesprochen habe, dann muss ich jetzt nach genauerem Hinsehen diese Kategorie zurücknehmen und durch eine zutreffendere ersetzen. Was hier innerhalb der sich entwickelnden Interaktionssituation die auf den ersten Blick unverständlich erscheinende Verweigerungshaltung beim Informanten auslöst, sind die seitens des Interviewers in Gang gesetzten Irritationen, die zunächst auch in keinem unmittelbaren Zusammenhang mit den Ausblendungsabsichten des Informanten stehen. Erst nachdem mit dem spezifizierten Handlungsschema „autobiographisches Erzählen" die Lebensgeschichte, und damit verbunden natürlich auch die Preisgabe biographischer Daten eingefordert wird, erlebt sich der Informant kurzfristig irritiert, kann dann aber diese Irritationen noch in der Aushandlungsphase weitgehend durch die besondere Art seiner Ratifizierung unwirksam machen. Der Interviewer seinerseits unternimmt klugerweise auch nicht den Versuch, die dann so begonnene Haupterzählung durch eine wiederholte Einforderung des Handlungsschemas „autobiographisches Erzählen" zu unterbrechen. Hätte er diesen Versuch trotz eindeutiger Markierung seitens des Informanten dennoch unternommen, dann wäre die Wahrscheinlichkeit für eine Interaktionskrise allerdings sehr groß gewesen.

Aus der hier von mir aufgespannten Perspektive gesehen dürfte die Erklärung für den Interviewartefakt die am wenigsten voraussetzungsreiche und problemlos nachzuvollziehen sein. Und so viel sei abschließend noch gesagt: auch im anschließenden ausführlichen Nachfrageteil, der sich im Transkriptionstext über fünfzig Seiten erstreckt, wurden die Ausblendungsleistungen, die der Informant ja angekündigt hatte, weitgehend durchgehalten.

Wir wollen uns nun noch ein drittes Beispiel für eine Intervieweinleitung ansehen. Bei diesem Interview handelt es sich um unsere schon oft von mir rezitierte Beispielserzählung, mit deren Transkriptionstext (Seite 65-83) wir ja bereits vertraut sind. Es geht also um das Interview mit dem Vater, der sich zusammen mit seiner Frau für die Fremdunterbringung des gemeinsamen Kindes auf dem Hintergrund der Alkoholverlaufskurvenproblematik entschieden hat. Ich werde auch hier zunächst den entsprechenden Transkriptionsausschnitt noch einmal vorstellen.

> *I.: Also äh.. ich möchte Sie dann bitten, sich zurückzuerinnern und ihre Lebensgeschichte zu erzählen... wie nach und nach so eins zum anderen gekommen ist.*
>
> *V.: Kann's schon losgehen? Das läuft da, ja?*
>
> *I.: Ja, ist alles so weit klar. Sie können anfangen.*
>
> *V.: Gut... ja/äh... Ja also da werde ich Ihnen nichts Lustiges erzählen können. Das war für uns alle bestimmt nicht einfach und ist es heute auch noch nicht. Äh.. das ging ja schon so chaotisch los in meiner Kindheit. Ich bin 1957 in F.-Stadt geboren. ...*

Hier haben wir nun eine Erzählaufforderung vorliegen, die einen eindeutigen Erzählstimulus aufweist. Der Informant wird gebeten, „*sich zurückzuerinnern*“ und seine „*Lebensgeschichte*“ zu erzählen. Und um den dem thematisierten Handlungsschema innewohnenden prozessorientierten und gleichzeitig auf Gestaltschließung ausgerichteten Charakter noch einmal zu unterstreichen, schließt der Interviewer die Detaillierung an „*... wie nach und nach so eins zum anderen gekommen ist.*“

Bevor jedoch der Informant das eingeforderte Handlungsschema ratifiziert, möchte er sich zunächst noch einmal a) der Redeübergabe und b) der funktionierenden Technik versichert wissen („*Kann's schon losgehen? Das läuft da, ja?*“). Es fehlt ihm gewissermaßen noch die letztendliche Eindeutigkeit der bisher wahrgenommenen Situationsentfaltung - sozusagen noch das in einem solchen Fall im Aufnahmestudio aufleuchtende Signal „Auf Sendung“! Daraufhin versichert ihn der Interviewer sowohl der Funktionstüchtigkeit und Aufnahmebereitschaft der Technik als auch seiner korrekten Wahrnehmung hinsichtlich der implizit erfolgten Redeübergabe. Die anschließende Ratifizierung des Informanten fällt dann mit nur einem Wort „*Gut...*“ kurz und eindeutig aus. Der Informant beginnt daraufhin, seine Lebensgeschichte zu erzählen. So weit die Beispiele.

4.3 Die Haupterzählung

Nachdem der Informant das Handlungsschema „Erzählen" ratifiziert und mit dem Erzählen **seiner** Geschichte begonnen hat, ist im Interviewverfahren vorgesehen, dass wir ihn ohne thematische Interventionen unsererseits bis zum natürlichen Ende seiner Geschichte erzählen lassen. Diese Phase des Interviews nennen wir die **Haupterzählung**. Wenn der Informant dann am Ende seiner Geschichte angelangt ist, wird er es uns mehr oder weniger eindeutig signalisieren. Ich habe ja bereits in dem Interview mit dem Sozialarbeiter aus den neuen Bundesländern auf diesen Abschlussmarkierer hingewiesen. In unserer Beispielserzählung von der „Fremdunterbringung" sieht das folgendermaßen aus: *"... So, jetzt weiß ich nichts mehr, jetzt müssen Sie mal fragen."*

Hier haben wir neben der eindeutigen Markierung für das Ende der Geschichte auch gleichzeitig den unmissverständlichen Hinweis auf die Redeübergabe. Das Handlungsschema „Erzählen" ist abgespult, der Informant signalisiert die Redeübergabe und erinnert obendrein an die in der Intervieweinleitung getroffene Vereinbarung, dass der Interviewer ja nun im Anschluss an die Haupterzählung seine Nachfragen stellen wollte. Der Interviewer seinerseits übernimmt nun wieder die Verfahrenswaltung und kommt nach einer überleitenden Sequenz zu seinen Fragen:

> *V.:* *..., jetzt müssen Sie mal fragen.*
>
> *I.:* *Ja.. vielen Dank, das war ja wirklich 'ne ganz spannende Geschichte. Und ich freue mich mit Ihnen und auch für Ihre Frau und Ihren Jungen. Nun wird ja die Familie auch bald wieder komplett sein... wunderbar. Äh.. ich hab jetzt noch...*

4.4 Der Nachfrageteil

Im Anschluss an die Haupterzählung werden wir zunächst solche Nachfragen stellen, die das **zusätzliche Erzählpotential** ausschöpfen sollen. Ich habe ja bereits darauf hingewiesen, dass der Erzähler in der Haupterzählung hin und wieder Andeutungen macht, dass er an dem einen oder anderen Erzähl- bzw. Detaillierungszapfen durchaus weitererzählen könne. Wenn wir mit unserer Frage an einen solchen Erzählzapfen anknüpfen, dann ist erfahrungsgemäß die Wahrscheinlichkeit sehr groß, dass der Informant daraufhin wieder eine kleine Geschichte erzählen können wird. Und darüber hinaus werden wir mit unseren Fragen natürlich auch versuchen, Plausibilitätslücken und unbewusste Ausblendungen seitens des Erzählers zu schließen. Dabei sollten wir jedoch stets darauf achten, dass unsere Fragen unbedingt erzählgenerierenden Charakter aufweisen und so den Informanten veranlassen, wieder eine Erzählung in Gang zu setzen. Wenn uns das gelingt, werden wir es später im Arbeitsschritt der strukturellen Beschreibung wesentlich einfacher haben. Wir können dann eine solche Erzählsequenz bei Bedarf in die strukturelle Beschreibung der Haupterzählung in die entsprechende Darstellungslücke und mit dem Hinweis, dass es sich dabei um eine Sequenz aus dem Nachfrageteil handelt, problemlos übernehmen. Auch diese besondere Fähigkeit des Interviewers werde ich wieder am empirischen Material unserer Beispielserzählung verdeutlichen.

Ich habe ja bereits auf den Erzählzapfen „Londontrips“ in der Haupterzählung hingewiesen und vorgreifend gesagt, dass der Interviewer mit seiner daran anknüpfenden Frage gewissermaßen einen „Volltreffer“ gelandet hat, denn der Informant beginnt daraufhin, eine in sich abgeschlossene Geschichte zu erzählen. Und in dieser Geschichte wird nun neben seinen individuellen Erfahrungen auch die kollektiv-historische handlungsleitende Orientierung und Sinngebung für eine Generation erkennbar, deren Mitglied er ist. Ich werde nun die die Narration wieder in Gang setzende Nachfrage und den Wiedereinstieg des Informanten in die Erzähldarstellung vorstellen.

> *I.: Sie haben ja erzählt, dass Sie dann in der zwölften Klasse vom Gymnasium abgegangen sind und dass dann erstmal so 'ne Zeit Leerlauf war. Dann haben Sie aber auch durchblicken lassen, dass in dieser Zeit doch ganz wichtige Dinge passiert sind, nämlich Ihre Reise nach Mexico und, aber das haben Sie leider nicht weiter ausgeführt, diese Fahrten nach London, wo Sie dann auch Konzerte von den Stones besucht haben. Können Sie dazu noch einmal ausführlicher erzählen? Wie ist denn das genau abgegangen damals?*
>
> *V.: Tja, das war ja nochmal was ganz Besonderes. Wie ging das eigentlich los damals? Äh... ja.. also ich habe ja von unserer Clique in der Disco erzählt und dass wir damals viel zusammen unternommen haben. Nun wurden da in der Disco am Samstagabend.. da war der Eintritt dann auch etwas höher... also samstags gab's da immer 'ne Verlosung. Man kriegte ja vorn an der Kasse 'ne Karte mit 'ner Nummer. Und diese Nummer war gleichzeitig die Losnummer. Da gab's dann alles Mögliche zu gewinnen, vom Fahrrad bis zum T-shirt mit Aufdruck so, ne?*
>
> *I.: mhm*
>
> *V.: Und der Alex, also einer aus unserer Clique, der arbeitete damals bei so 'ner Agentur, haben Konzerte geplant und veranstaltet, Reisen angeboten und auch diese Butterfahrten. Und der hat mal zwei Karten für'n Konzert von den Stones in London mitgebracht. Das war gar nicht so einfach, an diese Karten ranzukommen. Das wussten nur insider, wie man da rechtzeitig rankommen konnte. Und die wurden dann als Hauptgewinn verlost, an so'm Abend. Wir wollten da natürlich hin und haben*

das dann mit 'n Eintrittskarten so getrixt, dass wir die beiden Nummern hatten. Ich hatte eine und Wolfgang die andere.

I.: Is 'n das nicht aufgefallen? War ja gemogelt.

V.: Nöö, hat kein Schwanz gemerkt. Na jedenfalls.. jetzt hatten wa die Karten. Aber mussten ja auch erstmal hinkommen. War'n ja nur die Eintrittskarten, ohne tickets. Mussten also erstmal überlegen, wie wir da mit wenig Kohle hinkommen sollten. Und damals gab's ja noch die Billigüberfahrten von Holland, also von Rotterdam/Hoek van Holland nach Harwich. Das war aber nur nachts so billig. Also wir mit 'm NSU-Prinz von Peter.. die Kiste war ja auch so hochtourig, is zum Schluss noch der ganze Motor ausgebrannt.. wir also zu fünft ab an die holländische Küste. Die ander'n drei sind dann mit 'm Zelt auf 'm Campingplatz geblieben, kannten sich da ja ganz gut aus, weil wa ja da schon mehrmals gezeltet hatten. Is viel abgegangen auf dem Zeltplatz.. viele Leute kennen gelernt und nachts am Meer mit Lagerfeuer und so. Aber nach zehn, da durften se keine Frau mit im Zelt haben, sind die rumgegangen und ham kontrolliert. Da war'n se scharf, die lockeren Holländer. Da ham se mich auch ma erwischt mit Andrea im Schlafsack. Und am nächsten Morgen durften wa dann antanzen, beim Platzwart. der wollte uns sofort... ab nach Hause. Und was ham wa gequatscht, bis der endlich weich war und wir dableiben konnten. Andrea hat dem so ein vorgesülzt, von wegen konservative Eltern und ihre Schwester wäre ja auch noch mit im Zelt gewesen und, und, und. Na ja, also wir kannten uns da schon sehr gut aus. Und die andern drei sind dann dageblieben. Und Wolfgang und ich dann, wir sind zum Hafenbüro. Da mußte man sich in so'ne Liste eintragen..

Wir wollen uns diese Nachfrage einmal genauer ansehen. Der Interviewer kontextualisiert zunächst für den Informanten noch einmal die Ereignisgestalt (Fahrten nach London), über die er eine Erzählung hervorlocken möchte. Dazu wird vorab der zeitliche Rahmen aufgespannt und der Informant bekommt so eine Orientierung, an welcher Stelle seiner Erfahrungsaufschichtung, die er ja in der Haupterzählung geschildert hat, er noch einmal ins Erzählen mit expandierendem Charakter einsteigen soll. Es handelt sich um die time-off-Phase zwischen Schulabgang und Beginn der Lehre, von der er zunächst behauptet hat, dass er „dann erstmal gar nichts gemacht" (69/30-31) habe. Gleichzeitig wird er aber auch vom Interviewer daran erinnert, dass er (der Erzähler) dann aber doch eine ganz wichtige Erfahrung geschildert habe (den zweimonatigen Mexico-Aufenthalt) und in einem anschließenden Erzählzapfen, den er aber leider nicht weiter ausgeführt habe, eine Ereignisabfolge angedeutet habe (die wiederholten Konzertbesuche und Fahrten nach London). Ihm (dem Forscher) ginge es jetzt darum, eine Erzählung darüber einzufordern, wie sich aus der damaligen

Perspektive des Geschichtenträgers das Erleben dieser besonderen Ereignisse und ihre Aufeinanderfolge gestaltet hätten.

Diese kontextualisierte Frage hat sowohl über das „Wie" als auch über den Markierer „genau abgegangen" einen erzählgenerierenden Charakter und eine entwicklungsprozessorientierte Ausrichtung. Dass nun die damit implizit ausgelösten Wirkmechanismen beim Erzähler greifen, können wir sehr schön am Aufbau seiner anschließenden Schilderung sehen. Er selbst gibt diesen Ereignissen den Rahmen von etwas ganz Besonderem (*„Tja, das war ja nochmal was ganz Besonderes."*). Und anschließend signalisiert er dem Zuhörer, dass er sich noch einmal der Erinnerungsarbeit und dem Eintauchen in den Erfahrungsstrom hingeben werde (*„Wie ging das eigentlich los damals?"*). Dazu ist es für ihn wichtig, dass er sich selbst noch einmal den Rahmen der Ereignisentwicklungen aufspannt, um auf diese Weise die Kontextbedingungen für seinen ersten Londontrip in der Reihe der damals in Folge unternommenen Fahrten wieder in den Blick zu bekommen. Die räumliche Verortung für diese Idee ist die Disco, die soziale Verortung ist die Wir-Gemeinschaft der Clique. Und der „besondere Ort", aus dem die Idee hervorgebracht werden kann, ist der Samstagabend in der Disco, der über die Allgemeinheit eines Discoabendverlaufs durch die Besonderheit gekennzeichnet ist, dass ab und zu auch Eintrittskarten für Konzertveranstaltungen zur Verlosung kommen. Hier haben die Ereignisse also ihren Lauf genommen und hier wurde sozusagen auch der besondere Umstand „konstruiert", dass er (der Erzähler) in den Besitz einer solchen Rarität kommen konnte. Wieder eingetaucht in den Strom der Erinnerungen und eingefangen von der damaligen Ereignisabfolge kommt es nun zu einer expandierenden selbstläufigen Erzählung.

Nachdem dann dieser erste Teil der Nachfragen abgearbeitet ist - und erst dann -, sieht das Erhebungsverfahren des narrativen Interviews vor, einen **zweiten Nachfrageteil** anzuschließen. Der Forscher fokussiert nun seine Fragen auf Beschreibungen zu den sozialen Rahmen des Geschehensablaufs. Und er richtet weiterhin die gemeinsame Aufmerksamkeit auf die **theoretisch-argumentativen** Stellungnahmen des Erzählers zu diesen Rahmenbedingungen und sein Involviertsein darin. So hat beispielsweise der Interviewer, dem wir unsere Beispielserzählung verdanken, gegen Ende des Interviews folgende Frage gestellt:

> *I.: Sie haben von der Disco erzählt und auch, wie dort gekifft wurde. Da gab's ja.. äh... wie haben se das genannt... Joint-Nächte oder so?*
>
> *V.: Genau, da ging ganz schön die Post ab. Haben auch deswegen mal 'n katholischen Pfaffen auf 'm Hals gehabt. Der hat dann 'n regelrechten Eiertanz bei der Gemeinde aufgeführt. Und dann mussten wa uns wieder an die üblichen Sperrstunden halten. Haben dann auch verschärft Kontrollen durchgeführt. Bin selber oft genug durch's Lokusfenster abgehauen. ...((4))...*

I.: hmhmm... Könn' se vielleicht nochmal den Ablauf von so'm Abend beschreiben, wie das losgegangen ist und wie Sie das erlebt haben?

V.: Na.. ham Sie selbst früher nie 'n Pfeifchen geraucht?

I.: Klar, ham wir auch gemacht. Ich bin zwar 'n paar Jahre älter als Sie, aber das war auch bei uns damals gewissermaßen schon 'ne Pflichtübung, wenn se dazugehören wollten. Kann ich mich noch gut dran erinnern. Aber wir haben das immer auf Feten im Privatbereich, also auf der Bude von Kommilitonen gemacht. In der Disco war das tabu. Von daher würde mich schon interessieren, wie so 'ne Joint-Nacht abgegangen ist. Versuchen se doch mal, so'n Abend zu beschreiben, wie sich das so entwickelt hat und wie Sie daran beteiligt waren. Sie haben ja auch gesagt äh... dass das 'ne schöne Zeit für Sie war.

V.: Klar war das 'ne schöne Zeit damals. Das mit der Disco, das müssen se sich so vorstellen. Wir war'n ja sowas wie 'ne Familie. Also sagen wa mal, 'n Ersatz für 'ne Familie. Wochenende zu Hause rumhängen, da wär' ich ja gestorben. Und den Kumpels damals ging's bestimmt nich anders. Also...

Nun beginnt der Erzähler den sozialen Rahmen des Geschehensablaufs an einem solchen Abend zu beschreiben und wie er selbst darin verwickelt war. Eingebunden in seine Beschreibung werden dann auch seine argumentativen Stellungnahmen deutlich, in denen er über das Aufstellen einer Behauptung, eine anschließende Begründung für die von ihm aufgestellte Behauptung und über Belegerzählungen - also im durchaus geordneten Verfahren des Argumentationsgangs - seine damalige Haltung zum Ausdruck bringt. Ich werde an anderer Stelle noch ausführlicher auf die argumentativen Passagen in der Stegreiferzählung zu sprechen kommen. In diesem Darstellungszusammenhang kommt es mir darauf an, auf diese andere Qualität von Nachfragen hinzuweisen und sie an einem Beispiel vorzustellen. Und weiter werde ich darauf zunächst auch nicht eingehen.

Zusammenfassend möchte ich noch einmal festhalten: Mit dem narrativen Interview verfolgen wir das Ziel, beim Informanten über das expandierte Erzählen seine Erlebnisaufschichtung hinsichtlich der Ereignisse, in die er mitgestaltend oder erleidend verstrickt war, hervorzulocken. Und aus diesem Grunde sind Nachfragen, die beim Erzähler beschreibende oder argumentative Darstellungssequenzen auslösen, erst gegen Ende des Interviews vorgesehen. Wir können ebenso an unserer Beispielserzählung nachvollziehen, dass sich der Erzähler nicht nur auf die Reproduktion lebensgeschichtlicher Vorgänge beschränkt, sondern dass er auch interaktive und kollektivhistorische Ereignisabläufe in seine Darstellungsarbeit einbezieht. Welche

Thematisierungsvariante wir auch mit unserem Erzählstimulus favorisieren, das narrative Interview wird immer eine autobiographische und eine kollektiv-historische Dimension der Erlebnisaufschichtung erkennen lassen, denn durch das Stegreiferzählen werden beide Dimensionen reaktiviert. In wieweit eine dieser Dimensionen in der Darstellungsarbeit des Informanten zurückgenommen und die andere dominant wird, hängt ganz wesentlich davon ab, wie wir unseren Erzählstimulus thematisieren. Es dürfte nunmehr deutlich geworden sein, warum ich in meinen Ausführungen zu den Ablaufstrukturen der Erhebungsphase der Interviewleitung und explizit dem Erzählstimulus einen derart exponierten Platz eingeräumt habe.

5. Die Aufordnung der Erzählaktivität

5.1 Erfahrungsaufschichtung und Erzählsegmentierung

Wenn wir uns unsere Beispielserzählung im Hinblick auf ihre natürlichen Darstellungseinheiten genauer ansehen, dann werden wir feststellen, dass der Text bereits in kleine und größere Erzählzusammenhänge aufgegliedert ist. Diese Aufteilung in Erzähleinheiten nimmt der Erzähler unbewusst vor. In unserer bisherigen Arbeit am Text haben wir ja schon die Standardmittel der natürlichen Erzählsegmentierung kennen gelernt. Es sind die Rahmenschaltelemente (beispielsweise: „Und dann..." oder „Also gut, ich bin dann..."), die uns signalisieren, dass etwas aufhört und etwas neues anfängt. Darüber hinaus werden die segmentierten Erzähleinheiten ansatzweise oder auch voll ausgebaut durch Ankündigungen des folgenden Darstellungsinhalts eingeleitet. Und wo es eine Einleitung gibt, da gibt es in der Regel auch eine Schlussbemerkung - so auch bei den segmentierten Erzähleinheiten. Sie werden durch eine Ergebnissicherung ausgeleitet, an die hin und wieder auch noch eine bewertende bzw. theoretisch kommentierende Stellungnahme anschließt.

Wenn wir uns jetzt die Erzählsegmentierung genauer ansehen, dann werden wir feststellen, dass wir hier zwischen **mehreren Ebenen** unterscheiden können. Stellen wir uns einmal den Plan einer Stadt vor. Der Plan ist eine in sich geschlossene Gesamtgestalt und zeigt die ganze Stadt. Der Plan von der Stadt ist sozusagen die Gesamtgestalt unserer Geschichte. Und wenn wir nun genauer hinsehen, dann finden wir neben der Stadt als Ganzes weitere Ebenen, die sozusagen darunter liegen. Und genau so entsteht ja auch ein Stadtplan in der „Planer-Werkstatt". Mehrere Ebenen - als Karten von einer Straße, von einem Wohnquartier, von einem Stadtteil - werden nebeneinander, und dann in der Maßstabsangleichung nach und nach übereinander gelegt, bis schließlich auf der obersten Ebene die Gesamtgestalt der Stadt transparent zu werden beginnt. Und wenn wir jetzt diesen Additionsprozess umkehren und zu subtrahieren beginnen, dann haben wir unter der obersten Ebene (Gesamtstadt) die Ebene der Stadtteile. Auf unseren Transkriptionstext bezogen wären wir hier auf der Ebene der **suprasegmentalen Gliederungszusammenhänge**. Es ist die Ebene, auf der verschiedene Erzähleinheiten zu einer dem einzelnen Segment übergeordneten Gliederungsgestalt zusammengefasst werden.

Dieser übergeordnete Gliederungszusammenhang ist u.a. dadurch gekennzeichnet, dass der Erzähler innerhalb dieses Zusammenhangs eine grundsätzliche Haltung zum Geschehensablauf durchhält. Suprasegmentale Gliederungszusammenhänge sind durch einen so genannten **suprasegmentalen Markierer** gekennzeichnet. Dieser Markierer ist für den Zuhörer ein Hinweis darauf, dass der Erzähler in seinem Darstellungsablauf nun einen größeren Gliederungszusammenhang, der mehrere Segmente umfassen wird, mit einer bestimmten Haltung zum Geschehensablauf in den Blick nehmen wird. Ein solcher suprasegmentaler Markierer könnte beispielsweise folgendermaßen aussehen: „Und mit der Einschreibung an der Uni begann nun eine schöne Zeit, in der sich vieles in meinem Leben verändert hat." In diesem Markierer haben wir verschiedene Hinweise: 1. es beginnt etwas neues; 2. das, was jetzt erzählt werden wird, umfasst eine längere Zeitspanne und mehrere aufeinander folgende Ereignisse („vieles in meinem Leben verändert"), die wiederum in einem größeren und in sich abgeschlossenen Zusammenhang stehen - dem Studium; und 3. zu dieser Erlebensphase nimmt der Erzähler eine durchaus emotional positive Haltung ein - es war eine schöne Zeit, in der biographische Planung erfolgreich zur Entfaltung gebracht werden konnte.

Unter der Ebene der Stadtteile haben wir auf unserem Stadtplan die Ebene der Wohnquartiere. Bezogen auf unseren Transkriptionstext handelt es sich hier um die Ebene, auf der die **einzelnen natürlichen Erzähleinheiten miteinander verbunden** sind, auf der sich ein Segment ans andere reiht. So können wir auf dieser Ebene zwischen zwei miteinander verbundenen Erzähleinheiten beispielsweise eine Zustandsveränderung des Ereignisträgers feststellen, eine zeitliche Schwelle zwischen zwei Ereignisschritten oder aber die einzelnen aneinander gereihten Ereignisschritte, die allmählich die Gesamtgestalt der sich entfaltenden Geschichte erkennen lassen.

Unter dieser Ebene der Wohnquartiere kommt dann schließlich die für die einzelnen Straßen zum vorscheinen, die - bezogen auf unseren Transkriptionstext - der Ebene eines einzelnen Segments vergleichbar ist. Es ist also die **Feindifferenzierung des einzelnen Erzählsegments**. Auf dieser Ebene nehmen wir sowohl den Geschehens- und Erlebensablauf in den Blick als auch die struktur-funktionellen Aspekte der Erzähldarstellung des Informanten. Und diese verschiedenen Ebenen werden wir dann auch jeweils einschließlich der inhaltlichen Gliederung eines Erzählsegments im Arbeitsschritt der strukturellen Beschreibung in den Blick nehmen.

Ich werde zunächst einmal auf die interne Gliederung eines Erzählsegments eingehen. Wir haben ja jetzt schon ein erstes Gefühl dafür entwickeln können, dass wir zwischen den Erzählsätzen, den beschreibenden oder auch erzählenden Detaillierungssätzen, der Ergebnissicherung und den bewertenden oder erklärenden Kommentaren unterscheiden müssen. In einem ausgebauten Erzählsegment finden wir in der Regel den einleitenden **Erzählsatz** und von Fall zu Fall auch mehrere folgende Erzählsätze. Daran anschließend folgt eine mehr oder weniger ausgebaute **Detaillierung**. Und das

Segment wird durch eine **Ergebnissicherung** abgeschlossen, auf die dann auch noch ein stellungnehmender **Kommentar** folgen kann. So also ist ein ausgebautes Erzählsegment aufgebaut.

Nun kann es aber auch vorkommen, dass ein Segment durchaus aus einem hochverdichteten Erzählsatz, der sowohl den Charakter einer Einleitung und zeitlichen Schwelle als auch den einer Ergebnissicherung aufweist, besteht So könnte der Erzähler im Darstellungsablauf extrem kondensiert beispielsweise den Zeitpunkt seiner Heirat, die biographische Veränderung und die Zustandsveränderung ergebnissichernd in einem Satz darstellen: *„Und dann habe ich 1984 schließlich auch geheiratet."* Er hat in dem vorangegangenen Segment die Zeit seines Studiums geschildert und ergebnissichernd mit dem erfolgreich abgelegten Examen abgeschlossen. Dann folgt das kurze Segment, in dem er in einem einzigen Satz die Heirat thematisiert. Und im folgenden Segment beginnt er die Darstellung seiner beruflichen Karrierelaufbahn, aus der die Familie ausgeblendet bleibt. Letzteres Segment wird dann wieder voll ausgebaut und ergebnissichernd und erfolgsbilanzierend mit dem Hinweis abgeschlossen, dass er die erste Etappe seiner Karrierelaufbahn problemlos erreicht hat.

5.2 Die Aufgliederung eines Erzählsegments

Wir können die gerade skizzierte Art und Weise der Erzählsegmentierung an jeder beliebigen Stegreiferzählung nachweisen. Nehmen wir dazu wieder einmal unsere Beispielserzählung. Der Erzähler beginnt seine Darstellung mit einer Erzählpräambel *„Ja also da werde ich Ihnen nichts Lustiges erzählen können"*. Mit dieser Erzählpräambel macht er dem Zuhörer von vorne herein klar, wie er den Darstellungsduktus anlegt, und auf welche Art von Geschichte sich der Zuhörer einstellen muss. Die Erzählpräambel hat also gleichzeitig die Funktion eines auf die Gesamtgeschichte bezogenen suprasegmentalen Markierers. Daraufhin rekurriert er auf das aktuelle zentrale Ereignis in seiner Familie (die Fremdunterbringung des Kindes) und bringt diesbezüglich aus seiner Perspektive die schmerzliche Erfahrung, die bis heute ihre Wirkung zeigt, für alle Familienmitglieder, zum Ausdruck: *„Das war für uns alle bestimmt nicht einfach und ist es auch heute noch nicht."* Dieser bis heute andauernden schmerzlichen Verlusterfahrung seien chaotische Zustände vorausgegangen, mit denen er bereits sehr früh in seiner Kindheit konfrontiert worden ist: *„Äh.. das ging ja schon so chaotisch los in meiner Kindheit."* Hier haben wir die Überleitung zur Gesamtgestalt seiner Geschichte, die er erzählen wird - seiner Lebensgeschichte, in einem einleitenden Erzählsatz. Wie ich bereits weiter vorne dargestellt habe, werden nun nacheinander der Geschichtenträger (also er selbst) und die zentralen Ereignisträger (die Eltern und Großeltern) eingeführt und gleichzeitig der sozialräumliche Rahmen für das Erleben der Kindheit aufgespannt.

Der erste Erzählgerüstsatz *„Ich bin 1957 in F.-Stadt geboren."* hat sowohl eine ergebnissichernde, als auch eine einleitend-überleitende Funktion. Er könnte allein als hochkondensiertes Segment stehen. Der Erzähler führt sich als Geschichtenträger („Ich") in Verbindung mit einer zeitlichen Fixierung, seinem Geburtsjahr (1957), und einer ersten Grobfokussierung des Schauplatzes („F.-Stadt") ein. Ich würde mich hier aber eher für eine gröbere Segmentierung entscheiden, um den darstellungsintendierten Zusammenhang nicht auseinander zu reißen. Der Erzähler hat ja nach der Erzählpräambel den Zuhörer mit dem einleitenden Erzählsatz auf chaotische Zustände in seiner Kindheit hinfokussiert. Um diese Zustände schildern zu können ist es zunächst einmal wichtig, dass er dem Zuhörer den Geschichtenträger und die zentralen Akteure vorstellt. Da er, wie in den meisten narrativen Interviews, selbst der Geschichtenträger ist, bedarf es hier keiner zusätzlichen Detaillierung und Erklärung für seine Existenz. Der Hinweis, dass er 1957 in F.-Stadt geboren wurde, reicht zunächst aus, um sich selbst als Geschichtenträger einzuführen.

Daran anschließend werden nun der Vater und die Mutter eingeführt. Der Erzähler präsentiert diese beiden Personen aber nicht nur in der Elternrolle und einer kurzen Detaillierung hinsichtlich ihres über die Elternrolle hinausgehenden Aktivitätsrahmens. Die Eltern sind gleichzeitig diejenigen zentralen Akteure auf dem Interaktionstableau, für das er nun ein Szenario entwirft, die sein Erleben von Chaos in der frühen Kindheit ganz wesentlich auf dem Hintergrund ihrer Alkoholproblematik konstituiert haben.

Zunächst einmal wird in einem weiteren Erzählsatz der Vater eingeführt. Er arbeitet als Zeitungsreporter. In der eingeschobenen Detaillierung deutet der Erzähler bereits an, dass der Vater zu diesem Zeitpunkt zwar noch zu Hause wohnt, dass sich jedoch der familiale Rahmen verändern werde: „..., der war ja damals noch zu Hause,...". An den Erzählsatz „Der Vater hat bei der Zeitung gearbeitet" wird nun eine Detaillierung zu den berufsbedingten Rahmenbedingungen angeschlossen, die erkennen lassen, dass die Arbeitszeit des Vaters außergewöhnlich ist und die Präsens dieses signifikanten anderen für das Kind einschränkt: *„und/äh.. war dann ab nachmittags bis in die Nacht in der Redaktion."* Wenn wir genauer hinsehen, wird nun aber der Erzählsatz fortgeführt. Er lautet dann komplett: „Mein Vater hat bei der Zeitung gearbeitet und schon damals jede Menge Alkohol getrunken." Mit diesem Erzählgerüstsatz und den beiden eingeschobenen Detaillierungen liefert uns der Erzähler erste wichtige Hinweise für die familialen Rahmenbedingungen, innerhalb derer sich das Chaos entfalten kann. Aus der Perspektive des Erzählers klinkt sich ein Elternteil, und damit ein potentieller signifikanter anderer, über die ungewöhnliche Arbeitszeit, vor allem jedoch über sein Alkoholproblem aus den erwartbaren Alltagsorganisationsstrukturen einer Familie mit Kind und der Erwartungshaltung an die Rolle des Vaters aus.

Mit der impliziten Frage des Interviewers (*„ja?“ 65/23)* wird der Darstellungsgang kurz und ohne gravierenden Folgen unterbrochen und der Erzähler sieht sich gehalten, eine in eine Vermutung gekleidete Begründung für seine im Erzählsatz aufgestellte Behauptung, der Vater sei schon damals Alkoholiker gewesen, nachzureichen. Er vermute, dass sich der Vater schon damals und bis zu seinem Tode in einem Stadium der Sucht befunden habe, dass das rationale Denken bereits blockiert habe (*„Ja. Ich glaube, so richtig klar ist der bis zu seinem Tod dann nie mehr gewesen.“ 65/24-25).*

Jetzt expandiert die in den Erzählsatz eingeschobene Detaillierung und der Informant beschreibt sowohl die Merkmalsausprägungen des alkoholkranken Vaters als auch den sozialräumlichen Kontext im Wohnbereich. Die beiden besonderen Orte der Schauplatzbeschreibung sind das Zimmer des Vaters und die Gartenlaube. Und in der detaillierenden Schilderung des Informanten wird die Zweckentfremdung dieser beiden besonderen Orte auf dem Hintergrund der Suchtentfaltung beim Vater herausgearbeitet; insbesondere für die Gartenlaube, die in diesem Zusammenhang mit dem Begriff „Partyscheune“ kategorisiert wird. Im Kontrast dazu entwirft der Erzähler auch ein Bild von letzterem Schauplatz, so wie er sich dem Kind aus seiner damaligen nutzungsspezifischen Perspektive dargeboten hat: der besondere Ort für das Abenteuererleben eines Kindes. Der Schauplatz bekommt eine doppelte, diametrale Bedeutungszuschreibung. Einmal ist er räumliches Interaktionsfeld für die Trinkgelage des Vaters, zum anderen ist er aber auch für das Kind und seine peers Interaktionstableau mit „Präriecharakter“[35] für wichtige Entgrenzungserfahrungen in der Primärsozialisation. Die Gartenlaube ist also in der Erfahrungsaufschichtung des Erzählers über zwei Wirkmechanismen besetzt, die sich gegenseitig ausschließen: einen tabuisierenden Wirkmechanismus, wenn er diesen Ort mit den Trinkgelagen des Vaters kontextualisiert, und einen fixierenden Wirkmechanismus, wenn er dieses wohnungsnahe Interaktionsfeld aus seiner damaligen Erlebensperspektive mit den Entfaltungsmöglichkeiten für eine kindgerechte Entwicklung assoziiert. Hier haben wir einen aus der Perspektive des Erzählers empirisch gegründeten Hinweis auf die Konstruktion der Kategorie „Chaos“, wie sie der Informant in seinem einleitenden Erzählsatz verstanden haben will.

Dann wird im anschließenden Erzählsatz als weitere zentrale Akteurin und potentielle signifikante andere die Mutter eingeführt: *„Ja, und äh.. meine Mutter, die war dann an den Wochenenden fast immer auf Achse.“ (66/7-8).* Wenn schon nicht der Vater, so könnte der Zuhörer annehmen, dann

35 Siehe hierzu Glinka, Hans-Jürgen, 1992: Veränderung im Erleben älterer Wohnquartiere bei ihren Bewohnern und die Orientierungsrelevanz ortsgeschichtlicher Erinnerungen - Kollektive und biographische Bedingungen und Prozesse. Dissertation an der Uni Kassel; Hier habe ich die biographieanalytische Kategorie „Präriecharakter“ auf dem Hintergrund empirischen Primärdatenmaterials entwickelt und in Kapitel 5 differenziert und kontrastierend herausgearbeitet.

hätte sich doch aber die Mutter für das Kind zur signifikanten anderen entwickeln können. Aber dagegen spricht für den Erzähler der Mangel an Präsens. Wenn der Vater an den Wochenenden mit den Kollegen säuft und theoretisch die Mutter dem Kind als Elternteil und Ansprechpartnerin zur Verfügung stehen könnte, dann ist das faktisch weitgehend ausgeschlossen, weil sie abwesend ist.

In der anschließenden Detaillierung erklärt der Informant ihre Abwesenheit. Die Mutter reagiert auf das Distanzverhalten des Vaters, der seine sozialen Bezüge offensichtlich auf den Kreis seiner ArbeitskollegInnen, die ebenfalls dem Trinken zugeneigt sind, reduziert hat, mit einem hinlänglich bekannten Bearbeitungsmuster: Sie hat ihre *„Lover, mit denen sie dann losgezogen ist“* (66/9).

Im nun folgenden Erzählsatz reagiert der Erzähler auf den vorgestellten Opponenten, der ja daraufhin behaupten könnte, dass die Mutter dann aber doch wohl an den übrigen Wochentagen ihre Rolle als erziehungsbegleitende und sorgende Mutter wahrgenommen haben dürfte. Ich habe ja bereits darauf hingewiesen, dass der Erzähler während seiner Darstellungsarbeit immer auch die Perspektive des Zuhörers und vorgestellten Opponenten mitdenken muss. Der Wirkmechanismus dieser dem Stegreiferzählvorgang immanenten Parallelisierungskomponente veranlasst nun den Erzähler zur Einnahme der Proponentenperspektive, wenn er, seine Erzählung fortsetzend, die die Interaktion mit dieser potentiellen signifikanten anderen weitgehend ausschließenden Rahmenbedingungen an den übrigen Wochentagen thematisiert. Diese Zeit wie auch die verbleibenden freien Wochenenden werden von der beruflichen Arbeit der Mutter (Wirtschaftsdolmetscherin) und den sich darüber konstituierenden Verpflichtungen (Geschäftsreisen) absorbiert. Dem Erzählsatz „Unter der Woche hat sie meist zu Hause Übersetzungen für Y-Firma gemacht.“ wird eine Erklärungsdetaillierung angeschlossen, mit der der Beruf und die berufsbedingten Besonderheiten der zeitlichen Rahmenbedingungen, die die Alltagsorganisation der Mutter dominieren, erzählexpandierend gefasst werden.

Daraufhin wird das Segment zunächst mit einem ergebnissichernden Erzählsatz abgeschlossen: *„Dann war ich immer bei der Oma“ (66/13-14).* Der Erzähler hat ja zunächst in dem ausgebauten Segment die Unkalkulierbarkeit und Ungeordnetheit der familialen Alltagsorganisation, die er anfangs mit dem Begriff „Chaos“ kategorisiert hat, in einigen Erzählsätzen und den darin eingelagerten bzw. daran anschließenden Detaillierungen auf dem Hintergrund seiner Erfahrungsaufschichtung für den Zuhörer transparent und verständlich werden lassen. Ergebnissichernd stellt er nun fest, dass er aufgrund der zuvor dargestellten Rahmenbedingungen seine Kindheit weitestgehend bei der Oma erlebt habe.

Der Ergebnissicherung wird nun ein Kommentar angeschlossen, in dem der Erzähler seine damalige Haltung gegenüber der Oma und die im Kontrast zum Elternhaus völlig anderen und besonderen Rahmenbedingungen, die diese Haltung hervorgebracht haben, zum Ausdruck bringt. Er ist viel lieber bei seiner Oma, weil die auf dem Dorf wohnt (Stadt-Land-Kontrastierung) und weil er von der mit dem dörflichen Milieu verbundenen Subsistenzwirtschaft der Großeltern (*„die hatten noch Hühner und Kaninchen, als der Opa noch lebte."* 66/16-17) fasziniert ist. In Kontrast zum Erleben des Abgeschoben-Werdens und der sozialen Isolation der Familienmitglieder untereinander im elterlichen Wohnmilieu treten hier in einer ersten Skizzierung die Überschaubarkeit des dörflichen Milieus und die integrative Erlebenskomponente der unmittelbaren Mensch-Tier-Beziehung auf dem Lande. In Kontrastanordnung wird dem Zuhörer in der Kommentierung der Ergebnissicherung die zweite Erlebenswelt des Kindes angedeutet - ein Surrogat sowohl für die disfunktionale und „chaotische" soziale Welt im Elternhaus als auch für die Eltern selbst.

Damit wäre das erste Erzählsegment endgültig abgeschlossen, wenn nicht der Interviewer in einem bewertenden Kurzkommentar auf den in dem Kommentar des Erzählers aufscheinenden Hinweis auf eine kindgerechte Ersatzwelt bei den Großeltern eingehen würde. Auf diese Zwischenbemerkung des Interviewers reagiert der Erzähler kurz. Er ist also in hohem Maße kooperationsbereit. Diese kleine Unterbrechung in der Darstellungsarbeit des Informanten ruft jedoch keinerlei Irritationen hervor und die Rekonstruktion des Erfahrungsstroms wird dadurch nicht gestört.

Jetzt beginnt im Darstellungsablauf ein neues Erzählsegment, in dem der Informant das Szenario für das Erleben bei den Großeltern auf dem Lande entwirft. Was zuvor in der Kommentierung der Ergebnissicherung zum vorangegangenen Segment angedeutet wird und gleichzeitig die Funktion einer Überleitung bekommt, wird nun in einem vollausgebauten Erzählsegment und der sich darin entfaltenden Expansion ausführlich und detailgenau dargestellt. Eingeleitet wird diese kleine in sich abgeschlossene Geschichte mit der Einführung des neben dem Geschichtenträger zweitwichtigsten Ereignisträgers und gleichzeitig ersten aufscheinenden hochsignifikanten anderen - dem Großvater. In der in den Erzählsatz eingelagerten Detaillierung wird der Großvater zusätzlich zu der bereits mit der Kontrastanordnung implizit zum Ausdruck gebrachten positiven Beurteilung der Großeltern mittels eines Superlativs hochstilisiert. Damit überstrahlt die Figur des Großvaters nicht nur das in diesem Segment zur Darstellung gebrachte Szenario, sondern auch alle bisher eingeführten und noch zu erwartenden Akteure, die in der Lebensgeschichte des Erzählers eine Rolle spielen werden und für ihn biographische Relevanz bekommen. *„Opa Willy, das war sowieso der Größte" (66/20),* und er war es auch, mit dem der Erzähler als Kind und bis zum Verlust dieses hochsignifikanten anderen „immer gern losgezogen" ist.

Die daraufhin einsetzende Erzähldetaillierung, in der die Dichte der gemeinsam mit dem Großvater ausgeführten Aktivitäten und die hohe Korrespondenz der dem gemeinsamen Erleben grundgelegten Sinnsysteme der beiden im Alter um zwei Generationen auseinander liegenden Akteure besonders herausgearbeitet werden, endet mit der folgenden Detaillierungsbeschreibung: *„Und dann gab's in der Pause, also zwischen der Wochenschau und dem Hauptfilm, da kam dann immer so 'ne Frau mit 'm Korb, und der war voll mit äh.. mit Langneseeis."* (66/27-32). Auf diese Detailbeschreibung reagiert der Interviewer bestätigend und der Erzähler schließt die Detaillierung mit dem Satz ab: *„Da gab's also immer 'n Eis."*

Schließlich bringt der Erzähler seine kleine Geschichte und damit das zweite Erzählsegment mit einer Ergebnissicherung zu Ende, die durch einen tragischen Umstand charakterisiert ist. Der Großvater stirbt und mit ihm auch die idyllisierte Ersatzwelt für durchweg positiv besetzte Kindheitserfahrungen. Damit verändern sich für den Jungen die innerliche Befindlichkeit und die äußeren Rahmenbedingungen. Er hat den Großvater unwiederbringlich verloren. Und gleichzeitig wird diese schmerzliche Verlusterfahrung mit einer weiteren Veränderung der äußeren Rahmen im institutionellen Ablaufmuster „Schule" parallelisiert, die dem Charakter nach ebenfalls einer - wenn vermutlich auch längst nicht so schmerzhaften - Verlusterfahrung gleichkommt: dem Wechsel von der Grundschule auf das Gymnasium. Die Ergebnissicherung lautet: *„Der Opa ist dann leider gestorben, als ich in der vierten Klasse war." (66/32-33).*

Das neue Erzählsegment, auf das ich hier aber nicht weiter eingehen werde, beginnt mit einem eindeutigen Rahmenschaltelement und rückt die Welt des Gymnasiasten, die er lustlos erlebt, weil er hineinprozessiert wird, in den Blick. Die Kindheit ist zu Ende und es beginnt ein neuer biographischer Abschnitt. Metaphorisch gesprochen wird mit dem dritten Segment der Vorhang für ein neues Bühnenbild geöffnet: *„Und als ich dann auf's Gymnasium gehen sollte.." (66/33-34).*

Im ersten Erzählsegmenten hat der Erzähler zusammen mit dem Interviewer sozusagen die Hinterbühne für die in der frühen Kindheit erlebten „chaotischen" Zustände im familialen Bereich betreten, im zweiten wird dann das Erleben von Chaos in der Kontrastanordnung zum ersten Segment durch die Ausweichmöglichkeit zu den Großeltern und damit (aus der Perspektive des Kindes) in ein Milieu, in dem die soziale Welt noch in Ordnung ist, zurückgenommen und begrenzt. Mit dem Tod des idealisierten Großvaters stirbt für das Kind jedoch auch gleichzeitig diese für ihn biographisch hochrelevante soziale Welt, deren „besonderer Ort" die Figur des Großvaters war, über die sich eine vom Jungen so wahrgenommene Weltaufordnung konstituieren konnte. Und damit kommt es zu einer wesentlichen Zustandsveränderung im Handlungs- und Erleidensbereich des Geschichtenträgers. Diese Zustandsveränderung hat zwei Dimensionen. Mit der einen Dimension werden die äußerlichen Ereignisveränderungen gefasst: der Großvater und bisher einzige signifikante andere stirbt und damit schwindet auch die Überfixierung auf den sozial-räumlichen Erlebensbereich im ländlichen Milieu der Großeltern, das sich auch faktisch verändert. Nur solange der Opa lebte, gab es dort Hühner und Kaninchen. Mit der anderen Dimension wird die innerliche Identitätsveränderung gefasst: mit dem Tod des Großvaters stirbt auch ein Teil seiner selbst. Der Teil, mit dem er sich identifizieren konnte, gegen den er sich spiegeln konnte. Die Figur des Großvaters symbolisierte die Überwindung der zuvor erlebten sozial-räumlichen Enge und der Entfaltungsbarrieren, die ihren Ursprung in der Ehe- und in Folge in der Alkoholproblematik beider Eltern haben. Der Großvater - parallelisiert mit und symbolisiert über die horizonterweiternde Funktion des Kinos der 60er Jahre - steht für Entgrenzung, für die Öffnung gegenüber dem anderen Fremden, für den Anteil der kreativen Identität in der Persönlichkeitsentfaltung des Kindes. Und schließlich wird mit dem Tod des Großvaters auch das Ende seiner Kindheit parallelisiert. Gleichzeitig wird von ihm und orientiert am institutionellen Ablaufmuster und der darin aufscheinenden „Sollbruchstelle" nach dem vierten Schuljahr der Wechsel aufs Gymnasium eingefordert. Das bedeutet aber auch, dass er hinsichtlich des Schulbesuchs ein ihm bisher vertrautes und überschaubares sozial-räumliches Milieu - das Wohnquartier und seine unmittelbare Umgebung - verlassen muss, während fast alle Schulkameraden nicht mit dieser Verlusterfahrung konfrontiert werden. Der Tod des Großvaters steht neben dem Verlust eines signifikanten anderen auch noch symbolisch für viele andere Verlusterfahrungen, deren Verlaufskurvenpotentiale sich von nun an - im Transkriptionstext beginnend mit dem dritten Erzählsegment - aufzuschichten beginnen.

5.3 Suprasegmentale Zusammenhänge der Erfahrungsaufschichtung

Wir haben uns bisher die Gliederung der Erzähldarstellung auf der Ebene der Segmente und die Differenzierung innerhalb eines einzelnen Segments angesehen. Und wir sind davon ausgegangen, dass auf diesen beiden Ebenen die aufgeschichtete Erfahrung im Hinblick auf die einzelnen Ereignisse strukturiert wird. Jetzt wollen wir uns einmal die großen Erfahrungszusammenhänge ansehen, Zusammenhänge die über die Kleinflächigkeit einzelner Segmente hinausgehen.

In unserer Beispielserzählung geht es um eine Geschichte, in der es nichts Lustiges zu erzählen geben wird. Die Geschichte ist eine Anhäufung von Verlaufskurvenpotentialen, von Verlusterfahrungen und den Wirkmechanismen der Alkoholproblematik. Sie zeigt, wie jemand in wesentlichen biographischen Übergangssituationen aus Mangel an signifikanten anderen in die Sucht hineinschliddert, in diesem Submersionsprozess seinen Lebenspartner, der sich in vergleichbar ungünstigen sozialen Rahmenbedingungen erlebt, kennen lernt und heiratet; wie die sich vor beiden auftürmenden Verlaufskurvenpotentiale über ihnen zusammenbrechen und wie in diese Situationsentwicklung hinein schließlich das gemeinsame Kind geboren wird und die Anforderungen der neuen, fremden Situation beim Geschichtenträger zu Kontrollverlusten und Orientierungszusammenbrüchen führen. Wir erfahren dann, wie mit Hilfe von außen und einem extrem begünstigenden Umstand ein Bearbeitungsmuster entwickelt werden kann, dass als zentrale Voraussetzung die zeitbegrenzte Fremdunterbringung des Kindes und die stationäre Behandlung beider alkoholkranker Eltern einfordert und die Krisensituation entschärft.

Die autobiographische Erzählung handelt im Wesentlichen von mehreren Zustandsveränderungen des Geschichtenträgers und den dazwischenliegenden dramatischen Krisen:

a) das Hineingeboren-Werden in das Chaos;

b) das Ausweichen in eine aufgeordnete Welt;

c) die wiederholte Konfrontation mit dem Chaos und das kollektive Hineinschliddern in die Suchtproblematik;

d) die kurze eingeschobene Phase eines „time-off";

e) das Arrangement mit der Suchtproblematik;

f) das Auslösen chaotischer Erlebenszustände durch das Neue und andere Fremde und die vergeblichen Entkommensversuche;

g) die Trennung vom Neuen, anderen Fremden als Voraussetzung für die Aufordnung des eigenen Lebens.

Bei unserem Geschichtenträger ist die erste Zustandsveränderung die Folge eines Fluchthandlungsschemas, das unmittelbar mit der Figur des Großvaters und dessen Lebenswelt verbunden ist. Die zweite Zustandsveränderung ereignet sich in Folge des Verlustes des Großvaters und des Verlustes der peers. Die dritte wesentliche Zustandsveränderung wird durch die Submersionskraft der Sucht und ihre prozessierenden Wirkmechanismen eingeleitet. Dann wird eine kurze „time-off-Phase", die wiederholt über Fluchtversuche gekennzeichnet ist, dazwischengeschoben., die den Zustand der Identitätsirritationen und der Orientierungslosigkeit zeitweise aufheben. Die vierte Zustandsveränderung und die dazwischenliegenden dramatischen Krisen werden durch die Existenz eines neuen Familienmitglieds ausgelöst. Und die bisher letzte Zustandsveränderung ist zunächst durch das Entkommen aus dem Chaos und damit wiederum durch einen Fluchtversuch gekennzeichnet.

Wir haben hier eine autobiographische Stegreiferzählung vorliegen, die als tragische Geschichte angekündigt wird und in der die Spannung bis zu einem zentralen Verlaufskurvenhöhepunkt ansteigt. Dazwischen liegen Zustandsveränderungen, die als verzweifelte Suche mit dem Charakter von kleinen Fluchten gekennzeichnet sind. Das Ende der Geschichte liegt unmittelbar nach dem zentralen Verlaufskurvenhöhepunkt und wird als Errettung aus dem Unglück angedeutet. Es handelt sich also um eine Lebensgeschichte, die von Leidenserfahrungen dominiert ist, in der das intentionale Handeln randständig geworden ist und die mit der Hoffnung auf die Fähigkeit des eigenständigen biographischen Planens endet.

Die Zustandsveränderungen des Erzählers und seine Handlungs- und Erleidenssituationen werden in der Erzähldarstellung auf verschiedene Art zum Ausdruck gebracht. Da haben wir zunächst die **Erzählpräambel** und ihren Vorankündigungscharakter für die Gesamtgestalt der Geschichte, so wie sie auch in unserer Beispielserzählung (65/16) vorkommt. Weiterhin haben wir den **suprasegmentalen Markierer**, der einen neuen großflächigen Erzählzusammenhang einleitet. Der einleitende Erzählsatz des dritten Segments unserer Beispielserzählung enthält einen solchen suprasegmentalen Markierer: *„Und als ich dann auf's Gymnasium gegen sollte.. hatte eigentlich nie so richtig Lust dazu, weil äh..“* (66/33-35). Der neue großflächige Erzählzusammenhang fasst die siebeneinhalb Jahre der Gymnasialzeit, deren lustloses Erleben, so wird es markiert, der Erzähler nun über mehrere Segmente hinweg schildern wird. Und wir bekommen über den Markierer *„nie so richtig Lust dazu“* einen impliziten Hinweis darauf, dass der erfolgreiche Besuch und Abschluss des Gymnasiums bereits hier in Frage gestellt wird. Wir haben schließlich die **Erzähl- und Beurteilungssätze**, in denen die Zustandsänderung oder der bereits geänderte Zustand des Geschichtenträgers und seiner Situation zum Ausdruck gebracht werden. So beispielsweise in unserer Beispielserzählung der Übergang von der Ergebnissicherung des ersten Segments in den anschließenden Kommentar: *„Dann war ich immer bei der Oma. Bin sowieso viel lieber da gewesen als zu Hause, weil...“* (66/13-14).

Ich werde nun anhand unserer Beispielserzählung die erste dramatische Zustandsänderung des Geschichtenträgers kurz illustrieren. Dabei handelt es sich um die Zustandsveränderung vom gelegentlichen Alkoholkonsum des Jugendlichen zum Wirksamwerden der Suchtmechanismen.

Zunächst einmal fällt auf, dass der Erzähler im vorangegangenen Teil seiner Darstellung wiederholt indirekt andeutet, dass die einzelnen Erlebenssituationen in der Clique bereits ständig vom Alkoholkonsum begleitet sind: *„..., genug Stoff dabei,...“* (68/25). Durch ein Bündel entsprechender Markierer wird vom Erzähler unmittelbar vor und zu Beginn des Erzählsegments, in dem die Darstellung des Zustands der sich auftürmenden Suchtpotentiale beginnt, angedeutet, dass in der Befindlichkeit des Informanten nun ein dramatischer Wandel eintritt. In indirekten Ankündigungen wird zum Ausdruck gebracht, dass die eigene Handlungsgestaltung allmählich von Fremdgesteuertheit abgelöst wird. Wir wollen uns jetzt einmal den Übergang zwischen den beiden Erzählsegmenten, in deren Aufeinanderfolge die Veränderung zum Ausdruck gebracht wird, ansehen:

„.... *Wir sind dann total bekifft die ganze Nacht dageblieben. War aber auch 'ne schöne Zeit, ne. Da hatten wir so 'ne Gruppe von elf Leuten, vier Jungen und sieben Frauen. Wir waren ja damals fast jeden Tag zusammen. Sind auch zusammen in die Ferien gefahren, sind am Wochenende mal eben zur Ostsee hoch, haben dort auf Fehmarn... damals war das ja noch alles nich so versifft wie heute, der Strand und so.. äh.. sind wir nachts mit 'm Auto los. Einer hatte immer 'ne Kiste dabei. Dann ham wa uns um Mitternacht in der Disco kurz entschlossen, ne, fünf Mann rein in die Schleuder, genug Stoff dabei, Zelt war immer im Auto, und dann ab." (68/16-26)*

Jetzt wird in ergebnissichernder Position eine Abenteuerromantik idyllisiert und mit einer kurzen Belegerzählung abgeschlossen. Dann beginnt das neue Erzählsegment mit einem überleitend-einleitenden Erzählsatz, der den suprasegmentalen Markierer enthält:

„Ja, aber das war ja dann auch schon die Zeit, wo wir tierisch das Saufen angefangen haben: „Büchsenbier und ein Joint, und der Tag ist dein Freund" oder so ähnlich jedenfalls. Was ham wa damals so manchmal weggeschluckt... palettenweise das Zeug niedergeknüppelt, ne. Und die Frauen auch." (68/37-69/4)

Zunächst einmal haben wir hier als Markierer die **Gegensatzkonstruktion** aus der romantisierend-idyllisierenden Ergebnissicherung des vorangegangenen Segments und dem ersten Erzählsatz des neu beginnenden Erzählsegments. Der „schönen Zeit", in der sich in der Disco die Clique und damit ein neuer sozialer Bezugskreis für den Erzähler, den er ja in der Schule vermisst, konstituieren konnte, wird nun eine Zeit gegenübergestellt, die durch das exzessive Trinken markiert wird. Und wenn wir uns diesen einleitenden Erzählsatz genauer ansehen, finden wir in dem „auch schon" einen Hinweis darauf, dass hier bereits ein Prozess in Gang gesetzt wird, dessen Wirkmechanismen erst später und dann vermutlich über längere Zeit zur vollen Entfaltung kommen werden. Das Markierungsmittel für eine Zustandsveränderung mit suprasegmentaler Reichweite ist der **fokussierte Erzählsatz**. In der Regel ist es der erste Erzählsatz eines neuen Erzählsegments. Und dieser Erzählsatz hat **Ankündigungsfunktion**. Er orientiert den Zuhörer auf die sich verändernde Befindlichkeit und auf die Erfahrungsqualität des künftigen Geschehens hin.

Wir haben hier Markierer für den Beginn einer Befindlichkeitsveränderung im Prozessverlauf eines dramatischen Wandels, die der Erzähler aus der heutigen Sicht retrospektiv darstellt, die aber damals noch nicht in das Bewusstsein des Jugendlichen vordringt. Es handelt sich sozusagen um ein

Hineinschliddern in eine **Verlaufskurvenstruktur** und ihre **Fremdgesteuertheit**. Und damit ist auch klar, dass der Geschichtenträger seine durch Abenteuerromantik gefärbte Erlebnisperspektive, die er im vorangegangenen Segment entfaltet hat, aufgeben muss. Sein zukünftiges Verhalten wird nicht mehr durch eine eigene autonome Handlungsplanung bestimmt sein, sondern sie wird von nun an durch die die Sucht auslösenden Wirkmechanismen konditionell gesteuert sein. Die Kategorie „Verlaufskurve" fasst genau das Gegenteil des geplanten und beabsichtigten Handelns. Der Geschichtenträger wird im Folgenden, wie wir sehen werden - eine verlaufskurvenartige Haltung zum weiteren Geschehensablauf einnehmen. Damit kennzeichnet er die Einschätzung und Erfahrung, von übermächtigen äußeren Ereignissen getrieben zu werden.

Seine Formulierung *„war ja dann auch schon die Zeit, wo wir tierisch das Saufen angefangen haben"* kennzeichnet zunächst die Abänderung seiner retrospektiven Haltung, die sich sukzessive in eine bestimmte Richtung vollzieht - hier in Richtung einer Einschätzung, die das Abnormale, das Dramatische ankündigt (*tierisch das Saufen angefangen* - Unterstreichung: H.J.G.). Wir haben es hier also mit einer Haltungsänderung im Hinblick auf den weiteren Fluss des damaligen Geschehens zu tun, das in Folge die Erlebnisqualitäten abwandelt.

Ich möchte aber abschließend noch einmal auf die Darstellungsfokussierung im Erzählvorgang zurückkommen, so wie sie im gerade zitierten Segmentbeginn und mit der besonderen Funktion eines suprasegmentalen Markierers aufscheint. Die Darstellungsfokussierung ist ein Mittel mit Hilfe dessen die Aufmerksamkeit auf unterschiedliche Ereignislinien gelenkt wird. Die Ereignisabläufe einer Geschichte können also durchaus mehrsträngig angelegt sein und zeitweilig parallel verlaufen. Damit haben wir auch einen Hinweis darauf, dass Geschichtenverwicklungen einen hochkomplexen Charakter aufweisen können. In der Darstellungsarbeit können sich also durchaus unterschiedliche Ereignislinien ausdifferenzieren, in Kontrast zueinander treten (wie wir gerade gesehen haben) oder sich auch gegenseitig durchdringen. Diese Linien können also mit konkurrierenden ehemaligen Handlungs- und/oder Erleidensstrukturen verbunden sein, wie unser Beispiel zeigt. Es kann aber auch so sein - und hierfür haben wir in unserem Transkriptionstext zu Beginn des zweiten Segments ein Beispiel -, dass es verschiedene wichtige Akteure mit ganz unterschiedlichen Erlebnisweisen im Interaktionsfeld der zu erzählenden Geschichte gibt. In unserer Beispielserzählung handelt es sich um den Opa als zentralen Ereignisträger und signifikanten anderen, der zwar schon im Kommentar zur vorangegangenen Ergebnissicherung thematisiert wird (66/17), auf den die Darstellung aber noch nicht fokussiert ist. Die **Umfokussierung** wird - wie auch in unserer Beispielserzählung - häufig an der Schwelle zum nächsten Erzählsegment und über die Einführung eines neuen Ereignisträgers vollzogen. Sie kann aber auch durch die Einführung eines anderen Interaktionstableaus und mittels einer Szenenbeschreibung durchgeführt werden. Die von mir genannte Umfokussierung in unserer Beispielserzählung weißt alle drei genannten Merkmalsausprägungen auf: a) sie steht an der Schwelle zum nächsten Erzählsegment, b) sie wird durch die Einführung eines neuen Ereignisträgers vollzogen, c) sie wird durch die Einführung eines anderen Handlungsschauplatzes vollzogen.

5.4 Die Darstellungsvarianten für die inneren Zustände des Erlebens

In den Erzählsegmenten werden wir hin und wieder auch auf Teilabschnitte treffen, in denen vom Informanten die inneren Zustände im damaligen Erleben als Geschichtenträger formuliert werden. In diesen **Innenweltdarstellungen** werden die Perspektive und die Haltung des Geschichtenträgers und mehr oder weniger auch die weiterer am Geschehen beteiligter zentraler Akteure zum Ausdruck gebracht. Und ebenso werden darin die Zustands- und Identitätsveränderungen - wie wir bereits gesehen haben - formuliert. Derartige Formulierungen finden wir im einzelnen Erzählsegment in den detaillierenden Expansionen der Darstellung. Auch in unserer Geschichte tauchen diese Formulierungen wiederholt auf:

„Ich glaube, so richtig klar ist der bis zu seinem Tod dann nie mehr gewesen." (65/24-25)

„Hatte eigentlich nie so richtig Lust dazu, weil äh..." (66/34-35)

„Ich war eigentlich nicht schlecht in der Schule, aber dann.." (66/38-67/1)

„Ich war nun bei allen der Stadtindianer. Irgendwie war ich ja auch stolz drauf, ne." (70/11-13)

„Äh da hab ich zum ersten Mal beim andern mitgekriegt, wie das ist, wenn die Kontrolle aussetzt." (70/29-31)

„...äh so hab ich das damals jedenfalls empfunden." (76/10)

„Wenn ich dann wieder halbwegs klar war, hab ich nichts mehr geschnallt. Ich dachte nur noch... also ich war so fertig..." (75/13-14)

Wie wir sehen können, sind diese detaillierenden Passagen durch Verben des Glaubens, des Empfindens, des Wissens oder auch des Denkens und Fühlens gekennzeichnet, auf die auch Schütze (1987) hinweist. Ich werde zur Veranschaulichung noch einmal ein Erzählsegment aus der Transkription herausgreifen. Es handelt sich um eine dramatische Höhepunktsdarstellung in der Suchtverlaufskurve des Geschichtenträgers nach der Geburt des Kindes. Während sich zu Beginn der Schwangerschaft noch beide Eltern riesig auf das Baby freuen können, verändert sich diese Haltung beim Vater schon bald auf dem Hintergrund von Zweifeln und Ängsten. Er ahnt also bereits vorher, dass er die bevorstehende Veränderung der familienbiographischen Situation hinsichtlich seiner Alkoholabhängigkeit nicht wird bewältigen können. Und so kommt es dann auch:

> *„Und so war's dann auch. Nach der Geburt von Tobias sah dann plötzlich alles ganz anders aus. Das Kind, auf das wir uns eigentlich beide schon so gefreut hatten, war also geboren. Aber dann standen wir plötzlich auch gleichzeitig vor einem Berg von Problemen. Ich habe dann wohl gemerkt, dass ich das alles nicht mehr auf die Reihe kriegen würde, und dann habe ich nur noch mehr gesoffen. Das wurde immer unkontrollierter und hat Formen angenommen... äh..äh.. ich habe mich nachher immer selbst nicht mehr gekannt. Die viel zu kleine Wohnung, das Kind hat geschrien, ich habe meine Frau angebrüllt, und dabei äh.. is mir dann auch schon mal die Hand ausgerutscht. Wenn ich dann wieder halbwegs klar war, hab ich nichts mehr geschnallt. Ich dachte nur noch... also ich war so fertig... Ich hatte das Kind auf'm Arm und habe geheult." (75/2-15)*

In diesem Segment schildert der Erzähler einen Verlaufskurvenhöhepunkt. Wie ich ja bereits schon erwähnt habe, wird die Darstellung szenischer Höhepunkte durch eine Situationsschilderung und/oder die Schilderung des Interaktionstableaus eingeleitet. Das macht auch unser Erzähler so. Es handelt sich um die Situation in der jungen Familie unmittelbar nach der Geburt des Kindes. Und der Schauplatz für die Entwicklung zum dramatischen Höhepunkt ist „die viel zu kleine Wohnung". Dargestellt wird der Kontrollverlust des Erzählers und Vaters gegenüber Frau und Kind. Die Szene spitzt sich auf eine Konfrontation zwischen Vater, Mutter und Kind zu, in der zunächst sein unkontrolliertes Schreien dominant wird, und die schließlich im Geschlagen-Werden der Ehefrau gipfelt. Theoretisch könnte die sich dramatisch entwickelnde Konfrontation durch Kommunikation und räumliche Distanz innerhalb der Wohnung entspannt werden. Dagegen stehen jedoch als **Kommunikationsbarrieren** die Wirkmechanismen des Alkohols und als räumliche Barrieren die viel zu kleine Wohnung, in der dem Erleben von **sozial-räumlicher Enge** keinerlei Ausweichmöglichkeiten entgegengehalten werden können. Faktisch sind also weder verbale Kommunikation noch räumliche Rückzugsbewegungen möglich.

Besonders erwähnenswert ist das Segment jedoch deshalb, weil an den letzten Erzählgerüstsatz, der gleichzeitig die Ergebnissicherung darstellt, **Detaillierungsergänzungen** angeschlossen werden, die die innere Befindlichkeit unseres jungen Vaters veranschaulichen.

> *„Ich dachte nur noch... also ich war so fertig... Ich hatte das Kind auf 'm Arm und habe geheult." (75/14-15)*

Solche **beschreibenden und erzählenden Detaillierungssätze** zur Schilderung der Befindlichkeit finden wir fast immer in Höhepunktsschilderungen. In szenischen Höhepunkten wird oft nicht nur der äußerliche Interaktionsablauf geschildert, sondern es soll ja auch - wie in unserem Beispiel gezeigt - die Wechselwirkung der inneren Zustände der Akteure explizit zum Ausdruck gebracht werden. Auf knappe Andeutungen reduziert werden wir sie allerdings in den meisten ausgebauten Erzählsegmenten wieder finden. Die Schilderung von inneren Zuständen wird uns also nicht immer so ausgeprägt wie in dem von mir zitierten Ausschnitt begegnen.

Nun finden wir in unserem Transkriptionstext aber auch Schilderungen der inneren Zustände, die nicht dem Geschichtenträger zu Eigen sind, sondern einem seiner Interaktionspartner. Wenn wir uns diese Stellen in unserer Beispielserzählung ansehen, dann fällt auf, dass sie in **wörtlicher Rede** wiedergegeben werden. Schütze spricht in diesem Zusammenhang von einem „naturgemäßen" Darstellungsvollzug. Zur Veranschaulichung nun wieder einen Textausschnitt aus unserer Beispielserzählung, in der der innere Gefühlszustand und das ungebrochene Vertrauen der Ehefrau ihrem Mann (unserem Erzähler) gegenüber in wörtlicher Rede zum Ausdruck gebracht wird. Der Erzähler hat unmittelbar vorher völlig unerwartet seine frühere Anstellung in unveränderter Position wieder zugesichert bekommen und teilt nun dieses „Unvorstellbare" seiner Ehefrau telefonisch mit:

> *V.: Ja, und so war das 'n wahnsinnig glücklicher Zufall. Äh.. das passte also alles so gut, ne.. ich bin hingegangen und hatte meinen alten Job wieder. Kaum vorstellbar, ne?*
>
> *I.: Nee, grenzt ja fast an 'n Wunder.*
>
> *V.: War das auch... war das auch, ne. Ich kann's ja heute noch nich begreifen. Also äh.. und Sabine erst.. Hab ja sofort da angerufen. Und die hat dann immer wieder nur gesagt: „Ich hab <u>immer</u> an dich geglaubt, Klaus, ich hab <u>immer</u> an dich geglaubt... ((ist dem Weinen nahe)). (81/26-35)*

Nach dieser Darstellungssequenz kann der Zuhörer intuitiv die innere Befindlichkeit der Ehefrau erfassen. Ihm wird ja nicht nur die gerade zitierte wörtliche Rede dargeboten, sondern er erinnert ja auch parallel den bisher aufgebauten Erzählzusammenhang, in dem die Loyalität, das uneingeschränkte Vertrauen und die emotionale Verbundenheit der Ehefrau bereits an mehreren Stellen im Darstellungsablauf zum Ausdruck gebracht worden sind. In der Reaktion der Ehefrau steht jedoch nicht so sehr das überaus freudige Überraschungsmoment im Vordergrund. Der hier von ihr zum Ausdruck gebrachte innere Zustand bekommt den Charakter der Wiederherstellung eines inneren Gleichgewichts, das über die Jahre der Krisen hinweg durch den zunehmenden Verlust des Selbstwertgefühls beim Ehemann - also von außen her - immer wieder in Frage gestellt worden ist, dass andererseits jedoch in ihr selbst auf einer stabilen Vertrauensgrundlage aufruhte, die biographische Kontinuität erkennen lässt. Auch wenn ihr Ehemann (der Geschichtenträger) selbst schon lange den Glauben an sich in Frage gestellt hat und wenn sein innerer Zustand zeitweise sogar auf dem Hintergrund von Kontrollverlusten völlig aus dem Gleichgewicht geraten ist, so war sie es, die mit ihrer Liebe zu ihm und mit ihrem Glauben an ihn in den Phasen zwischen den Verlaufskurvenhöhepunkten immer wieder ein halbwegs geordnetes Leben und Zusammenleben durch diese zentrale und nie aufgegebene Sinnressource ermöglicht hat.

Dieses Zitat der wörtlichen Rede, dessen sich der Erzähler hier in seiner Darstellung bedient, hat sowohl die Funktion einer Ergebnissicherung als auch eines Erzählgerüstsatzes, wobei die Funktion der Ergebnissicherung weit über das einzelne gerade in Rede stehende Erzählsegment hinausreicht und einen ganzen Lebensabschnitt aus der Perspektive seiner Frau in den Blick rückt. In dem anschließenden Kommentar bringt der Ehemann dann zum Ausdruck, welche enorme Kraft ihm die Kontinuität dieser Haltung seiner Frau über die Jahre hinweg gegeben haben muss, derer er sich immer noch nicht so recht bewusst ist.

Und schließlich kann der Erzähler auch über die Beschreibung der Körpersprache, des Gesichtsausdrucks und der Gestik der mitbeteiligten Akteure in der damaligen Interaktionssituation Vermutungen über die inneren Zustände derjenigen anstellen, die in der Szene gehandelt haben. Wir finden auch entsprechende Interaktionskontexte, in denen sprachliche Kommunikationsbarrieren keine verbale Interaktion zulassen, obwohl sich beide Eheleute von Angesicht zu Angesicht präsent sind, in unserer Beispielserzählung. Hier geht es um die Schwierigkeit der Kommunikation, wenn beiden keine gemeinsame Verständigungssprache zur Verfügung steht. Ich greife hier noch einmal auf einen Textausschnitt aus unserer Beispielserzählung zurück, in der das Erleben des Abholens des Kindes zur Fremdunterbringung aus der Perspektive der Mutter mit einer solchen Darstellungsstrategie zum Ausdruck gebracht wird:

> *„Und dann an dem Tag, als se Tobias geholt ham, das war dann aber doch ganz schön krass. Äh... äh.. für Sabine sowieso. Die hat ja nur geheult und gemacht.. konnte sich gar nicht wieder einkriegen. Ist dann auch nicht mit raus." (79/25-28)*

Der Erzähler erlebt seine Frau in dieser Situation ohnmächtig im Sinne sprachlicher Kommunikationsunfähigkeit. In diesem Moment brechen die sich seit ihrer endlich doch noch erfolgten Entscheidung zur Beteiligung am eingeleiteten Hilfeplanverfahren, das die Fremdunterbringung des Kindes ins Zentrum rückt, angestauten Verlaufskurvenpotentiale, die bis zu diesem Zeitpunkt aus der Aufmerksamkeit ausgeblendet worden sind, über ihr zusammen. In diesem Moment kommen die Wirkmechanismen von Trennungsschmerz und Verlusterfahrung als geballte Ladung zum Ausbruch, denen sie nur noch die Fassungslosigkeit und Ohnmacht emotional, aber nicht mehr zur Verbalisierung ihres Schmerzes fähig, entgegenhalten kann. In dieser vom Erzähler dargestellten Szene unternimmt er den hilflos wirkenden Versuch, sich die vermutliche innerliche Befindlichkeit seiner Frau auf dem Wege seiner Wahrnehmung ihrer räumlichen Distanzierung, ihrer Gestik und emotionalen aber nonverbalen Haltlosigkeit zu erschließen und sich in sie einzufühlen. Der Erzähler geht also zum Zeitpunkt des Interviews noch einmal von seinen damaligen äußerlichen Erfahrungen aus. Wir wollen uns nun noch den folgenden Textausschnitt, der den Anschluss zum vorangegangenen darstellt, ansehen.

> *V.: Aber auch ich hätte nicht geglaubt, dass mir das so an die Nieren geht.*
>
> *I.: Kann ich mir vorstellen.*
>
> *V.: Is ja nicht einfach.. äh.. äh.. das eigene Kind.. erstmal weg. Ich glaube, da hab ich dann zum ersten Mal begriffen was es heißt, Vater zu sein. Und was das auch mit einem machen kann. Das war schon nicht ohne... ((putzt sich die Nase))... (79/28-35)*

Zunächst einmal wird über diesen Textausschnitt dem Zuhörer der Eindruck vermittelt, dass sich der Geschichtenträger in dieser dramatischen Situation im Kontrast zu seiner Frau noch recht gut im Griff hat. Er lässt sich nicht vom Strudel der Gefühle mitreißen und ist auch zur Verabschiedung mit hinausgegangen. Anfangs unternimmt der Erzähler also den Versuch, dem Zuhörer zwei in Kontrastanordnung stehende Innenweltzustände zu präsentieren. Aber dann muss er diesen Darstellungsansatz doch zurücknehmen und sich selbst und dem Zuhörer gegenüber einräumen, dass dieses Erlebnis auch ihm ebenso „an die Nieren geht". Und darüber hinaus wird dann anschließend auch noch der Prozess des Bewusst-Werdens einer Haltung thematisiert. Er hat „zum ersten Mal begriffen was es heißt, Vater zu sein. Und was das auch mit einem machen kann". Hier haben wir einen eindeutigen Hinweis darauf, dass sich sein eigener Innenwelt-Zustand nicht nur verändert, sondern dass es ihm auch bewusst wird, und dass damit in seine Aufmerksamkeit das Phänomen der biographischen Arbeit vorrückt. Diese innere Veränderung „macht etwas mit ihm", sie bricht sozusagen die alles überformende Wirkung der fixierenden Suchtmechanismen auf und lässt das Dramatische im „Hier und Jetzt" ins Bewusstsein vorrücken. Was er in seiner Darstellungsabsicht in Kontrastanordnung begonnen hat, muss er jetzt mit dem Innenweltzustand seiner Frau weitgehend parallelisieren: „Das war schon nicht ohne... ((putzt sich die Nase))."

Wenn auch, wie in diesem Fall, Kommunikation nicht zustande kommt, so kann doch immerhin noch eine kommunikative Wirkung erreicht werden. Dem Erzähler und Ehemann wird in der relativen Fremdheit des Erlebens seiner Ehefrau auch sein Unverständnis und seine Hilflosigkeit gegenüber dem Interaktionsgeschehen bewusst. Wenn er auch anfänglich - so in der begonnenen Darstellungsintention angelegt - noch gefühlskontrolliert und damit im Gegensatz zu seiner Frau sozusagen über den Dingen stehend erscheinen wollte, dann kann er schließlich diese Haltung in der weiteren Darstellung nicht länger durchhalten. Die Dramatik der Situation „geht auch ihm an die Nieren"; er kann sich nicht neben sich stellen und die Situationsentfaltung gewissermaßen von außen her wahrnehmen. Die Situationsentfaltung saugt ihn sozusagen ein und er erlebt sich im „Hier und Jetzt" als unmittelbar Betroffener mitverantwortlich und verletzt. Er ist schließlich der Vater dieses Kindes, das da der Fremdunterbringung zugeführt wird, das wird ihm in dieser Situation das erste Mal auf dem Hintergrund von Schuldgefühl, von Versagen und Verlustschmerz bewusst.

Über seiner inneren Befindlichkeit wird gewissermaßen zum ersten Mal der alles überformende Schleier der fixierenden Wirkmechanismen der Sucht gelüftet und er erlebt sich mit der sozialen und biographischen Wirklichkeit konfrontiert. Diese Veränderung der inneren Befindlichkeit bringt der Erzähler in einem an die Ergebnissicherung anschließenden biographischen Kommentar zum Ausdruck, der mit einem Verb des Glaubens eingeleitet wird. Die Konfrontation mit der sozialen und biographischen Wirklichkeit „macht etwas mit ihm" - es entzerrt, es entschleiert und öffnet den Blick für die wahre innerliche Befindlichkeit. Diese Erfahrung lässt beim Geschichtenträger das Gefühl des Sich-selbst-fremd-Werdens und der Identitätsirritation entstehen. In diesem zweiten Textausschnitt werden wir mit einer Darstellung der **Selbstentfremdung in der Innenwelt des Erzählers** als damaliger Geschichtenträger konfrontiert. Und wie wir bereits in einem anderen Textausschnitt (75/13-14) gesehen haben, ist dieses Phänomen der Selbstentfremdung in der Innenwelt unseres alkoholabhängigen Vaters konstitutiv. So viel zu den Darstellungsvarianten für die inneren Zustände des Erlebens.

6. Argumentative Passagen im narrativen Interview

Wir haben uns jetzt schon wiederholt mit Textausschnitten beschäftigt, in denen vom Erzähler theoretische Kommentare zum Ausdruck gebracht worden sind. Diese theoretischen Kommentare haben argumentativen Charakter. Wir wollen uns nun im Folgenden diese argumentativen Darstellungspassagen einmal genauer ansehen.

6.1 Distanzierungs- und Abstraktionsleistungen

Der Erzähler bringt in der Stegreiferzählung seine aktuelle und häufig auch seine damalige bewertende und theoretische Haltung zum Geschehen, in das er verwickelt war, zum Ausdruck. Diese argumentativen Darstellungsteile haben wir sowohl als Bestandteil eines einzelnen Segments als auch in ihrem Bezug über diese hinausgehend - so beispielsweise in der Erzählkoda - gefunden. Der Stegreiferzählvorgang legt dem Erzähler nahe, während seiner Darstellungsarbeit einzuhalten und kurzfristig vom geplanten Darstellungsgeschehen zurückzutreten, um sich die Erlebnisse, in die er verwickelt war, zu erklären, und um sie mit seinen anderen Erlebnissen zu vergleichen. Und hin und wieder gelingt es ihm auch, auf sein Handeln und Erleiden als Fremder - sozusagen neben sich stehend - zu schauen. Mit diesem fremden Blick versucht er es dann analytisch zu erfassen, so als wäre es nicht er, der dort gehandelt oder auch gelitten hat. Diese Fähigkeit zur Distanzierung und Ablösung ist der Stegreiferzählleistung zu Eigen - es ist die **Fähigkeit des Erzählers zur Abstraktion**. Wo und auf welche Weise sind nun aber diese Abstraktions- und Distanzierungsleistungen grundgelegt worden? Um uns diese Frage zu beantworten, müssen wir uns wieder einmal die Theoriebestände des symbolischen Interaktionismus und hier insbesondere die des Sozialwissenschaftlers Georg Herbert Mead[36] ansehen. Auf seine grundlagentheoretischen Erkenntnisse hat in Folge wiederum Schütze[37] seine theoretischen Überlegungen hinsichtlich der Abstraktions-

36 Vgl. Mead, G.H., 1968: Geist, Identität und Gesellschaft. Hier insbesondere Teil II und III.

37 Vgl. Schütze, Fritz, 1987: Die Rolle der Sprache in der soziologischen Forschung (Kap.2). In: Ammon, U. et. al. (Hrsg.): Soziolinguistik - Ein internationales Handbuch zur Wissenschaft von Sprache und Gesellschaft, Berlin, New York.
Ders., 1987: Das narrative Interview in Interaktionsfeldstudien 1. Fernuniversität Hagen; Seite 138ff.

und Distanzierungsmechanismen im Erzählvorgang gestützt, die wir ebenso in unsere Aufmerksamkeit nehmen wollen.

Mead sieht in seinen theoriegenerierenden Arbeiten ein zentrales gesellschaftliches Problem in der mangelnden Fähigkeit zur Herstellung von interaktiver Wechselseitigkeit. Wir wollen diese besondere Leistung im Interaktionsgeschehen mit der Kategorie **Interaktionsreziprozität** fassen. Mead sieht diesen Fähigkeitsverlust darin gegründet, dass in der Interaktion zwischen Menschen im Gegensatz zur Interaktion zwischen Tieren die Fähigkeit der Interaktionspartner unbedingt berücksichtigt werden müsse. Der Mensch als Interaktionspartner muss sich also die Perspektive seiner Interaktionsgegenüber vorstellen können. Er muss sich in diese Perspektive hineinversetzen können. Und aus dieser Perspektive seines Interaktionsgegenübers wird er sich nun klarzumachen versuchen, wie die Erfahrungsperspektiven der jeweils anderen aussehen. Auf diese Weise wird er ein Gespür dafür bekommen, welche Bedeutung und welche Konsequenzen seine eigenen Interaktionsbeiträge für den jeweils anderen haben. Dieses Szenario stellt den Hintergrund für die Reflexionstheorie von Mead dar.

Mit dem Blick auf die Mead'sche Theorie haben wir auch schon implizit den Prozess der **Perspektivenübernahme** in die Aufmerksamkeit gerückt. Mit der Fähigkeit zur Perspektivenübernahme ist nun aber eine zentrale Voraussetzung verbunden: wir müssen bei unseren Interaktionspartnern unterstellen können, dass sie den Symbolen, mittels derer der Perspektivenwechsel vollzogen wird, dieselbe Bedeutung zuschreiben wie wir. Und das stärkste Symbolsystem in unserer alltagssprachlichen Verständigung ist das gesprochene Wort. Wenn wir also bei unseren Interaktionspartnern die Fähigkeit zur Perspektivenübernahme voraussetzen wollen, dann müssen wir zunächst einmal unterstellen können, dass die Interaktionsgegenüber unseren gesprochenen Worten dieselbe Bedeutung wie wir zuschreiben. In der Alltagskommunikation unterstellen wir in der Regel diese **Bedeutungsidentität der Symbole** als selbstverständlich.

Auf dieser Grundlage der Interaktionsunterstellung wird es für die Interaktanden möglich, den Interaktionsstandpunkt des jeweils anderen einzunehmen. Und weiterhin gelingt es dabei dann auch, die wesentlichen Gemeinsamkeiten und Unterschiede zu den eigenen Standpunkten zu erkennen. Nur so ist es möglich, eine inhaltliche Verständigung über den gemeinsam ins Auge gefassten Handlungsbereich zu erreichen. Das ist der Bereich, innerhalb dessen ein gemeinsames Handeln hinsichtlich eines Problembestandes im Erleben der Interaktanden sichergestellt werden soll oder aber in dem Schwierigkeiten bezüglich eines gemeinsamen Handelns auftauchen. In unserem Transkriptionstext von der Fremdunterbringung entspräche beispielsweise ein solcher gemeinsam ins Auge gefasster Handlungsbereich dem im Hilfeplan abgesteckten Handlungsfeld der Zusammenarbeit zwischen allen dort fixierten Adressaten (den Eltern, dem verfahrensleitenden

Sozialarbeiter, den Pflegeeltern, dem Kind, den Ärzten, den in den beteiligten Ämtern für den Fall zuständigen Mitarbeitern usw.). Die Interaktionspartner werden also keine voneinander unabhängigen Handlungsabläufe vollziehen, sondern sie werden sich mit wechselseitigen symbolischen Andeutungshandlungen sozusagen probeweise die jeweilige Handlungsabsicht aufzeigen. Und damit wären dann auch die beiden elementaren Vorgänge gefasst, die die Fähigkeit zur Ablösung charakterisieren: a) das Herausarbeiten der Gemeinsamkeiten und der **Unterschiede der jeweiligen Interaktionsstandpunkte**; b) das **wechselseitige symbolische Andeutungshandeln**.

Mit diesen beiden Ablösungsprozessen - a) von der Empfindung der Situationsverwickeltheit und b) von der Last, eine vollausgebaute Handlungsfigur allein zu planen und durchzuführen - ist dann ein erster Abstraktionsvorgang der Selbstvergewisserung verbunden: wie sieht meine eigene Befindlichkeit und die der Mitakteure im Interaktionsprozess aus? Und zu dieser Leistung ist der Erzähler in der Situation „narratives Interview" fähig.

Nun haben wir im narrativen Interview aber auch immer wieder Darstellungsanteile, in denen der Erzähler neben dem unmittelbaren Erleben in der damaligen Situation auch noch seine Haltung aus der heutigen Sicht zum Ausdruck bringt. Seiner damalige Einschätzung und Haltung gegenüber dem Geschehen wird sozusagen aus einer **zweiten Perspektive** kontrastiv die aktuelle Einschätzungs- und Haltungsperspektive entgegengehalten. Hinzu kommt nun weiterhin, dass gleichzeitig auch die der narrativen Darstellung immanente „Zeitraffer-Funktion" ihre Wirkung zeigt. Im Erzählvorgang rücken also verschiedene Situationen der Erlebnisaufschichtung in den Blick. Der Erzähler wird sich von den je spezifischen Besonderheiten des Erlebens einer einzelnen Situation ablösen und er wird das Erleben von mehreren Situationen vergleichend in den Blick nehmen. In diesem vergleichend in die Vorstellung und Aufmerksamkeit gerückten narrativen Darstellungsprozess wird so auch die **Abstraktion von den einzelnen Erlebnisgehalten** möglich.

Fassen wir noch einmal zusammen: Im Stegreiferzählvorgang liegt für den Erzähler einerseits die Möglichkeit, sich von einzelnen Erlebniskonstellationen mit einer analytisch-vergleichenden Perspektive zu distanzieren, andererseits wird er an Stellen, an denen er im Erzählvorgang Reflexionsarbeit leistet, auch bewertende Stellungnahmen einfließen lassen. Solche Stellen, die dafür im narrativen Interview prädestiniert sind, haben wir uns in unserer Beispielserzählung schon mehrfach angesehen (Ergebnissicherung und Erzählkoda). An diesen Stellen sieht sich der Erzähler gehalten, zu den Ereignissen von Erzählabläufen bewertend Stellung zu beziehen. Andererseits können diese Stellungnahmen aber auch durch Vergleiche hervorgerufen werden, die der Erzähler zwischen früheren und späteren Erlebenssituationen bzw. zwischen den Erlebnissen aus seiner erzählten Geschichte und seinem aktuellen Erleben zieht.

6.2 Selbsttäuschungstendenzen

Nun können wir aber nicht davon ausgehen, dass die Reflexionen und bewertenden Stellungsnahmen des Erzählers immer klärend sind und der Sachlage entsprechen. Ich werde auch für diesen Fall in Form eines autobiographischen Kurzportraits ein Belegbeispiel anführen. Die Grundlage dafür ist ein autobiographisch-narratives Interview mit einem Mann kurz nach seiner Berentung. Der Transkriptionstext zeichnet sich vor allem durch seine besondere Argumentationsstruktur aus, in der der Erzähler wiederholt den vergeblichen Versuch unternimmt, die zentralen Entscheidungen in seinem Leben erfolgsbilanzierend darzustellen.

Heinrich Beyer ist heute Rentner und blickt auf seine Lebensgeschichte zurück, die durch eine dreißig Jahre andauernde interne Migration gekennzeichnet ist. Die hohe Fremdbestimmung, die Verlust- und Leidenserfahrungen, wie wir sie in allen Migrationserfahrungen wieder finden, werden rückschauend aus seiner heutigen Perspektive immer wieder aufgewogen mit dem Erreichten. Aber diese wiederholten Legitimationsversuche für die erlebten Verluste (Verlust der Jugend, Entfremdung von allen Mitgliedern der Stammfamilie, von allen Mitgliedern seiner eigenen Familie, vom sozialen Milieu im Wohnquartier seiner Heimatstadt, in dem er heute nach dreißigjähriger Abwesenheit wieder Fuß zu fassen versucht) wollen ihm einfach nicht gelingen. Ihm fällt im Erzählvorgang und insbesondere in der langen argumentativ-angelegten Erzählkoda auf, dass seine Bemühungen, seine einzelnen Entscheidungen und sein Leben insgesamt positiv zu bilanzieren, erfolglos bleiben müssen. Konstitutiv für die hohen argumentativen Anteile seiner Darstellungsarbeit sind die Vergleiche zwischen früheren Situationen und den darin von ihm jeweils getroffenen Entscheidungen und der aktuellen Erlebenssituation mit dem von ihm Erreichten. Er hatte sich damals für das Milieu zum Fremden gemacht, ist nach dreißig Jahren als Fremder zurückgekommen und bleibt trotz verzweifelter Versuche, wieder heimisch zu werden, ein Fremder.

Exkurs: biographisches Kurzportrait von H. Beyer

Die Lebensgeschichte von Herrn Beyer ist von einem familienbiographischen Großhandlungsschema, das er als Auftrag des Vaters in seine biographische Handlungsorientierung und -planung übernommen hat, dominiert. Der Vater ist in den 20er Jahren jungverheiratet vom Land in die Großstadt gezogen, kauft dort von dem ausgezahlten Erbanteil (er ist der zweitgeborene Sohn eines Bauern) ein Zehn-Familien-Haus und erlebt sich von nun an auf Gedeih und Verderb diesem fixierenden Familienbesitz ausgeliefert.

Heinrich Beyer wird schon früh in die Rolle des Hausbesitzers einsozialisiert. Nach der Zerstörung durch Bombenangriffe bauen Vater und Sohn (Heinrich ist damals 16 Jahre alt) das Haus wieder Stein für Stein auf. Das Haus wird ein Teil von Heinrich, der vom Vater auf den Erhalt des Familienbesitzes eingeschworen und damit auf ein familienbiographisches Großhandlungsschema festgelegt wird. Durch das verlust- und entbehrungsreiche Erleben des Wiederaufbaus ist der Jugendliche überfixiert auf das Haus und seinen Erhalt um jeden Preis. Diese Überfixierung dominiert von nun an seine gesamte Handlungsplanung und wird später über das eigene Leben hinausschauend auf die Enkelgeneration übertragen werden.

Nach seiner frühen Heirat, dem „Notabitur" und verkürzter Lehre ist Herr Beyer auf eine Gewinn bringende Berufskarriere in Verbindung mit einem überdurchschnittlichen Verdienst fokussiert, denn der väterliche Auftrag fordert seinen Tribut. Herr Beyer entschließt sich gegen den Willen von Ehefrau und Sohn für eine Berufskarriere, deren Verwirklichung einen langjährigen Migrationsprozess einfordert. Mit einer verklärten Perspektive auf die „schöne Kindheit" im Wohnquartier verlässt er Elternhaus und Heimatstadt, um „das große Geld" zu machen. Diese Entscheidung, mit der er sich vielen ihm nahe stehenden Menschen und seinem Heimatmilieu fremdmacht und die von nun an von ihm und seiner Familie einen hohen Preis einfordert, wird parallelisiert mit dem väterlichen Auftrag und legitimiert über den schrittweisen Karriereaufstieg und die damit einhergehende „finanzielle Etablierung", wie es der Erzähler nennt. Alle zentralen familienbiographischen Entscheidungen werden nun einsam und allein von Herrn Beyer, der sich zum „Patriarch" entwickelt, getroffen und rückblickend immer wieder mit der Begründung legitimiert, dass sie sich doch im Nachhinein als richtig erwiesen hätten, wie der monetäre Erfolg zeige.

Nach zunächst wiederholtem Wohnortwechsel, den die Karriere einfordert, und zwanzigjährigem Wohnen zur Miete in einer fremden Stadt, die ihm nie zur Heimat werden konnte, weil die Rückkehr in den Familienbesitz und das imaginäre Kindheitsmilieu im Wohnquartier seiner Heimatstadt durch die Überfixierung auf das Haus sozusagen vorprogrammiert sind, kehrt er schließlich mit seiner Frau und sozial-räumlich isoliert als Frührentner an den Ort zurück, von dem sein Migrationserleben seinen Ausgang genommen hat. Mit seiner damals in den Tagen seiner Kindheit „eingefrorenen" Erlebensperspektive auf das heimatliche Wohnquartier wird er nun mit einem Milieu konfrontiert, das ihm fremd gegenübertritt und in dem er krampfhaft nach Personen und Symbolen sucht, über die er den über die Jahre eingefrorenen Heimatbezug, insbesondere aber die erhoffte soziale Reziprozität wieder herstellen kann. Er erlebt sich als Fremder im eigenen Haus und Wohnquartier, von deren Milieuentwicklung er sich ja dreißig Jahre ausgeklinkt hatte.

In der Darstellungsarbeit seiner autobiographischen Erzählung erscheinen zunächst die wiederholten erfolgsbilanzierenden Versuche in den an die Ergebnissicherung zu den einzelnen Segmenten anschließenden bewertenden Kommentaren sowohl dem Zuhörer, mit der Zeit aber auch dem Erzähler zunehmend fragwürdiger. Schließlich mündet die Darstellung seiner Lebensgeschichte in eine elliptische Argumentation mit der Folge ein, dass es dem Erzähler nun endgültig nicht mehr glaubwürdig gelingen will, seine Biographie erfolgsbilanzierend abzuschließen. Auf diese Problematik werde ich später anhand des empirischen Datenmaterials noch ausführlich eingehen. So viel lässt sich jedoch schon jetzt sagen: in der Gesamtschau auf seine Lebensgeschichte wird deutlich, dass das familienbiographische Handlungsschema, von dem sich nach und nach alle Mitglieder seiner Stammfamilie distanziert haben und an dem er als Einziger bis heute seine biographische Großplanung - sozusagen auch noch über seinen Tod hinaus - orientiert, nicht nur seine eigenen Handlungsentwürfe, sondern auch die der Ehefrau und bis zur Heirat auch die des Sohnes instrumentalisiert und dominiert hat. Die Gesamtformung seiner autobiographischen Erzählung lässt über weite Lebensabschnitte bei den zentralen Akteuren das Erleben in Erleidensprozessen und in der fremdauferlegten Prozessierung deutlich werden.

Mit diesem kurzen biographischen Portrait soll vor dem Hintergrund einer großen autobiographischen Erzählung der Einbettungsrahmen für die hier in Rede stehenden Wirkmechanismen des Stegreiferzählens, so wie sie in den argumentativen Passagen zum Ausdruck kommen, aufgespannt werden: einerseits die Notwendigkeit zur Stellungnahme im Hinblick auf das darin aufscheinende bewertende Verhalten zu den Ereignissen von Erzählabläufen, andererseits im Hinblick auf die für die Erzählproduktion typischen Vergleiche zwischen früheren und späteren Situationen im Ablauf der Geschichtenereignisse bis hin zum Vergleich mit der jetzigen Erlebenssituation des Erzählers. Und darüber hinaus soll dieses autobiographische Kurzportrait einen ersten Eindruck dahingehend vermitteln, dass wir nicht grundsätzlich davon ausgehen können, dass die Reflexionen und Stellungnahmen des Erzählers immer klärend sind und der Sachlage entsprechen. Ich werde später noch am konkreten Beispiel zeigen, auf welche beinahe unentrinnbare Weise sich der Erzähler bei seinen erfolgsbilanzierenden Versuchen in eine Argumentationsstruktur verstrickt, die immer brüchiger und aus der Perspektive des vorgestellten Opponenten immer unhaltbarer wird. An diesem Belegbeispiel bekommen wir auch ein erstes Gespür für Barrierewirkungen im Darstellungsprozess, die die Vorausleistungen für eine erkenntnisgenerierende Selbstvergewisserungsarbeit blockieren: die Unfähigkeit zur Ablösung und zur Abstraktion. Und so scheitert der Erzähler auch wiederholt an seinen Deutungen und Erklärungen, die sich ja auf den Gehalt und das Ergebnis der einzelnen Geschichten beziehen sollten. Der Reflexionsprozess bleibt blockiert. Es gelingt ihm aufgrund der perspektivenverzerrenden Wirkmechanismen, die mit der Überfixierung auf das Haus und den väterlichen Auftrag einhergehen, nicht, sich sozusagen neben sich selbst zu stellen, und noch einmal von außen bewertend auf die Ereignisabfolge zu schauen.

Wir können in dem Kurzportrait bereits ansatzweise erkennen, dass der Erzähler in seiner Stellungnahme die Erlebnisgehalte unausgewogen darstellt, dass er sie verzerrt wahrnimmt oder sogar völlig ausblendet. In der Analyse des zugrunde liegenden Transkriptionstextes[38] sind derartige Verzerrungen und Ausblendungen, die die Tendenz zur Selbsttäuschung aufweisen, sicher zu erkennen. Aber auch wenn wir in der Transkription Selbsttäuschungstendenzen entdecken sollten, dann ist zunächst einmal wichtig, dass wir sie als solche erkennen und dass wir uns weiterhin darüber klar werden, dass diese theoretischen Aktivitäten und bewertenden Stellungnahmen für den Erzähler dennoch sehr wichtig sind, weil sie erkenntnisgenerierende Prozesse in Gang setzen. Auch sie sind für ihn eine wesentliche Voraussetzung dafür, dass er seine Handlungs- und Erleidensprozesse analytisch verarbeiten kann.

Wenn wir uns daraufhin noch einmal die Situation vor Augen führen, in der sich die alkoholgefährdeten Eltern des fremduntergebrachten Kindes aktuell und insbesondere im Rahmen des eingeleiteten Hilfeplans befinden, und wenn wir uns weiterhin ein erfolgreiches Interaktionshandeln zwischen diesen Eltern und dem am Hilfeplanverfahren beteiligten professionellen Helfern vorstellen, dann bekommen wir eine Ahnung davon, dass der professionelle Sozialarbeiter/-pädagoge auf der Grundlage des narrativen Interviews befähigt wird, die Merkmale und die Gefahren der Verwicklung des Geschichtenträgers in den zukünftigen Handlungs- und Erleidenssituationen, wenn sie sich denn zu entfalten beginnen, schneller zu durchschauen. Betroffene wie auch Helfer werden in die Lage versetzt, mit dem bereits vorhandenen Theorievorrat, der in der vorangegangenen Erzählung gemeinsam erarbeitet worden ist, diese Merkmale und Gefahrenpotentiale sicher in den Blick zu nehmen und sie aus der Perspektivenvielfalt aller am Hilfeplan Beteiligten stellungnehmend einzuschätzen.

Auf der Grundlage des Transkriptionstextes können wir also auch die Verzerrungs- und Ausblendungstendenzen sicher herausarbeiten, während selbst der geübte Zuhörer in der Interviewsituation diese nur vage nachvollziehen kann. Allerdings hat er bei einem Verdacht dahingehend die Möglichkeit, die so dargestellten Erlebnisgehalte mit dem zu vergleichen, was der Erzähler bewertend über sie sagt. Eine solche kritisch-vergleichende Perspektive zeichnet den professionellen Interviewer aus.

Wir können also mit aller Berechtigung sagen, dass wir in den argumentativen Passagen von autobiographischen Erzählungen einen zentralen Darstel-

38 Vgl. hierzu Kapitel 4 meiner bereits mehrfach zitierten Dissertation.

lungsgegenstand im Hinblick auf ein erfolgreiches Interaktionshandeln zwischen Klienten und professionellem Sozialarbeiter vorfinden. In ihnen schildert der Erzähler (Betroffene) nicht nur, wie er Ereigniskonstellationen durchlebt und wie er möglicherweise davon bereits signifikanten anderen erzählt und sie dabei theoretisch verarbeitet hat, sondern er entwickelt auf dem Hintergrund der theoretischen Erkenntnisse ebenso die Fähigkeit, neue Ereigniskonstellationen, in die er sich verstrickt erlebt, zu bewältigen. Und selbst wenn die vorangegangene Erzählung durch Selbsttäuschungstendenzen charakterisiert war, dann wird er zukünftig ein Gespür dafür haben, wie inadäquate theoretische Verarbeitungen seine Wahrnehmung verzerren und neue problematische Ereignisverstrickungen provozieren können.

Ich werde jetzt zunächst einmal darstellen, wie theoretische und bewertende Aktivitäten in Transkriptionen narrativer Interviews empirisch zum Ausdruck gebracht werden.

6.3 Das Erkennen von theoretischen Darstellungsaktivitäten im transkribierten Erzähltext

Wenn wir uns die Transkriptionen von narrativen Interviews ansehen - so auch unsere Beispielserzählung -, dann werden wir feststellen, dass wir die darin auftauchenden theoretisch - reflektierenden Stellungnahmen relativ eindeutig und sicher erkennen können. Sie grenzen sich gegenüber den narrativen Darstellungsanteilen deutlich ab, weil sie vom Erzähler eben nicht narrativ, sondern argumentativ, beschreibend und bewertend zum Ausdruck gebracht werden. Dabei kann es sich beispielsweise um eine Erklärung folgender Art handeln: „Sie müssen sich mal vorstellen, wie es damals in den 70er Jahren ausgesehen hat. Wenn Sie da an der Straße den Daumen hochgehalten haben, hat Sie beinahe immer jemand mitgenommen, vor allem in Holland. Und von daher war die Fahrt nach London eigentlich bis auf die Fähre nie ein Problem. Heute kann man sich das gar nicht mehr vorstellen“. Nun muss eine Erklärung nicht immer derart explizit ausformuliert sein. Es wäre auch vorstellbar, dass sich der Erzähler lediglich einer impliziten Formulierung bedient, die dann folgendermaßen ausfallen könnte: „Also Trampen war damals kein Problem“. An einer anderen Stelle im selben Interview finden wir zum Beispiel folgende Bewertung: „Und ich muss dazu sagen, obwohl ich hier selbst wohne, dass ich das Verhalten der meisten hier verabscheue, wenn die einfach ihren Mist aus’m Fenster werfen“. Ebenso fallen eine Einschätzung oder ein Vergleich unter die Darstellungskategorie „kommentierende Stellungnahme“, die sich von den narrativen Darstellungsanteilen deutlich abgrenzt. So beispielsweise die von unserem Erzähler kommentierte Reaktion auf die Mitteilung seines ehemaligen Chefs, dass er schon morgen seine frühere Stelle wieder antreten könne: „Damit hatt ich <u>nie</u>... niemals gerechnet. Also alles hätte ich mir vorstellen können, aber das nicht“. (81/11-13). Weiterhin können wir uns ebenso gut eine Behauptung oder Vermutung, eine Bewertung oder Rechtfertigung vorstellen, die der Erzähler in seine Darstellung einfließen lässt, sie jedoch gegenüber den narrativen Darstellungsteilen abgrenzt.

Ich werde hier einmal einige **Indikatoren** für die Abgrenzung gegenüber den narrativen Darstellungsanteilen nennen. Da haben wir beispielsweise explizite Markierer folgender Art: „Wenn ich heute darüber nachdenke, dann..." oder „Sie müssen sich mal vorstellen, was das..." Mit solchen und ähnlichen Markierern für einen Kommentar wird die gegenüber der Narration abzugrenzende Aktivität (das Handlungsschema Argumentieren und/oder Beschreiben gegenüber dem des Erzählens) **explizit eingeleitet**. Und gleich im Anschluss daran können wir dann die Kernaktivität des Theoretisierens, des beschreibenden und/oder vergleichenden Einschätzens oder der bewertenden Stellungnahme erkennen:

> *„Wenn ich heute darüber nachdenke, dann kann ich eigentlich nur sagen: Wie blöd sind wir doch damals gewesen, uns die Birne immer gleich zuzuknallen. Haben doch dadurch vieles von dem, was man da vielleicht Neues hätte sehen oder lernen können, regelrecht an uns vorbeirauschen lassen. Das ist mir damals nur einmal in den zwei Monaten in Mexico deutlich geworden, als ich nicht immer gleich so randvoll abgefüllt war... naja. ... Und dann..." (aus dem Nachfrageteil)*

Wir sehen darüber hinaus an diesem Textausschnitt (es handelt sich dabei, wie dem aufmerksamen Leser nicht entgangen sein wird, um Auszüge aus dem Nachfrageteil zum autobiographisch-narrativen Interview mit unseren Vater des fremduntergebrachten Kindes) auch noch, dass im Anschluss an die Kernaktivität eine deutlich erkennbare Rückleitung in den Erzählstrom erfolgt. Hier haben wir zunächst das Kürzel „naja", und dann nach einer kurzen Pause das Wiederaufgreifen der Narration durch die Floskel „Und dann". Das ist ein Beispiel für eher aufwendige Einleitungs- und Rückleitungsmittel einschließlich der dazwischenliegenden Kernaktivität.

Reflektierende, beschreibende und/oder bewertend-stellungnehmende Aktivitäten werden häufig jedoch lediglich durch Minimalformen markiert, wie wir sie wiederholt in der transkribierten Haupterzählung unseres Belegbeispiels finden können. Ich meine das auf Zustimmung des Zuhörers ausgerichtete „ne?", mit dem der Zuhörer direkt angesprochen wird. Und allein schon ein anderer Tonfall kann die Markierung einer neuen Darstellungsaktivität bedeuten. Dafür wäre jedoch ein höherer Feinheitsgrad als der, den unsere Transkription aufweist, notwendig.

Und wir können die wie auch immer ausgerichteten Kommentare (reflektierend, theoretisierend, vergleichend-beschreibend, einschätzend oder auch bewertend-stellungbeziehend) aber auch von den sie umgebenden Erzählsequenzen durch einen einfachen Vergleich unterscheiden: in ihren Kernaktivitäten wird eben gerade **kein** Einzelereignis dargestellt, dass sich durch konkrete Zeit- und Ortsbezüge auszeichnet und den Übergang von einem Vorher- in einen Nachher-Zustand zum Ausdruck bringt. Allein dadurch werden sie für den geübten Interviewer unterscheidend hörbar.

Ich werde nun noch ein Beispiel für beschreibend-vergleichende Kommentarstellen, die durch die ihnen immanenten charakterisierenden Prädikatszuschreibungen deutlich erkennbar sind, anführen. Diese Prädikatszuschreibungen rücken ein besonderes Wesensmerkmal oder ein für den in Rede stehenden Akteur spezifisches Handlungsmuster in den Blick:

> *„In dieser Hilfeplansache habe ich aber auch gemerkt, dass es bei den Ämtern solche und solche gibt. Also der für uns zuständige Mann vom ASD, der Herr P., das ist einer... wie gesagt, der nicht immer gleich alles weiß. Mit dem könn' se verhandeln. Der bleibt ruhig, lässt sich was erzählen, kann zuhören. Da hab ich manchmal 'n Eindruck, der will auch noch was von mir lernen... ((leichtes Lachen))... naja... Und der Typ vom Jugendamt dagegen, das is' n typischer Bürokrat.. 'ne richtige Dumpfbacke. Der will alles wissen. Und wenn's drauf ankommt, dann könn' se von dem nix erwarten.. der Dummschwätzer...(5)... Ja und jetzt ham wa mit 'm Herrn P. erstmal Folgendes abgesprochen..." (aus dem Nachfrageteil)*

Abschließend sei aber noch auf den Wechsel zwischen dem damaligen und dem aktuellen Orientierungssystem, aus denen die in den Kommentaren aufscheinenden Theoriegehalte hervorgebracht werden, hingewiesen. Häufig wird dann der Wechsel zur Gegenwart hin lediglich durch die Wahl des Präsens markiert. Auch hierfür ein Beispiel aus dem Nachfrageteil des Interviews mit unserem Vater. Der Interviewer hat zuvor mit seiner Frage den früheren gelegentlichen Drogenkonsum des Erzählers und die Beschaffungsmodalitäten thematisiert. Der Informant erzählt daraufhin zunächst über die Entfaltung eines kollektiven Phänomens, und dass der für ihn damals einzige Zugang zum „Stoff" im Interaktionsfeld Diskothek und über Studenten gelaufen sei. Und anschließend kommentiert er die sich inzwischen veränderten Beschaffungsmodalitäten in der Kontrastanordnung aus seinem aktuellen Orientierungssystem:

> *„Wie gesagt, das ham wa damals auch mitgemacht, weil's alle gemacht haben. Und dann hat das aber auch wieder nachgelassen. War keiner, den <u>ich</u> kenne, von abhängig. Is auch keiner kriminell geworden dadurch. Das war ma was Neues.. und war dann auch wieder vorbei. Heute... da brauchen se ja bloß mal an 'n Bahnhof gehen, wo die armen Säcke in Scharen hocken und vom Druck nich mehr runterkommen. Da traut sich ja an bestimmte Stellen nachts keiner mehr hin, weil er Angst haben muß, daß die ihn für'n Heiermann allemachen, weil... wenn die die Kohle nich haben und 'n Stoff nich kriegen.. und das sind heute ja ganz anderer Granaten, dann is es den so scheißegal.. die nieten dich um für'n Appel und 'n Ei. Das is heute das organisierte Verbrechen. Bei uns*

war das noch so 'ne Phase, da hat's jeder mal ausprobiert... und war auch gut dann. Hat keiner ein für'n Pfeifchen über de Klinge springen lassen. Hatt' ste Kohle, dann haste was besorgt. Wenn nicht, dann nich. So war das." (aus dem Nachfrageteil)

In diesem kommentierenden Theorieteil wird der Veränderung zwischen damals und heute besondere Priorität beigemessen und der Erzähler arbeitet die Differenzen zwischen seinem damaligen und seinem aktuellen Orientierungssystem explizit heraus. Wir können an diesem empirischen Beleg erkennen, dass der Erzähler die Unterschiedlichkeit des Bezugsrahmens seines damaligen Erlebens und Orientierens und seiner aktuellen Reflexion und Beurteilung durchaus prägnant formuliert, weil er dem Zuhörer klarmachen will, dass es aus seiner Perspektive keinerlei Gemeinsamkeiten zwischen dem sich damals gerade entwickelnden Milieu und der Drogenszene von heute gibt. Es wird weiterhin deutlich, dass sein diesbezügliches Orientierungssystem damals auf eigene Erfahrungen in konkreten Interaktionssituationen gegründet war, während dem diesbezüglich aktuellem Orientierungssystem kaum noch empirische Wissensbestände grundgelegt werden. Vielmehr werden hier vom Erzähler „theoretische Quasi-Allsätze", wie sie Schütze nennt, bemüht - hier ein stark verallgemeinertes Wissen aus zweiter Hand.

Diese eher aufwendige Markierung erscheint dem Erzähler aber schon deshalb funktional, weil in der Nachfrage des Interviewers für den Erzähler implizit die Vermutung mitschwingt, dass vergleichbar seiner Alkoholabhängigkeit auch der Drogenkonsum bei ihm (dem Erzähler) biographische Kontinuität angenommen haben könnte. Und der Erzähler will nun gegenüber dem Interviewer den vermutlich von letzterem nicht erwarteten Unterschied zwischen seinem damaligen und seinem heutigen diesbezüglichen theoretischen Orientierungssystem explizit machen. Der allsatzartige Begründungscharakter kommt weiterhin darüber zum Ausdruck, dass der Erzähler generalisierend die heutigen Junkies mit der Kategorie „die" fasst, während er die Akteure aus dem damaligen Diskomilieu, die wie er auch hin und wieder leichte Drogen genommen hätten und von denen seines Wissens keiner in die Abhängigkeit abgerutscht sei, alle persönlich zu kennen scheint.

So viel zunächst zu den Textmerkmalen, die die kommentierenden Aktivitäten aufzeigen und vom Erzählstrom abgrenzen. Ich werde jetzt auf ihrer Positionen im transkribierten Erzähltext genauer eingehen.

6.4 Positionen von theoretischen und evaluativen Kommentaren

In unserer bisherigen Betrachtung der argumentativen Passagen im narrativen Interview haben wir uns diese an unterschiedlichen Stellen im Erzähltext in einem ersten Überblick angesehen. Dabei konnten wir bereits feststellen, dass wir die Theoriestücke sowohl **innerhalb eines Erzählsegments** im Rahmen von Detaillierungspassagen bzw. im Anschluss an die Ergebnissicherung finden, dass wir sie aber auch **segmentübergreifend** in der Einleitung und/oder in der Abschlussposition einer Erzählung wieder finden können. Ich werde nun zunächst unsere Aufmerksamkeit auf die Standardpositionen innerhalb eines Erzählsegments richten.

Wir wollen uns einmal am konkreten Datenmaterial ein solches theoriehaltiges Textstück am Schluss eines Erzählsegments in unmittelbarer Verbindung mit der Ergebnissicherung ansehen. Es handelt sich um den Textausschnitt aus dem Nachfrageteil, den ich bereits in Kap. 6.3 vorgestellt habe. Der Forscher hat mit seiner Nachfrage den früheren Drogenkonsum des Erzählers thematisiert und löst damit beim Erzähler Narration aus - es kommt in der Darstellung zur Erzählung einer kleinen in sich geschlossenen Geschichte, in der der Informant dem Forscher die Hinterbühne für die Entfaltung des kollektiven Phänomens zu Beginn der 70er Jahre (Haschisch rauchen) und den besonderen Ort dafür (Diskothek) öffnet. Der Erzähler schildert aus der Wir-Perspektive der Clique, deren Mitglied er damals ist, wie sich auf dem Hintergrund von alten Freundschaften aus der Grundschule in der neu eröffneten Diskothek eine Gruppe konstituieren konnte, in der man dann gemeinsam an dem so genannten „progressiven Abend" in der Diskothek einen Joint geraucht habe. Dieser gemeinsamen Erfahrung wird der experimentelle Charakter des Zufälligen, der Diskontinuität und des vorübergehenden Ausprobierens im Sinne einer neuen Selbsterfahrung zugeschrieben, die sehr viel Spaß gemacht habe und aus der keinerlei Abhängigkeit hervorgegangen sei. Der Erzähler beschreibt u.a. den Ablauf eines solchen Abends und schildert weiter, wie schließlich milieuinterne Kontrollinstanzen ein Verbot für den besonderen zeitlichen Rahmen eines solchen „progressiven Abends" erwirkt hätten. Mit den veränderten Rahmenbedingungen des besonderen Ortes (Diskothek) sei dann auch diese experimentelle Phase abgeschlossen gewesen. Er beendet die eigentliche Erzähldarstellung mit der Ergebnissicherung:

> *„Wie gesagt, das ham wa damals auch mitgemacht, weil's alle gemacht haben. Und dann hat das aber auch wieder nachgelassen."*

In dem anschließenden evaluativen Kommentar nimmt der Erzähler dann zunächst Stellung zu dem möglichen Verdacht des vorgestellten Opponenten, der in gewisser Weise durch den Forscher real vorhanden ist. Dieser hat ja mit seiner Nachfrage, mit der auch die Beschaffungsmodalitäten hinsichtlich des Haschisch thematisiert werden, die implizite Vermutung geäußert, dass es sich dabei auch um die Entwicklung von Abhängigkeitsstrukturen und möglicherweise um Entfaltungspotentiale für (kriminelles) abweichendes Handeln gehandelt haben könnte, die in Folge auch für den Erzähler biographische Kontinuität hätten hervorbringen können. Zwar wird in der Haupterzählung der Drogenkonsum („Stoff") nur an einer Stelle im Zusammenhang mit den gemeinsamen Erfahrungen in der Clique erwähnt und sonst nie, andererseits wird die Kategorie „Stoff" aber auch nicht differenziert und damit der Verdacht des Forschers nicht völlig ausgeräumt. Es bleibt offen, ob es sich dabei ausschließlich um Alkohol oder aber auch um Drogen handelt. Der Begriff verschwimmt in der Darstellung des Erzählers. Konkret auf das Haschisch bezugnehmend richtet sich nun der erste Teil des Kommentars:

> *„War keiner, den ich kenne, von abhängig. Is auch keiner kriminell geworden dadurch. Das war ma was Neues.. und war dann auch wieder vorbei.*

Der Erzähler räumt hier im ersten evaluativen Kommentarteil jeglichen möglichen Verdacht sowohl hinsichtlich der Abhängigkeit als auch der möglichen Folge von kriminellen Handlungen aus. Gleichzeitig wird die Gültigkeit seiner Behauptung auf den Bekanntenkreis eingeschränkt und damit begründet, dass es sich dabei um etwas „Neues" gehandelt habe, das nach einiger Zeit seinen besonderen Reiz verloren hätte. Das war also die Hinterbühne, auf der sich damals der experimentelle und kurzlebige ungefährliche Drogenkonsum abgespielt habe.

Jetzt erlebt sich der Erzähler jedoch unter Berücksichtigungszwang dahingehend, dass sich ja im Laufe der letzten zwanzig Jahre allgemein bekannt ein Drogenmilieu entwickelt hat, das u.a. die spezifischen Charakteristika von Abhängigkeit und hoher Sterberate, von Kriminalität und rigiden milieuinternen Organisationsstrukturen aufweist. Und gegen eine mögliche Verbindung seiner Person mit diesem aktuellen Milieu will er sich entschieden wehren und seine Haltung dazu zum Ausdruck bringen. Er macht deutlich, dass zwischen dem Diskothekenmilieu von damals, in dessen Rahmen auch mal mit Haschisch experimentiert wurde, und dem kriminellen und durchorganisierten Drogenmilieu von heute Welten liegen:

> *„Heute ... da brauchen se ja bloß mal an 'n Bahnhof gehen, wo die armen Säcke in Scharen hocken und vom Druck nich mehr runterkommen. Da traut sich ja an bestimmte Stellen nachts keiner mehr hin, weil er Angst haben muß, daß die ihn für'n Heiermann allemachen, weil... wenn die die Kohle nich haben und 'n Stoff nich kriegen... und das sind heute ja ganz andere Granaten, dann is es den so scheißegal.. die nieten dich um für'n Appel und 'n Ei. Das is heute das organisierte Verbrechen.*

Wenn wir uns diesen zweiten Kommentarteil ansehen, dann haben wir hier zunächst den Wechsel zur Gegenwartsorientierung in der absoluten Kontrastanordnung zum damaligen Geschehensablauf, in das er ja selbst verwickelt gewesen ist. In dem knallharten Drogenmilieu von heute kennt sich der Erzähler nicht aus, es ist nicht seine soziale Welt, das wird über entsprechende Markierer ganz offensichtlich. In der Kontrastanordnung zwischen damals und heute versucht er ja zunächst auch einmal, dem Zuhörer die Hinterbühne für die aktuelle Drogenszene zu erschließen. Weil er jedoch kein insider dieser sozialen Subwelt ist, bleibt der Versuch in einer generalisierenden Ausdrucksweise stecken. Er muss sich abstrahierender Begriffe, die er nicht näher detaillierend beschreiben kann, bedienen - ganz im Gegensatz zur vorangegangenen detailgetreuen Schilderung der Hinterbühne „Diskothekenmilieu der 70er Jahre", die ich hier nicht noch einmal in ihrer Ausführlichkeit wiedergeben will. Mit Begriffen wie „bestimmte Stellen am Bahnhof", „ganz andere Granaten" und „das organisierte Verbrechen" versucht er, die gefährlichen Merkmale des aktuellen Drogenmilieus in einer distanzierenden Charakterisierung zu fassen. Explizit wird hier zum Ausdruck gebracht, dass er sich von diesem Milieu distanziert und dass dieses Milieu nichts mit dem „seiner" Diskothek von damals gemeinsam hat; implizit kommt aber ebenso zu Ausdruck, dass er den Versuch, dem Zuhörer auch diese Hinterbühne zu öffnen, aus der Perspektive des outsiders unternimmt. Er kann sich lediglich zusammenfassend-abstrahierender Begriffe bedienen, die er nicht mehr - wie bei der Schilderung des Diskomilieus - mit empirischen Erfahrungsgehalten füllen kann. Zu dieser Hinterbühne, die er nur noch in diffusen Konturen skizzieren kann, hat er offensichtlich keinen Zugang. Die Akteure auf dieser Bühne sind ihm fremd, er kann sie lediglich mit der entfremdenden „Die-Kategorie" fassen. Ihm gelingt nicht einmal die saubere Trennung zwischen Junkies und Dealern, zwischen denen, die als Hintermänner die Fäden für das organisierte Verbrechen in der Hand haben, und denen, die sich aufgrund ihrer Abhängigkeit von den harschen Rahmenbedingungen, die durch das organisierte Verbrechen gesetzt werden, prozessieren lassen und auf der Vorderbühne als Marionetten sichtbar werden. Bereits diese Vorderbühne ist ihm weitgehend fremd und er kann lediglich sein Bedauern gegenüber den Betroffenen zum Ausdruck bringen, wobei auch die Kategorie „arme Säcke" durchaus atypisch für die Szene sein dürfte. Der infolge des Wechsels der Zeitorientierung zur Gegenwart bemühte Kategorienbestand lässt lediglich abstrakte Begriffe, die keinen unmittelbaren Bezug zur Szene aufweisen, erkennen. Es ist die verzerrte Perspektive eines Außenseiters, die diesen zweiten Kommentarteil kennzeichnet und den Versuch, dem Zuhörer auch ein Bild von diesem Milieu zu vermitteln, scheitern lässt. Abschließend bündelt der Erzähler noch einmal ergebnissichernd seine kontrastierenden Haltungen gegenüber dem Drogenkonsum aus seiner damaligen Perspektive des insiders:

„Bei uns war das noch so 'ne Phase, da hat's jeder mal ausprobiert... und war auch gut dann. Hat keiner ein für'n Pfeifchen über de Klinge springen lassen. Hatt'ste Kohle, dann haste was besorgt. Wenn nicht, dann nich. So war das."

„Bei uns" kennzeichnet eindeutig die Zugehörigkeit zur Gruppe, zum Milieu. Und die Kontrastanordnung macht deutlich, dass er dem heutigen Drogenmilieu als Fremder, als outsider gegenübersteht. Während er für die Entwicklung des Diskothekenmilieus und seine damaligen Konstitutionsmechanismen noch durchaus Pate gestanden haben mag, hat er offensichtlich nie Zugang zum Drogenmilieu gehabt und vermutlich auch nie gesucht. So weit zum Kommentar innerhalb eines Segments im Anschluss an die Ergebnissicherung.

Nun haben wir aber in unserem Transkriptionstext auch schon eine weitere Standardposition für das Auftreten von theoretischen und/oder evaluativen Textstücken innerhalb von Erzählsegmenten vorgefunden. Dabei handelt es sich um Detaillierungspassagen, die vom Informanten zwischen Erzählsätze als Erklärung oder als beschreibende Charakterisierung eingeschoben werden. Wir wollen uns auch dafür ein Beispiel im konkreten Datenmaterial ansehen.

Bereits im ersten Segment unserer Beispielserzählung finden wir eine abstrahierende Charakterisierung, über die ein Situationszustand bzw. die Kontextbedingungen für den familialen Rahmen in der Stammfamilie des Geschichtenträgers beschrieben werden. Der Erzähler hat zuvor mit einem suprasegmentalen Markierer „chaotische Zustände" in den Blick gerückt und macht seine ersten diesbezüglichen Erfahrungen am Erleben der Kindheit in der Stammfamilie fest. Nachdem sich der Erzähler selbst als Geschichtenträger eingeführt hat, wird als weiterer zentraler Akteur der Vater vorgestellt. Als Redakteur, so erfahren wir, hat er besondere Arbeitszeiten. Und er „hat schon damals jede Menge Alkohol getrunken". An letztere implizite Behauptung wird nun in einer Detaillierungspassage eine reflektierend-kommentierende Stellungnahme mit Begründungscharakter angeschlossen, die nicht mehr narrativ, sondern argumentativ-beschreibend zum Ausdruck gebracht wird.

V.: Mein Vater, der war ja damals noch zu Hause, hat bei der Zeitung gearbeitet und/äh.. war dann ab nachmittags bis in die Nacht in der Redaktion. Hat schon damals jede Menge Alkohol getrunken.

I.: ja?

V: Ja, ich glaube, so richtig klar ist der bis zu seinem Tod dann nie mehr gewesen. In seinem Zimmer standen immer jede Menge Whisky-Flaschen. Das waren diese großen Dinger äh.. Anderthalb- oder Zwei-Liter-Flaschen. Hat er ja immer von den Amis besorgt, die ganz in der Nähe von uns stationiert waren. Also Sprit hatte der immer genug. Hat wohl auch kaum Bier getrunken, nur harte Sachen.

I.: *mhm*

V.: *Und wenn er dann...*

Ausgelöst wird die Expansion der Darstellung durch die Bezweifelungsaktivität des Interviewers, der mit seinem fragenden „ja?“ andeutet, dass er die implizite Behauptung anzweifelt. Daraufhin sieht sich der Informant gehalten, die Erzählung expandieren zu lassen. Er reicht in einer Detaillierung eine argumentativ angelegte beschreibende Charakterisierung der besonderen Situation des Vaters nach, die, provoziert durch die Bezweifelungsaktivität des Interviewers, über eine Detaillierungsbeschreibung hinsichtlich der Einführung eines zentralen Ereignisträgers hinausgeht. Die vom Interviewer in Frage gestellte implizite Behauptung des Erzählers, der Vater habe schon damals jede Menge Alkohol getrunken, wird nun argumentativ abgearbeitet. Zunächst wird die Kontinuität einer Zustandswahrnehmung als mögliche Begründung angegeben. Der Erzähler sei der Meinung, dass der Vater bereits damals und in Folge bis zu seinem Tode nicht mehr habe klar denken können. Und daraufhin folgt eine Belegbeschreibung, die die räumlichen Bedingungskonstellationen des Geschehens zum Inhalt hat. Der besondere Ort , in dem sich die Bedingungen für das Erleben von Chaos entfalten konnten, ist das Arbeitszimmer des Vaters mit seinen spezifischen Merkmalsausprägungen. In diesem Zimmer häufen sich die großen Whisky-Flaschen und so sei der Vater permanent mit Alkohol versorgt gewesen. Diese Rahmenbedingungen fördernd sei aber noch der günstige Bezug von den GI's, sozusagen vor der Haustür, hinzugekommen. Derart an der günstigen Bezugsquelle wohnend habe der Vater dann vermutlich auch nie dem Bier, sondern ausschließlich den „harten Sachen“ zugesprochen.

Die theoretisch-argumentative Gesamtaktivität des Erzählers sieht also folgendermaßen aus: Er will seine Behauptung gegenüber der impliziten Opponentenhaltung des Interviewers, der diese möglicherweise entkräften könnte, stützen. Dazu muss er nun mehr Informationen nachreichen. Der Erzähler versucht daraufhin, seine Behauptung zunächst durch eine konkrete Beschreibungsaktivität empirisch zu begründen („In seinem Zimmer standen immer jede Menge Whisky-Flaschen“). Und weil ihm das nicht ausreichend erscheint, spezifiziert er seine Behauptung auch noch durch empirische Details: es waren nicht nur viele sondern auch große Flaschen, die man in der Regel nicht über den Ladentisch bekommt. Es kam also der besondere Umstand hinzu, dass eine Kaserne der amerikanischen Besatzungsmacht, in der man diese Flaschen über Beziehungen und billig besorgen konnte, sozusagen direkt vor der Haustür lag. Der Erzähler lässt an seine abstrakte Beschreibung „jede Menge Whisky-Flaschen“ eine konkrete Beschreibung anschließen, die zwei konkrete Merkmale enthält. Das erste konkrete Merkmal bringt zum Ausdruck, dass die Flaschen, die der Vater trank, das doppelte Volumen der bei uns handelsüblichen Whisky-Flaschen haben. Und über das zweite konkrete Merkmal wird die besondere Rahmenbedingung der Bezugsquelle ausgedrückt.

Der Erzähler entwirft über die in seine argumentative Gesamtaktivität eingebettete Beschreibung zwei Bilder, die seine Argumentation dem Interviewer gegenständlich werden lassen: das Erleben der besonderen und ungewöhnlichen Rahmung des väterlichen Arbeitszimmers über die Anhäufung von überdimensionierten Whisky-Flaschen, und damit die Entfremdung dieses hausinternen besonderen Ortes; das den Alkoholkonsum fördernde besondere Infrastrukturangebot in unmittelbarer räumlicher Nähe.

Um nun die abstrakt beschreibende Charakterisierung der damaligen Situation und ihrer Rahmungen ebenso wie die darauf aufbauende Argumentation geordnet abschließen zu können, fasst der Erzähler noch einmal ergebnissichernd zusammen: „Also Sprit hatte der immer genug. Hat wohl auch nie Bier getrunken, nur harte Sachen." Auch der Zuhörer bringt daraufhin über das Rezeptionssignal „mhm" zum Ausdruck, dass diese eingeschobene Darstellungsaktivität in sich abgerundet und ausreichend erklärend sei.

Damit ist die Erzähldetaillierung für beide Interaktionspartner ausreichend plausibilisiert an ihrem Ende angelangt. Der Erzähler kann nun zu seiner eigentlichen Erzählaktivität zurückkehren. Er leistet die Wiederaufnahme des Erzählvorgangs mit einem typischen Rahmenschaltelement: „Und (wenn er) dann..." Nun schließt ein weiterer Erzählsatz an, mit dem der Informant das Geselligkeitstrinken des Vaters im kollegialen Rahmen in der Gartenlaube als Ereignisablauf thematisiert.

Ich habe an diesem Beispiel zu zeigen versucht, wie auch innerhalb von Erzählsegmenten im Detaillierungsteil geordnet abstrahierende Beschreibungen vom Erzähler abgewickelt werden, bevor er dann auf die Haupterzähllinie zurückkehrt und die narrative Darstellung der weiteren Ereignisabfolge fortsetzt. Es dürfte deutlich geworden sein, dass es sich dabei trotz komplexer Struktur um eine besondere Leistung und ein geordnetes Verfahren handelt. Die Beschreibung geht aus einer Abfolge von Detaillierungssätzen hervor. Ihre Merkmale werden abstrahiert und in argumentativen Behauptungen zum Ausdruck gebracht. Auf die argumentativen Behauptungen aufbauend folgt dann in der Regel die theoretisch formulierte Perspektive des erlebten Geschehens, die darüber hinaus auch mit der Haltung des Geschichtenträgers verbunden sein kann.

Ich komme jetzt zu den Theorieteilen, die außerhalb von Erzählsegmenten liegen und mit denen sich der Erzähler auf suprasegmentale Zusammenhänge innerhalb des Gesamtablaufs des Geschichtengeschehens bezieht. Ihre Darstellungsfunktion ist also auf segmentübergreifende große Geschehenszusammenhänge und auf die Haltung des Erzählers zu diesen ausgerichtet. Die Standardpositionen für solche Theoriepassagen finden wir im Einleitungs- und im Abschlussteil von Erzählungen. Über die **Erzählpräambel**, so wie wir sie auch in der Einleitungsposition unserer Beispielserzählung finden, habe ich ja schon wiederholt etwas gesagt. Ich werde mich hier auf die Erörterung der **Erzählkoda** beschränken, in der der Geschichtenträger zusammenfassend bezugnehmend auf das Gesamtgeschehen seine theoretischen und evaluativen Hinsichten abschließend formuliert.

Die Erzählkoda hat für den Erzähler eine Doppelfunktion: sie schließt die Geschichtenfigur in ihrer Gesamtheit ab und sie leitet die Aufmerksamkeit der Interaktionspartner - also die des Erzählers ebenso wie die des Zuhörers - in die aktuelle Lebens- und Gesprächssituation zurück. Und so wird dann auch die Gesamtgestalt der Geschichte in einem geordneten Verfahren zum Abschluss gebracht. Wir wollen uns jetzt zunächst einmal die Erzählkoda in unserer Beispielserzählung genauer ansehen.

> *V.: Und dann ham wa 'n Termin ausgemacht, an dem ich mich in der Wohnung mit 'm Besitzer treffe, den Fünfzehnten. Und das ist also morgen. Und äh.. in vierzehn Tagen kommt Sabine nach Hause. Wenn wa also morgen den Mietvertrag machen können, dann kommt se genau richtig zum Umzug. ... Ja, so sieht's aus, ne. „Auch 'n blindes Huhn findet mal 'n Korn" hätt ich bald gesagt, aber lieber nich. Das is ja noch so 'n Spruch aus der Vergangenheit. Äh.. aber damit ist jetzt Schluss... ((6))... So Herr A., das wär's erstmal. So hat sich das also alles bisher in meinem Leben abgespielt. Äh.. ja, war oft bestimmt nich einfach, ne. Und vieles war ja dann auch durch's Saufen vorprogrammiert. Hab ja leider viel zu oft nur an mich gedacht. Aber das hab ich ja nun einigermaßen im Griff ((klopft auf den Tisch)). Heute würd' ich vieles anders machen, das könn' Sie mir glauben. Wir wollen hoffen, dass das morgen mit der neuen Wohnung klappt. Meinen Job hab ich ja Gott sei Dank wieder, geht auch ganz gut im Moment, überhaupt keine Einstiegsschwierigkeiten und so. Hört man ja oft von andern, ne.*
>
> *I.: ja*
>
> *V.: Das liegt aber auch an Werner und den Kollegen. Ich bin jetzt eigentlich auch sehr zuversichtlich, dass wir Tobias bald wieder zu uns nach Hause holen können. Müsste nur klappen morgen, dass der uns die Wohnung vermietet, damit wir hier endlich rauskommen. Ham se ja gesehen, als Sie gekommen sind, was hier für Chaoten wohnen. Alles Penner und Kanaken. Für das Kind wär' das bestimmt nichts. Und deswegen ham wa's ja auch erstmal weggegeben. Hat's ja nicht schlecht da... Sind auch sehr anständige Pflegeeltern... So, jetzt weiß ich nichts mehr, jetzt müssen <u>Sie</u> mal fragen.*
>
> *I.: Ja.. vielen Dank, das war...*

Wie wir sehen können, ist mit der Abwicklung der Geschichte eine Gesamtbewertung verbunden. Endlich habe nun auch er (der Vater und Geschichtenträger) mal Glück gehabt und die Alkoholabhängigkeit gehöre jetzt der Vergangenheit an. Mit dieser Ergebnissicherung des letzten Segments hätte eigentlich schon die Darstellung der Lebensgeschichte abgeschlossen werden können. Der Erzähler ist in seiner Darstellung in die Gegenwart zurückgekehrt und er schließt auch nach einer längeren Pause deutlich erkennbar für den Zuhörer seine Geschichte mit den Worten ab: *„So Herr A., das wär's erstmal. So hat sich das also alles bisher in meinem Leben abgespielt."*

Erzählungen, die wie unsere Beispielsgeschichte für den Erzähler eine hohe biographische Relevanz haben, enden fast immer mit einer formal relativ deutlich abgehobenen Erzählkoda, die gegenüber dem letzten Erzählsegment mittels eines abschlusstypischen Rahmenschaltelements abgegrenzt ist.

> *„Ja, so sieht's aus, ne. „Auch 'n blindes Huhn findet mal 'n Korn" hätt ich bald gesagt, aber lieber nich. Das is ja noch so'n Spruch aus der Vergangenheit. Äh.. aber damit ist jetzt Schluss... ((6))..."*

Der Erzähler bringt zum Ausdruck, dass das ursprüngliche Erzählinteresse abgearbeitet ist, weil das thematische Potential der Geschichtenentfaltung abgeschlossen ist. Es handelt sich um eine auffällige Änderung der Darstellungsweise, die gleichzeitig die Botschaft enthält, dass die Erzählung nun an ihrem Ende angelangt sei. Im Endstück des letzten Erzählsegments macht der Erzähler deutlich, dass das alles zum Thema „Lebensgeschichte" war, weil er in der Gegenwartssituation angelangt sei: *„Ja, so sieht's aus, ne."* Und in dem kurzen anschließenden Kommentar nimmt der Erzähler bewertend Stellung zu den sich aktuell äußerst günstig gestaltenden Rahmenbedingungen mit dem Charakter einer glücklichen Fügung. Darüber hinaus ist in der anschließenden längeren Pause ein weiterer Hinweis darauf enthalten, dass das Erzählpotential erschöpft ist. Und daraufhin wird unmissverständlich das Handlungsschema aufgekündigt: *"... ((6))... So Herr A., das wär's erstmal. So hat sich das also alles bisher in meinem Leben abgespielt."*

Nun wissen aber beide, der Erzähler ebenso wie der Zuhörer, dass es bei diesem bisher dramatisch verlaufenen Leben und den darin deutlich gewordenen gewichtigen Erfahrungsgehalten durchaus nicht unproblematisch für das Weitererleben des Erzählers ist. Und je problematischer sich die erkennbare Zukunftsperspektive für den Geschichtenträger gestalten kann, desto eher kommt es in der Koda neben der Bewertung auch zu einer theoretisch-argumentativen Kommentierung, in der zum Ausdruck gebracht wird, welche Bedeutung das bisherige Geschehen für die Zukunft des Erzählers hat, welche Konsequenzen es für sein weiteres Handeln haben wird und wie er die möglichen Verlust- und Verletzungserfahrungen zu bearbeiten gedenkt. In unserer hochdramatischen Beispielserzählung fällt die theoretisch-argumentative Kommentierung dann auch entsprechend ausgeprägt aus.

Das erste Argument, das der Erzähler abarbeitet, ist der Prozessierungsmechanismus der Alkoholabhängigkeit („vieles war durch's Saufen vorprogrammiert"). Die Selbstläufigkeit dieses Wirkmechanismus wird dann aber aus der reflexiven Betrachtungsperspektive und über den darin wirksam werdenden Berücksichtigungszwang eingeschränkt mit dem Gegenargument der eingeengten Perspektive: er habe ja leider viel zu oft nur an sich gedacht. Aber auf dem Hintergrund des aktuellen Erfahrungsbestandes könne er davon ausgehen, dass er sich von den Wirkmechanismen der Sucht nicht mehr beherrschen lasse. Er habe das Risiko „einigermaßen im Griff". Gleichzeitig erfolgt ein Hinweis auf das neue aktuelle Orientierungssystem und seine veränderte Haltung gegenüber seiner biographischen Entwicklung, mit der auch die wiedergewonnene Fähigkeit zum intentionalen Handeln implizit in den Blick genommen wird: „Heute würd' ich vieles anders machen, das könn' Sie mir glauben." Und dann wird das zweite Argument, dass im Rahmen des eingeleiteten Hilfeplanverfahrens absolute Priorität eingeräumt bekommen hat, aus der Erwartungsperspektive thematisiert: „Wir wollen hoffen, dass das morgen mit der neuen Wohnung klappt." Das vorstellbare Gegenargument, dass die Voraussetzung dafür eine feste Arbeitsstelle und ein geregeltes Einkommen seien, kann er mit dem inzwischen eingetretenen besonderen Umstand, dass er in seiner früheren Position wieder eingestellt worden sei und dass er dort keinerlei Einstiegsschwierigkeiten habe, entkräften. Und auch hier wird der Wirkmechanismus des Berücksichtigungszwangs, dass er diesbezüglich auf die Unterstützung von signifikanten anderen zurückgreifen kann, deutlich.

Wenn er nun diese Argumente, die gleichzeitig die Funktion einer Bedingungskonstellation für die Kontinuität der veränderten Haltung seinem Leben gegenüber haben, ergebnissichernd betrachtet, dann könnte er eigentlich zuversichtlich sein, dass sie das fremduntergebrachte Kind bald wieder zu sich nach Hause holen können. Nun könnte aber der vorgestellte Opponent mit folgendem Gegenargument, was er ebenfalls zu berücksichtigen versucht, aufwarten: „Es sei ja noch gar nicht sicher, ob er morgen die Wohnung per gültigem Vertragsabschluss bekomme." Dieses mögliche Gegenargument berücksichtigend kleidet er seine unmittelbare Erwartungshaltung in eine Formulierung der Hoffnung: „Müsste nur klappen morgen, dass der uns die Wohnung vermietet, damit wir hier endlich rauskommen." Den potentiellen Vermieter fasst der Erzähler hier mit der distanzmarkierenden „Der-Kategorie" und bringt damit implizit zum Ausdruck, dass er die bevorstehende und für ihn extrem wichtige Entscheidung des Wohnungseigentümers überhaupt nicht kalkulieren kann.

Daraufhin entwirft der Erzähler noch einmal ein Bild des Chaos von der aktuellen Wohnsituation mit dem Hinweis, dass sich ja inzwischen auch der

Interviewer als Außenstehender davon habe überzeugen können. Dabei bedient er sich ausschließlich abstrakter Beschreibungskategorien für die Akteure des sozialen Milieus („Chaoten, Penner und Kanaken“). In dieser Abschlussposition der Gesamtdarstellung bekommt nun aber auch noch ein anderer Gesichtspunkt zentrale Bedeutung. Zwischen der seine Geschichte einleitenden Erzählpräambel und der Koda wird ein unmittelbarer Zusammenhang deutlich - die Parallelisierung seiner eigenen chaotisch erlebten Kindheit mit der seines Kindes, wenn es denn in die so von ihm wahrgenommenen chaotischen Rahmenbedingungen zurückkehren würde. Hier haben wir nun im Gegensatz zu den beiden vorangegangenen eine Argumentationsfigur, der der reflexive Charakter des Berücksichtigungszwangs fehlt. In diesem Fall bleibt die Wahrnehmungsperspektive des Erzählers nach wie vor verzerrt. Er distanziert sich vom sozialen Milieu des Wohnquartiers, zählt sich schon gar nicht mehr dazu. Mit dieser Perspektivenverzerrung wird dann auch die Zustimmung zur Fremdunterbringung des Kindes begründet. Das insbesondere er die chaotischen Zustände für das Erleben von Frau und Kind konstituiert hat, ist seiner Erkenntnis offensichtlich im vollen Umfang noch immer nicht zugänglich. Und mit dem Beleg für seine Begründung werden nun erstmals die Pflegeeltern im Zusammenhang mit einer positiven Stellungnahme thematisiert.

Mit den in der Erzählkoda aufscheinenden Argumentationsfiguren gelingt es dem Erzähler, der ja seine Lebensgeschichte gleich zu Beginn in der Erzählpräambel als große Verlusterfahrung, die vom Chaos begleitet war, eingeleitet hat, seine Geschichte geordnet und in gewisser Weise sogar erfolgsbilanzierend abzuschließen: er habe sich geändert und habe die Wirkmechanismen der Sucht im Griff; seine Hoffung auf einen baldigen Auszug aus dem Milieu und auf den Einzug in eine größere Wohnung ist durchaus berechtigt; diesbezüglich hat er neben der aktuellen Abstinenz mit der Arbeitsaufnahme und dem geregelten Einkommen eine weitere zentrale Voraussetzung erfüllt; und so ist auch seine Zuversicht, das Kind schon bald wieder nach Hause holen zu können, durchaus realistisch einzuschätzen. Das Restrisiko, so wie es sich aus seiner aktuellen Perspektive darstellt, bleibt der Mietvertrag für die neue Wohnung. Aber damit wird auch gleichzeitig das wesentlich größere Risiko eines Rückfalls marginalisiert und bagatellisiert. Bezüglich einer reflexiven Aufarbeitung seiner Alkoholkarriere liegen genau hier die Blockaden für eine verzerrungsfreie Erkenntnisleistung. Es scheint sich um die mit Langzeitwirkung versehenen Mechanismen der Sucht zu handeln, die einer in der Gesamtschau angelegten reflexiven und bilanzierenden biographischen Arbeit entgegenstehen. Dennoch handelt es sich hier ganz offensichtlich um einen zum Zeitpunkt des Interviews festzustellenden Teilerfolg, den der Erzähler - auch mit den zu berücksichtigenden Einschränkungen, die die Fremdleistungen von signifikanten anderen deutlich werden lassen - abschließend und an exponierter Stelle seiner Geschichte präsentiert.

Schließlich gibt er dem Interviewer und Interaktionspartner den unmissverständlichen Hinweis, dass seine Geschichte, die er zu erzählen hatte, beendet sei, und dass das Handlungsschema „Erzählen" damit von ihm zunächst erst einmal aufgekündigt werde. Er gibt das ihm bisher zugestandene Rederecht an den Interviewer ab: *"... So, jetzt weiß ich nichts mehr, jetzt müssen Sie mal fragen."*

Abschließend können wir festhalten, dass in der Erzählkoda die theoretische Verarbeitung dessen, was dem Erzähler widerfahren ist, noch unzureichend ist, wenn wir die von ihm hervorgebrachten Erzählgehalte dagegenspiegeln. Andererseits kann ich aber aus Erfahrung sagen, dass wir eine solche unzureichende theoretische Verarbeitungsleistung im Abschlusskommentar von Stegreiferzählungen immer wieder beobachten können.

Nun hatten wir ja gesagt, je problematischer sich die erkennbare Zukunftsperspektive für den Geschichtenträger gestalten kann, desto eher kommt es in der Erzählkoda neben der Bewertung auch zu einer theoretisch-argumentativen Kommentierung. Ich werde hier nun noch ein bereits angekündigtes Beispiel für eine elliptische Argumentationsstruktur in der Erzählkoda vorstellen. An diesem Beispiel werde ich systematisch die besondere Schwierigkeit des Erzählers herausarbeiten, dem es nicht gelingen will, seine Lebensgeschichte in der Darstellung positiv bilanzierend zum Abschluss zu bringen, wenngleich der Darstellungsduktus einer Positiv-Bilanzierung für den Gesamtablauf seiner Lebensgeschichte symptomatisch ist. Der Darstellungsarbeit des Informanten liegt durchgängig ein Ausblendungsmechanismus und damit einhergehend eine Perspektivenverzerrung zugrunde. Diese Besonderheit bringt in der Erzählkoda die typischen Merkmalsausprägungen für eine elliptische Argumentation ebenso hervor wie die Unfähigkeit zur Bilanzierung der Lebensgeschichte. Es handelt sich um die Erzählkoda im autobiographisch-narrativen Interview mit dem Rentner und „gelernten" Hausbesitzer, der nach dreißigjähriger interner Migration in sein ehemaliges Heimatwohnquartier mit der Erwartungshaltung zurückkehrt, dass er dort noch weitgehend auf die ihm aus seiner Kindheit vertrauten sozial-räumlichen Milieustrukturen zurückgreifen kann und letztendlich nicht wahrhaben will, dass er als Fremder zurückgekehrt ist.

Ich habe dieses Beispiel für den mehrfach wiederholten Versuch einer Bilanzierung in der Erzählkoda deshalb gewählt, weil an ihm nicht nur die allgemeinen Merkmalsausprägungen des Argumentationsschemas, sondern darüber hinaus auch die Zugzwänge und Besonderheiten, die diesem kommunikativen Handlungsschema zu Eigen sind, deutlich zum Ausdruck kommen. Nun ist eine solche problematische und komplexe Darstellungsstruktur in der Erzählkoda zwar eher die Ausnahme als die Regel, aber wenn wir sie einmal systematisch durchgearbeitet haben, dann wird uns in Zukunft die analytische Betrachtung theoretischer Aktivitäten im narrativen

Interview um vieles vertrauter sein und wir werden uns bei der Analyse sicherer erleben.

Am ausgedehnten Kodakommentar des autobiographisch-narrativen Interviews mit Herrn Beyer wollen wir den besonderen Konflikt des Erzählers beim Versuch seiner Erfolgsdarstellung bezüglich seiner Lebensgeschichte auf der Darstellungsfolie der Argumentationsfiguren herausarbeiten. Wir wollen uns zu diesem Zweck die wesentlichen Elemente einer elliptisch verlaufenden Argumentation mittels einer schematischen Darstellung - weitgehend abstrahiert und im Wesentlichen auf den strukturellen Aufbau reduziert - in die Aufmerksamkeit rücken.

Zuvor möchte ich aber noch einmal an die einzelnen Schritte einer vollständig ausgebauten Argumentationsstruktur erinnern: es wird eine Behauptung aufgestellt; dieser Behauptung folgt eine Begründung; an die Begründung schließen Belege an, hin und wieder sogar in ausgebauten Belegerzählungen. Eine elliptische Argumentation zeichnet sich nun vor allem dadurch aus, dass bereits die Begründung unvollständig und daher anzweifelbar dargestellt wird, dass spätestens aber die Belege fragwürdig erscheinen oder sogar völlig fehlen. Weil aber nun auch dem Erzähler selbst die Fragwürdigkeit seiner Argumentation bewusst wird - wir hatten ja gesagt, dass er permanent die Perspektive des Zuhörers mitdenken muss - , wird er das Gegenargument des vorgestellten Opponenten zu berücksichtigen versuchen. Und dabei verstrickt er sich zunehmend in eine immer brüchiger werdende Argumentationsspirale, wie wir gleich am konkreten Datenmaterial sehen werden.

6.5 Der Darstellungskonflikt im Bemühen um eine stimmige lebensgeschichtliche Erfolgsbilanzierung

Unmittelbar nach dem Übergang vom Erzählsegment in den ausgedehnten Kodakommentar - von der narrativen zur kommentierenden Darstellung - wird vom Erzähler, Herrn Beyer, eine risikoreiche Behauptung vorbereitet und in zwei Alternativen vorgestellt.

1. Entscheidungsalternative:

„Und äh... dieses Gefühl ((das über die Jahre seiner Migration sozusagen tiefgefrorene und unreflektierte Empfinden der Wir-Gemeinschaft der peers aus der Kindheitserfahrung im Wohnquartier - Anm. d. Verf.)) ist nach wie vor so stark gewesen, dass im Zuge der Beantragung des Vorruhestandes..." (11/3-5).

Der Entscheidung zum Vorruhestand wird in der Darstellungsarbeit des Erzählers a priori eine favorisierte Disposition eingeräumt. Mit ihr wird die arbeitseinfordernde Position des Mehrfamilienhausbesitzers, der in das ihm zur ersten Heimat gewordene alte Kasseler Wohnquartier zurückkehren will, in den Blick genommen. Mit der Disposition wird eine konditionelle Relevanz in unmittelbare Verbindung gebracht: im Falle einer solchen Entscheidung müsse er die Vorruhestandsregelung in Anspruch nehmen.

2. Entscheidungsalternative:

Die „wunderbare Stelle“ (in F-Stadt, die ihm - Anm. d. Verf.) „wie auf ‘n Leib geschneidert“ (gewesen sei - Anm. d. Verf.) (11/7-8).

Mit der zweiten Handlungsmöglichkeit wird der Kauf (oder der Bau) eines Hauses im Raum F-Stadt in den Blick genommen und die Ablösung von der starren Fixierung auf das familiäre Handlungsschema angedeutet. Diese Alternative wird mit der Bedingung gekoppelt, bis zur Pensionierung berufstätig zu bleiben.

Aus der Darstellungsperspektive des Erzählers hätten demnach für ihn beide Entscheidungsmöglichkeiten angestanden. Beide Handlungsalternativen werden von ihm durch die folgende Behauptung gestützt: „Denn ich sehe, ich sehe eine/eine außerordentliche Gefahr der Verkümmerung - sowohl körperlich als auch geistig -, wenn ich bei nicht... bei keinerlei Aufgabe.. im Rahmen einer Mietwohnung nur da rumsitze und äh... äh, ich sag’s mal ganz lapidar: den Hausbüttel der Ehefrau mache.“(11/24-28)

Im Anschluss an diese Behauptung setzt nun die **elliptische** Argumentation ein. Der Erzähler entwickelt zwei Argumentationsstränge, die er unter dem in Folge einsetzenden Berücksichtigungszwang zu differenzieren und zu spezifizieren versucht. Als ihm klar wird, dass dieser Versuch nicht durchgehalten werden kann, setzt er zu einem zweiten Bilanzierungsversuch an. Dazu nimmt er die anfänglich aufgestellte Behauptung, dass seine damalige Entscheidung richtig gewesen sei, wieder auf. Erneut gerät er damit unter den einsetzenden Berücksichtigungszwang.

Aus der Rolle des imaginären Opponenten werden nun zwei Argumentationsstränge entwickelt, in denen die Richtigkeit seiner Entscheidung in Zweifel gezogen wird. Über den ersten Argumentationsstrang wird die Entfremdung vom einstigen Wohnumfeld und seinem Milieu berücksichtigt. Über den zweiten Argumentationsstrang werden von ihm die nicht im Voraus kalkulierbaren innerfamiliären Entwicklungsprozesse, die das familiäre Handlungsschema, auf das er so sehr fixiert ist, dennoch obsolet werden lassen könnten, berücksichtigt.

Anhand der von mir rekonstruierten Argumentationsdynamik werde ich jetzt die Struktur des Kodakommentars und den Charakter der elliptischen Argumentation herausarbeiten.

6.6 Schematische Darstellung der elliptischen Argumentation

Vorspann

1. Die neue kollektive Entwicklung (Vorruhestandsregelung) eröffnet auch neue individuelle Entscheidungsalternativen. 2. Der sozial-familiale Rahmen hat sich für Herrn Beyer unerwartet verändert. 3. Für Herrn Beyer entsteht Handlungsbedarf und er muss sich auf dem Hintergrund der veränderten Rahmen für eine Handlungsalternative entscheiden.

Berücksichtigungszwang

Der Sohn des Erzählers ist bereits im Wohnumfeld der letzten räumlichen Station innerhalb des Migrationsprozesses des Vaters (F.-Stadt) heimisch geworden. Dort hat er sich nach seiner Heirat zur Gründung einer eigenen Familie entschieden. Die dort vom Vater angemietete und von den Eltern bewohnte Wohnung war von Anfang an aus der Perspektive des Vaters als Übergangslösung geplant. In dieser Handlungsplanung war symbolisch der Heimatbezug des Vaters (Kassel) angelegt.

Negation der sozialen Realität

Herr Beyer und insbesondere seine Frau haben über die Jahre eine Einbindung in die „neue Heimat" erlebt. Das Ehepaar hat dort ein neues funktionsfähiges soziales Netz entwickeln können.

Der Erzähler entwickelt daraufhin eine zweisträngige Argumentation:

Behauptung

Seine Handlungsplanung hatte eine klare Struktur. Er musste zwei Entscheidungsalternativen und ihre Folgen berücksichtigen.

Alternative 1

Weiterhin im Raum F-Stadt wohnen bleiben und damit den bisher fremdgemachten Wohnstandort zur „neuen Heimat" werden lassen (11/16-22).

Behauptung

Gefahr der sozialen Isolation. Fazit: „Kommt nicht in Frage." (11/24-12/4)

Alternative 2

Inanspruchnahme der Vorruhestandsregelung (12/5)

Behauptung

Dann bestünde aus seiner Perspektive nur eine Handlungsmöglichkeit (12/5-9)

1. Begründung

Der alternative Aufgabenbereich zu seiner beruflichen Tätigkeit kann das Mehrfamilienhaus in Kassel werden (12/10-18)

2. Begründung

Eine Mietwohnung könne diesen von ihm vorgestellten Aufgabenbereich nie bieten (12/19-22)

Ergebnissicherung

Die 2. Alternative impliziere als Aufgabenbereich das Mehrfamilienhaus (12/22-27)

Die hier von mir schematisch dargestellte Argumentation bleibt unvollständig. Der Erzähler blendet weitere vorstellbare Alternativen aus. Hinzu kommt, dass von ihm bereits die 1. Alternative völlig ausgedünnt präsentiert wird. Es stellt sich die Frage: Welche Entwicklungen wären möglich gewesen, wenn Herr Beyer von der Vorruhestandsregelung keinen Gebrauch gemacht hätte, weitergearbeitet hätte, und sich zusammen mit seiner Frau für das Verbleiben im Raum F-Stadt entschieden hätte?

Aus der verengten Darstellungsperspektive des Erzählers lautet die Antwort: Sie hätten weiterhin zur Miete gewohnt und er hätte sich schließlich zum „Hausbüttel“ degradieren lassen (müssen). Aus der Perspektive eines Außenstehenden werden aber mindestens zwei weitere Entwicklungsmöglichkeiten denkbar, die der Erzähler ausblendet:

1. ausgeblendete Alternative

Herr Beyer baut im Raum F-Stadt. Auf diese Weise schafft er sich für die Zeit nach seiner Pensionierung einen alternativen Betätigungsbereich, um dem „Rentnerschock“ vorzubeugen.

2. ausgeblendete Alternative

Herr Beyer kehrt zusammen mit seiner Frau erst nach Vollendung des 65. Lebensjahres in die „alte Heimat“ zurück.

Hier kann gezeigt werden, dass die vom Erzähler dargestellten Alternativen nicht voll entwickelt werden. Die Argumentationsstruktur ist derart angelegt, dass sich sehr schnell eine alternativlose Entscheidung abzuzeichnen beginnt. Diese Entscheidung dokumentiert jedoch in der Ergebnissicherung des Erzählers die Perspektivenverengung.

Daraufhin kommt der Berücksichtigungszwang der Argumentation zur Wirkung. Herr Beyer übernimmt nun zunächst die Rolle des vorgestellten Opponenten. Schließlich bringt er es aber wieder fertig, über die Spezifizierung des Arguments dem Zuhörer einen inzwischen für ihn probaten Kompromiss zu präsentieren.

Argument unter Berücksichtigungszwang

Mit der getroffenen Entscheidung (Rückkehr in die „alte Heimat“) hätte der Freundeskreis im Raum F-Stadt aufgegeben werden müssen. (13/1-2)

Gegenargument

Die Richtigkeit seiner Entscheidung habe sich im Vollzug bewiesen: der Freundeskreis sei nicht verloren gegangen. (13/3-13)

Expliziertes Gegenargument

Die lange Wohndauer im Raum F-Stadt habe das „alte Heimatgefühl“ nicht eliminieren können (13/14-19)

Prozess der Konsensbildung

Der Erzähler spricht mit seiner Frau über die mögliche Problematik in der Entscheidungsfindung. Gemeinsam kommen sie jedoch zu der Feststellung: das Heimatgefühl ist stärker. (13/20-25)

Einschränkung des Arguments

Das Argument gelte nur unter bestimmten Rahmenbedingungen, denn ... die Entfernung zwischen F-Stadt und Kassel sei nicht so groß. (13/25-14/3)

Differenzierung

Die Rahmenbedingungen veränderten sich zwar, würden aber dennoch ähnlich bleiben. (14/3-4)

1. Beleg

Man hätte im Freundeskreis die mögliche Problematik diskutiert und die Erfahrung habe gezeigt, dass man jetzt öfters zusammenkomme als vorher. (14/4-10)

Kontrastierender Beleg

Während der Zeit seiner beruflichen Tätigkeit in F-Stadt sei stets ein besonderer Anlass zum Treffen im Freundeskreis von Nöten gewesen. Heute dagegen würde man sich - wie die Erfahrung zeige - spontan treffen. (14/11-25)

2. Beleg

Spontanes Treffen beim Kirchenfest in der Wohngemeinde. (14/26-15/2)

Ergebnissicherung

Obwohl er in die „alte Heimat" zurückgekehrt sei, habe die Verbindung zum Freundeskreis aufrechterhalten werden können. (15/3-7)

Im Anschluss an diese Ergebnissicherung erfolgt nun eine Respezifizierung der Argumentation.

Respezifizierung

Die Treue als charakteristische Eigenart und wie sie entstanden sei. (15/8-17)

Beleg

Der Erzähler nennt Fakten für die Entwicklung der Treue. (15/18-22)

Einschränkung der Respezifizierung

Die Verbindung zum Freundeskreis werde nicht nur über die Treue hergestellt, sondern auch über die verwandtschaftliche Bindung des Erzählers an seine Enkel, die im Raum F-Stadt lebten. (15/22-29)

Neuformulierung der Respezifizierung

Es handele sich um einen Zusammenhang zwischen verwandtschaftlichen Interessen und dem sozialen Kontakt zu den Mitgliedern des Freundeskreises. (16/1-2)

1. Beleg

Diese Verbindung funktioniere von beiden Seiten. (16/3-12)

2. Beleg

Man organisiere bereits das nächste Treffen. (16/12-24)

Dem Erzähler wird die Brüchigkeit seiner Argumentation deutlich und er unternimmt erneut einen Bilanzierungsversuch. Dabei wird die Veränderung des sozialen Milieus im Kasseler Wohnquartier, von dem er über eine Zeit von 30 Jahren räumlich getrennt gelebt hat, in den Blick genommen.

Behauptung

Seine Entscheidung sei richtig gewesen. (16/25-28)

Mit der aufgestellten Behauptung setzt nun der Berücksichtigungszwang ein. Zur Abarbeitung der Behauptung wird vom Erzähler nicht nur die Entscheidung als solche, sondern darüber hinaus die gesamte in den zurückliegenden 30 Jahren enthaltene biographische Planung zum Argumentationsgegenstand. (16/28-17/4)

Ankündigung der Argumentation

Das Konfliktpotential wird angekündigt. (17/4-8)

Argument

Das Wohnumfeld in der Ohlandstraße habe sich negativ verändert. (17/9-10)

Belegerzählung

Diese negative Entwicklung lasse seine Entscheidung fragwürdig erscheinen. Als Bearbeitungsstrategie organisiert Herr Beyer eine halböffentliche Diskursarena auf Quartiersebene mit dem Ziel, das aus seiner Perspektive zunehmend wahrgenommene Konfliktpotential im Milieu thematisieren und ihm entsprechend entgegenwirken zu können. (17/11-18/11)

Es folgt nun die Spezifizierung der Begründung zur 2. Alternative (das Mehrfamilienhaus als alternativer Aufgabenbereich bei Inanspruchnahme der Vorruhestandsregelung)

Spezifizierung der Begründung zur 2. Alternative

Seine Entscheidung enthielte einen Unsicherheitsfaktor. (18/11-18)

Explizierte Begründung

Das Risiko für das soziale Milieu liege in der Tendenz zur Ghettobildung. (18/19-19/3)

Beleg

Im weiteren Wohnumfeld zeichne sich bereits eine Ghettobildung ab. (19/3-6)

Ergebnissicherung

Das Milieu habe Veränderungen erfahren. (19/6-15)

Nachdem nun der Erzähler im ersten Argumentationsstrang die seine Entscheidung beeinträchtigende Belastung durch die Veränderung der sozialen Rahmenbedingungen im Quartier abgearbeitet hat, macht er im zweiten Argumentationsstrang die ungewisse berufsbiographische Entwicklung der Enkel und ihre von ihm noch nicht endgültig kalkulierbare Haltung gegenüber dem tradierten familiären Handlungsschema zum Thema.

Ausgangsvoraussetzung für das anschließende Gegenargument

Er (der Erzähler) werde älter. Und die Erbfolge durch eines der Enkelkinder sei nicht endgültig sicherzustellen. (19/15-20/12)

Gegenargument

Die junge Generation - und damit bezieht sich Herr Beyer auf seine Enkel - habe nicht mehr die ihm noch vertrauten Tugenden, nicht mehr die noch für ihn selbstverständliche Loyalität.(20/13-17)

Daraufhin werden nun die prophylaktischen Maßnahmen, die der Erzähler zur Absicherung der Übernahme des tradierten familiären Handlungsschemas seitens der Enkelkinder ergreift, vorgestellt:

1. Gegenmaßnahme

Mit dem Charakter einer testamentarischen Festlegung: Es komme nur ein Erbe in Frage, keinesfalls eine Erbengemeinschaft. (20/18-27)

2. Gegenmaßnahme

Herr Beyer versucht die potentiellen Erben mit finanziellen und materiellen Anreizen bei der Stange zu halten. (20/28-21/3)

Argument

Das Konzept des einzelnen Erbnachfolger habe sich im Vergleich zur Erbengemeinschaft bewährt. (21/3-5)

Beleg

Hier liefert der Erzähler lediglich eine verallgemeinerte Beschreibung der Konzeption. (21/6-12)

3. Gegenmaßnahme

Als zusätzlicher finanzieller Anreiz werden dem Erbnachfolger die Mieteinnahmen des Zehnfamilienhauses in Aussicht gestellt. (21/13-29)

Ergebnissicherung für die gesamte Argumentation

Sollte seine Einflussnahme auf die biographische Entwicklung der Enkel und ihre Haltung gegenüber dem von ihm propagierten familiären Handlungsschema erfolgreich sein und den Erhalt des Hauses für die Familie absichern, dann wäre für ihn das „Projekt Haus“ und damit sein Lebenswerk vollendet:“ Damit bin ich also praktisch am Lebensende angekommen.“ (22/1-9)

In der hier von mir schematisch dargestellten Argumentation werden die Perspektivenverengung des Erzählers und die Ausblendungsmechanismen in seiner Darstellungsarbeit deutlich. In der Argumentation werden die großen sozialen und biographischen Prozessstrukturen nur noch äußerst ausgedünnt angedeutet. Ihre prozessuale Entwicklung wird völlig verkürzt aus der heutigen Perspektive des Erzählers präsentiert. Die Dimension „soziale Bezüge“ wird nur noch aus der überfixierten Perspektive des ökonomisch orientierten Patriarchen in den Blick genommen, während mit der zeitlichen Dimension lediglich noch das Ziel - Erfüllung des einstmals väterlichen Auftrags - gefasst werden kann.

Würde dagegen der Erzähler die Entwicklungsabläufe als Prozessstrukturen wahrnehmen (können), dann wäre er in seiner Argumentation auch gehalten, die hohen biographischen Kosten, die die Überfixierung auf das familiäre Handlungsschema verursacht haben, zu berücksichtigen. Eine derart selbstreflexive Erkenntnisarbeit hätte jedoch für Herrn Beyer zur Folge, dass er seine bisherige biographische Planung nicht länger erfolgsbilanzierend präsentieren könnte. Er müsste die immer höhere Kosten einfordernde Sogwirkung der Überfixierung auf das Haus, der er vermutlich bis zu seinem Lebensende nicht entkommen wird, sich selbst und dem Zuhörer gegenüber eingestehen. Ein solches Eingeständnis würde ihm jedoch eine enorme Leistung abverlangen. So müsste er beispielsweise bereit sein, einige seiner Entscheidungen in Frage zu stellen, andere wiederum würden dann eher den Charakter des Handelns unter fremdauferlegten konditionellen Relevanzen bekommen.

Auf diese Weise würde dann auch die Entscheidung zur internen Migration vermutlich nicht mehr als eigenständige biographische Planung präsentiert werden können. Und schließlich müsste er sich auch eingestehen, dass seine berufliche Karriere ganz wesentlich auf Kosten anderer (insbesondere auf Kosten der Ehefrau und des Sohnes) zustande gekommen ist. Die seiner biographischen Planung unterlegte Orientierungsrelevanz hat für die Familienmitglieder ganz offensichtlich Schmerz und Leid bedeutet. Ein derartiges Zugeständnis würde seiner erfolgsorientierten Bilanzierung einen äußerst faden Beigeschmack verleihen.

Letztendlich - und hier liegt vermutlich die ganze Dramatik gegründet - würde er mit einem solchen Zugeständnis die Sinngebung für seine gesamte zukünftige Handlungsplanung in Frage stellen. Er müsste sich eingestehen, dass ihn die Überfixierung auf ein inzwischen obsolet gewordenes familiäres Handlungsschema ein Leben lang gefordert und überfordert hat. Das Lebensprojekt „Haus“ wäre dann nur noch eine sinnentleerte und weitgehend bedeutungslose Hülle eines ehemals „besonderen Ortes“.

Die erfolgsorientierte Darstellung des Erzählers schrumpft unter der analytischen Perspektive zusammen auf den wiederholten Versuch, sowohl die Entwicklungsgeschichte des Hauses als auch die der Familienmitglieder paralysierend und als eine durch seine „richtigen“ Entscheidungen positiv verlaufene Entwicklung darstellen zu wollen. Sein Bemühen darum, das Unmögliche möglich werden zu lassen, kommt hier formal in seiner elliptischen Argumentation, die er nicht endgültig abschließen kann, besonders deutlich zum Ausdruck. In den Worten des Erzählers wird die ihm eigene Handlungsmaxime folgendermaßen ausgedrückt: „ Der Zweck heiligt die Mittel.“

6.7 Zusammenfassende Darstellung der Theoriesorten

In die Forschungswerkstätten, in denen ich inzwischen gearbeitet habe, werden die verschiedensten empirisch erhobenen Primärdatenmaterialien eingebracht. Auf dem Hintergrund dieses reichhaltigen Fundus können wir die vorkommenden Evaluations- und Theoriesorten, so wie sie in Stegreiferzählungen eigenerlebter Erfahrungen aufscheinen, differenziert in den Blick nehmen. Ich werde die wesentlichsten hier noch einmal charakterisierend skizzieren.

Da haben wir zunächst einmal die **Orientierungstheorien**, die auf die Handlungsalternativen und -planungen des Geschichtenträgers und/oder der zentralen Ereignisträger, die in der Geschichte des Erzählers Relevanz zugemessen bekommen, abstellen. Innerhalb der zu erzählenden Geschichte sind sie ausgerichtet auf die damalige Zukunft seines Interaktionsfeldes und wir können sehen, wie der Geschichtenträger die verschiedenen in den Blick genommenen Handlungsalternativen kontrastierend einschätzt und welche Relevanz er ihnen im speziellen Situations- und Entscheidungskontext beimisst. Und wie wir eben gesehen haben, bekommen sie gerade auch in der Erzählkoda, in der der Informant aus seiner zu erzählenden Geschichte in die Gegenwart zurückgekehrt ist und in die Zukunft seines aktuellen Handlungsfeldes blickt, einen besonderen Stellenwert. Und wir haben auch sehen können, dass der Erzähler und Akteur mit Blick auf seine theoretische Orientierung die einzelnen Realisierungsschritte seiner beabsichtigten Handlungsrichtung vorab systematisch durchspielt. So nimmt beispielsweise der „gelernte Hausbesitzer“ Heinrich Beyer im Hinblick auf die Erbfolge, nachdem die Generation der Kinder ausgefallen ist, die Generation der Enkel in den Blick und entwirft in der theoretischen Orientierung ein imaginäres Bild von der zukünftigen Entwicklung der drei für ihn verfügbaren Enkelkinder. Aber auch in unserer wiederholt bemühten Beispielserzählung können wir sehen, wie die Orientierungstheorien in Form von berichteten theoretischen Anstrengungen im Erzählvorgang selbst, aber auch im abschließenden Kodakommentar präsentiert werden. Ich erinnere hier noch einmal an die Erzähldetaillierungen in den vom alkoholkranken Vater geschilderten Verlaufskurvenhöhepunkten, die vor allem durch die Darstellung der Veränderung des inneren Zustandes des Erzählers gekennzeichnet sind. Und in unserer analytischen Beschäftigung mit der Koda haben wir gesehen, wie gerade dort zum aktuellen Zeitpunkt der Interviewsituation vom Erzähler Orientierungstheorien entworfen werden. Die Narration wird abgeschlossen und die Darstellungsaktivität wird im Wesentlichen argumentativ angelegt und von kritischen Kommentaren begleitet.

Weiterhin haben wir die **Erklärungstheorien** kennen gelernt, mittels derer sich der Erzähler im Darstellungsvorgang einen Reim darauf zu machen versucht, wie es zu dem Zustand kommen konnte, den er gerade schildert. So beispielsweise der alkoholkranke Vater in der rekonstruierten Erlebenssituation unmittelbar nach seinen Kontrollverlusten. Er sucht nach den Auslösern und Bedingungen, die zu dem vorangegangenen Ereignisablauf geführt haben könnten, die auf sein eigenes ihm unverständliches Verhalten eingegriffen haben. Erklärungsaktivitäten sind häufig auf das unerwartete

Eintreffen eines Ereignisses bezogen. Und wie wir gerade am Beispiel des „gelernten Hausbesitzers" gesehen haben, können sich Ansätze von Erklärungstheorien ebenso auf die Konstitution größerer Ereigniszusammenhänge im Leben des Erzählers beziehen. In solchen Fällen handelt es sich jedoch immer nur um Teilbestände von **globalen Kommentartheorien**, wie wir in dem Argumentationsgang hinsichtlich der strukturschwachen nordhessischen Region, so wie die ungünstigen Ausgangsbedingungen für eine berufliche Karriere vom Erzähler in den Blick gerückt werden, gesehen haben. Und wie schon bei den Orientierungstheorien können wir auch hier zwischen theoretischen Aktivitäten aus der damaligen Erlebensperspektive und solchen aus der aktuellen Erlebenssituation unterscheiden. Wie ich in meinem folgenden Buch zum Forschungsverfahren narratives Interview am ausführlichen Beispiel für eine strukturelle Beschreibung noch zeigen werde, haben Hintergrundserklärungen, die sich auf größere Zusammenhänge beziehen und eine komplizierte argumentative Eigendynamik entwickeln können, einen hintergrundserläuternden Charakter. Der Erzähler unternimmt in ihnen den Versuch, sich seine Welt wieder evaluativ und im Hinblick auf eine moralische Legitimation aufzuordnen.

Mittels Orientierungs- und Erklärungstheorien werden also im Zuge der theoretischen Arbeit die Planungs- und Orientierungsperspektiven für die Handlungs- und Erleidensabläufe im Hinblick auf Plausibilisierung für die faktischen Ereignisabläufe in den Blick gerückt.

Die **globalen Kommentartheorien**, die ich gerade angesprochen habe, finden wir immer in Abschlussposition, wie es auch am Beispiel des langen Kodakommentars von Herrn Beyer deutlich geworden ist. Ebenso können sie aber auch am Segmentende oder großen Detaillierungsexpansionen als theoretische Stellungnahme des Erzählers auftauchen. Derartige theoretische Stellungnahmen können insbesondere dann, wenn mit ihnen die Gesamtheit des Geschehensablaufs in den Blick genommen wird, einen außerordentlich komplexen Charakter annehmen, und sie können, explizit ausformuliert, eine abschliessend-ergebnissichernde Bilanzierung hinsichtlich des Erreichten zur Folge haben. Von einer solchen Bilanzierungsanstrengung ist ja der Kodakommentar von Herrn Beyer dominiert. Der Erzähler versucht, sich noch einmal seiner eigenen Basispositionen, seiner Haltung gegenüber der Welt und zu sich selbst und damit auch seiner individuellen und kollektiven Identität zu vergewissern. Die zentrale Funktion der Bilanzierung wäre in einem solchen Fall die Vergewisserung von biographischer Kontinuität. Im Kodakommentar unserer Beispielserzählung ist es hingegen genau umgekehrt. Der Vater des fremduntergebrachten Kindes hat je gerade einen Veränderungsprozess durchgemacht und er will nun der Kontinuität seiner bisherigen Lebenssphäre auf dem Hintergrund einer radikalen Umstrukturierung des eigenen Orientierungssystems eine Absage erteilen. In autobiographischen Erzählungen werden wir solchen „Veränderungsgeschichten" immer wieder begegnen. Diesen Bruch mit der eigenen biographischen Kontinuität habe ich besonders ausgeprägt in Erzählungen von Arbeitsmigranten wieder gefunden, dort jedoch dann - nicht wie in unserer Beispielserzählung - gerahmt von einer depressiven Stimmung und schmerzlichen Verlusterfahrungen. In den globalen Kommentartheorien wird also auch immer wieder ein Anteil von biographischer Arbeit im folgenden Sinn deutlich: der Erzähler ist um ein verstehendes Durcharbeiten des durchgemachten aber noch keineswegs voll bewussten Veränderungsprozesses bemüht, den er nicht nur für den Zuhörer, sondern auch für sich selbst in der erzählten Geschichte entfaltet hat. Und ihm geht es um das Erkennen der aktuellen orientierungsleitenden Mechanismen, die den eingeleiteten Veränderungsprozess vorantreiben (könnten), weil sich damit einhergehend auch seine Identität verändert. In globalen Kommentartheorien nimmt der Erzähler die Veränderungsprozesse und Mechanismen analytisch-vergleichend in den Blick und bezieht zu ihnen Stellung. Insbesondere in den Kodakommentaren schließt dann häufig eine Bilanzierung an, in der ein generalisierbares Lernergebnis für das zukünftige Handeln formuliert wird.

Und schließlich haben wir auch die **abstrahierenden Beschreibungen** innerhalb narrativer Darstellungen von Situationsentwicklungen kennen gelernt. Ich erinnere hier beispielsweise an die Beschreibung des Vaters, der das sozialfamiliale Milieu und die sozialstrukturellen Bedingungen seines Kindheitserlebens streckenweise über abstrakte Situationsmerkmale aus der nachträglichen analytischen Einstellungsperspektive formuliert. Der Erzähler fügt seiner argumentativen Behauptung, der Vater sei bis zu seinem Tode dann nie mehr so richtig klar gewesen, eine verdichtende Abstraktionsleistung mittels bildhaftkonkreter Prädikate hinzu, die den Blick auf ein zentrales Merkmal (die Menge überdimensionierter Whisky-Flaschen im Arbeitszimmer des Vaters) richten. Mit diesem Merkmal deutet der Erzähler die Vorstellungsbezüge eines Denkbildes an, das Hinweise auf eine Theorie der Suchtentwicklung enthält. Über diese implizite Theorie erklärt sich der Erzähler, auf welchem Hintergrund sich die chaotischen Zustände im innerfamiliären Bereich, so wie er sie erlebt hat, haben konstituieren können. Abstrahierende Beschreibungen finden wir sowohl in Detaillierungspassagen und ebenso als Bestandteil von Ergebnissicherungen am Segmentende. Abstrahierende Beschreibungen dokumentieren die theoretische Arbeit des Erzählers. Hier unternimmt er den Versuch, die sozialen Erlebnisrahmen der Geschehensabläufe abzuklären und seine Haltung ihnen gegenüber begrifflich zu fassen. So viel zu den einzelnen Theoriesorten.

6.8 Die erkenntnisgenerierende Leistung der theoretisch-evaluativen Aktivitäten

In den theoretischen und evaluativen Aktivitäten, so wie sie in Stegreiferzählungen aufscheinen, werden vom Erzähler Handlungsorientierungen, die Verarbeitung von Erfahrungen, Erklärungen für Ereignisse und seine diesbezüglich bewertenden Stellungnahmen zum Ausdruck gebracht. Es handelt sich also um einen Prozess, in dem Erkenntnisleistungen hervorgebracht werden, aus denen der Erzähler selbst lernen kann, selbst wenn die Erklärungsgesichtspunkte Ausblendungs- und Verschleierungstendenzen gegenüber dem rekonstruierten Erleben erkennen lassen.

Ich bin ja bereits auf die Zugzwänge des Erzählens eingegangen und habe in diesem Zusammenhang auch auf den Zwang zur Detaillierung und Differenzierung hingewiesen. Und genau auf diesen Zugzwang ist der erkenntnisgenerierende Prozess gegründet. Der Erzähler wird im Verlauf des Darstellungsverfahrens immer genau zwischen den Ereignisentfaltungen und seiner theoretisch-evaluativen Haltungseinnahme ihnen gegenüber differenzieren. Auf diese Weise wird bereits im Darstellungsvollzug die Trennung zwischen Ereignis und diesbezüglicher reflexiver Haltung vorgenommen. Damit leistet also bereits der Erzähler auf einer vorläufigen Erkenntnisebene analytische Arbeit. Er hat sozusagen einen Filter in den Strom seiner Erinnerungen an die zurückliegenden Erlebnisse eingebaut, der die Orientierungen und Erklärungen ebenso wie die Globaleinschätzungen und Abstraktionen selektiert und sie der argumentativen Durcharbeitung zuführt. Die dann weiterhin auf der Erinnerungsfolie aufscheinenden Erlebnisse werden vom geübten Interviewer und später vom Forscher an diesen Ergebnissen überprüft, differenziert und weiter verdichtet. Die Hervorbringung der theoretischen Aktivitäten und ihre Funktion im empirischen Kontext des Geschehensablaufs werden schließlich vom Forscher im Arbeitsschritt der systematischen pragmatischen Brechung herausgearbeitet und analysiert. Dabei wird die analytische Aufmerksamkeit vor allem auf die vorgestellten Gegenargumente gerichtet, die der Erzähler, wie bereits mehrfach erwähnt, in der Abwicklung seiner Darstellung fortlaufend mitdenken muss. Es gilt nun herauszufinden, an welchen vorstellbaren Gegenargumenten sich der Erzähler vor allem abarbeitet. Was wird für ihn also besonders erklärungs- und legitimationsbedürftig und in welche Berücksichtigungszwänge gerät er dabei? Diesen Arbeitsschritt hat Schütze mit dem Begriff **pragmatische Brechung** besetzt. Es geht dabei um die pragmatische Brechung der theoretischen Wissensbestände des Erzählers. Die Fläche, an der diese theoretischen Wissensbestände gebrochen werden, ist mit den Worten von Schütze „die Spiegeloberfläche der jeweiligen narrativen Berichte von Ereigniskontexten, in die die evaluativen und theoretischen Aktivitäten eingebettet sind“.[39] In der

39 Vgl. Schütze, Fritz, 1987: Das narrative Interview...

Bearbeitung des Kodakommentars von Heinrich Beyer und seiner elliptischen Argumentationsstruktur haben wir bereits eine wichtige Teiluntersuchung der pragmatischen Brechung vorgenommen. Wir haben u.a. herausgearbeitet, inwieweit und in welchem Sinne der Erzähler die narrativ dargestellten Erlebnisgehalte tatsächlich verarbeitet. Weiter würden wir nun im Arbeitsschritt der pragmatischen Brechung darauf achten, inwieweit der Kodakommentar im Vergleich zu den einzelnen Erzählsegment-Kommentaren Lücken und/oder andere Interpretationen aufweist. Und wir würden weiter fragen, in welchen Bereichen und aufgrund welcher Ereignisverstrickungen Verschleierungstendenzen, Legitimationsanstrengungen oder gar Ausblendungen auftreten? Es handelt sich hierbei jedoch um einen Arbeitsschritt in der fortgeschrittenen analytischen Abstraktion des empirischen Datenmaterials, auf den ich hier nicht konkreter eingehen werde.

7. Die Wirkmechanismen der Erzähldynamik

Ich habe schon wiederholt darauf hingewiesen und wir konnten uns auch an unserer Beispielserzählung vor Augen führen, dass das Stegreiferzählen dem Betroffenen dabei hilft, sich seinen eigenen schwierigen Erlebnisverstrickungen noch einmal anzunähern. Derartig traumatische oder auch schmerzhafte Erlebnisse, die Verwicklung in schuldbeladene Handlungsabläufe oder auch lediglich die Zugehörigkeit zu einer Gesellschaft, die wie die Deutschen aus der Außenperspektive häufig mit dem Phänomen einer „Kollektivschuld“ assoziiert werden, hat der Betroffene ja gerade wegen ihrer tief greifenden Problematik aus seiner alltäglichen Handlungsorientierung ausgeblendet.

Als Angehöriger der deutschen Nachkriegsgeneration habe auch ich mich einem solchen Phänomen ausgesetzt erlebt, und zwar immer dann, wenn sich meine Erinnerung auf eine kollektive schuldbeladene Ereignisverstrickung einer sozialen Kollektivität bezog, der ich selbst ohne eigenes Zutun angehöre. Als Kriegsteilnehmer gehörte mein Vater im Zweiten Weltkrieg einer solchen sozialen Kollektivität, deren zentrale Akteure in schuldbeladene Handlungsabläufe verwickelt waren, an. Und obwohl ich die Handlungsabläufe auf den damaligen Kriegsschauplätzen rundweg ablehne und auch in der historischen Erinnerung selbst unmöglich die Verantwortung übernehmen kann, weil ich zu diesem Zeitpunkt ja noch gar nicht geboren war, erlebe ich mich in der Außenperspektive mit dem Phänomen der Kollektivschuld assoziiert. Obwohl die kollektive soziale Kategorie - in meinem Fall die Zugehörigkeit zur deutschen Nation - für mich zunächst keine biographische Orientierungsrelevanz zu bekommen schien und ich mich diesbezüglich zunächst nicht verantwortlich zu fühlen meinte, musste ich mich schließlich doch mit ihr sekundär identifizieren. Ich musste den Vorbehalt der moralischen Belastung als Angehöriger der kollektiven Kategorie akzeptieren. Allmählich ist mir nämlich immer deutlicher geworden, dass ich ja in die Sinnhorizonte und die Kultur dieser kollektiven Kategorie einsozialisiert worden war. So habe ich beispielsweise in der Rolle des Familienangehörigen, des Schülers und des Studenten ihre Unterstützungs- und Entfaltungsangebote in Anspruch genommen, habe ihre Identitätsmerkmale akzeptiert und zunächst sicher auch ohne selbstreflexive Anstrengungen verinnerlicht. Schließlich wurde ich ja schon allein über den innerfamiliären Diskurs, der sich in den 50er und 60er Jahren mehrmals wöchentlich zwischen meinen Vater und meinem Großvater in aller Regel im Anschluss an die 18-Uhr-Nachrichten entwickelte und von dem ich als einziges Familienmitglied trotz meines jungen Alters nicht ausgeschlossen wurde, permanent mit den Mitgliedern dieser Kollektivität konfrontiert, die einerseits faktisch in jenes schuldbehaftete kollektive Geschehen damals als Soldaten verwickelt gewesen sind, die mir gleichzeitig aber auch persönlich sehr nahe standen. Ich habe mich nicht aus der kommunikativen Gemeinsamkeit ausstoßen wollen und können. Ich war also gar nicht in der Lage, Vater und Großvater, geschweige denn die Wir-Gemeinschaft der kollektiven Kategorie von belastenden Elementen zu befreien, auch nachdem sie mir nach und nach immer bewusster wurden.

Ein diesbezügliches Schlüsselerlebnis hatte ich dann 1969 auf einer Ferienreise zusammen mit einem ehemaligen Schulfreund durch die ländlichen Regionen Mittelfrankreichs. In den kleinen Gasthöfen auf den Dörfern, in denen wir aßen und hin und wieder auch für mehrere Tage Quartier bezogen, kamen wir zunächst immer sehr schnell mit den Einheimischen ins Gespräch. Sobald dann jedoch die Sprache auf die Nationalität kam und meine Zugehörigkeit zur kollektiven sozialen Kategorie „Deutscher" offenkundig wurde, bin ich dann wiederholt von den älteren Franzosen implizit und mindestens symbolisch für das schreckliche Geschehen unter der Nazi-Herrschaft mitverantwortlich gemacht worden. Sie haben mich als jemanden angesehen, der mit denselben Merkmalen der Tatbefähigung ausgerüstet ist wie die damals faktisch Verantwortlichen.

Ich kann mich noch genau erinnern, wie krampfhaft ich mich damals bemüht habe, dass in mir aufkommende Schamgefühl zu ignorieren - es ist mir nie gelungen. Und infolge hat dann das Identifiziert-Werden als Deutscher immer die Qualität der sich zuvor zunächst entwickelten freundschaftlich-sozialen Beziehung - dieses besondere soziale Konstitutionsphänomen bewundere ich heute noch, wenn ich ein französisches Landgasthaus betrete - fremdmachend beeinflusst. Dieses Erleben hat mich wesentlich intensiver als die diesbezügliche kollektive Sogwirkung der so genannten „68er-Ereignisse" erneut zum Nachdenken über das kollektive Desaster der deutschen Geschichte, über die mögliche Mittäterschaft vom Vater und Großvater und über meine eigene Zugehörigkeit zur kollektiven Kategorie der Deutschen veranlasst. Der damit in Gang gesetzte Erkenntnisprozess ist keineswegs ohne Identitätsirritationen abgelaufen. Ich habe mich beispielsweise wiederholt dabei ertappt, wie ich zunächst die impliziten Vorwürfe der Franzosen der älteren Generation unmittelbar auf mich selbst bezogen habe, wie ich sie dann aber insbesondere auf meinen Vater bezogen habe.

Diese dem Charakter nach beschämende Selbstanklage auf dem Hintergrund der vielschichtigen und stigmatisierenden Wirkmechanismen der Entfremdungserfahrung hat meine Identität in den damaligen Situationen derart schwammig werden lassen, dass ich zunächst als Bearbeitungsmöglichkeit Tabuisierungsmechanismen für diese „besonderen Orte" (das sich in den französischen Landgasthöfen konstituierende äußerst angenehme soziale Milieu) zu entwickeln begann. Um dieser Paradoxie letztendlich jedoch wieder entgegenwirken zu können, denn diese besonderen Orte faszinierten mich ja und übten eine extreme Submersionswirkung auf mich aus, musste ich mich also erneut mit den negativen Aspekten meiner Kategorienzugehörigkeit auseinandersetzen. Und in diesem Prozess hat mich dann auch die wiederholt auftretende Frage verunsichert, inwieweit und auf welche besondere Art und Weise auch die Entwicklung meiner eigenen Identität durch entsprechende Einsozialisierungsverfahren seitens des Vaters und anderer signifikanter anderer beeinflusst worden sein könnte.

In dieser Phase der Erkenntnissuche und Selbstvergewisserung habe ich erlebt, dass derartige Denkkonsequenzen durchaus Schmerzen verursachen können, weil durch sie in Gang gesetzt die Stabilität der guten Sozialbeziehungen zu den signifikanten anderen ins Wanken geraten kann. Diese Phase bekam den Charakter einer Gratwanderung, und ich habe mein Relevanzsystem zunächst erst einmal in Frage stellen müssen. Das ist u.a. darin zum Ausdruck gekommen, dass ich es damals für die Fortsetzung meiner Reise durch Mittelfrankreich vorgezogen habe, die mir sekundär vermittelten historischen Erinnerungen an die möglichen schuldbehafteten Taten und Unterlassungen meines Vaters für die verbleibende Zeit der Ferien aus meinem Orientierungshorizont auszublenden. Das war jedoch nur begrenzt möglich und hatte zur Voraussetzungen, dass ich diese besonderen Orte mied. Ich bereue es bis heute, dass ich mich damals zusammen mit meinem Freund entschlossen habe, die Annäherung an das sozialräumliche Milieu gerade dieser soziologisch-ethnographisch hochinteressanten Dörfer und kleinen Landgemeinden Mittelfrankreichs aufzugeben und die größeren Städte vorzuziehen.

An diesem Beispiel dürfte verständlich geworden sein, dass sowohl bei einer übereinstimmenden als auch bei einer konfliktuösen Art und Weise der Identifikation mit dem ereignisverstrickten signifikanten anderen emotional stark belastende Vorstellungsmomente in der reaktivierten Erinnerung auftauchen - sei es nun aus Mitleid, sei es aus stellvertretender Scham oder sei es aus Zweifel gegenüber den geschätzten oder gar geliebten signifikanten anderen. Ich habe mit diesem Beispiel ebenfalls zu zeigen versucht, dass aus den genannten Gründen eine Tendenz besteht, die belastenden Vorstellungsmomente vom Orientierungshorizont für das alltägliche Handeln auszublenden. Und der damit in Gang gesetzte Ausblendungsmechanismus blockiert selbstverständlich auch die **historische** und die **biographische Selbstvergewisserungsarbeit**.

7.1 Ausblendungsmechanismen

Wir können uns zunächst einmal von dem sich hartnäckig haltenden Vorurteil lösen, die Ausblendung sei ein bewusster Akt der Selbstverschleierung. Wie ich in dem vorangegangenen Beispiel zu zeigen versucht habe, handelt es sich in der Regel um das Ergebnis einer mehr oder weniger bewussten Neigung zum Nicht-mehr-dran-denken-Wollen. An dem Beispiel sollte aber auch deutlich geworden sein, dass das Ausblenden lediglich oberflächlich entlastet. Die belastenden Erlebnisse werden nicht systematisch reflexiv bearbeitet, und so kann der Betroffene also auch keine grundsätzliche biographische Haltung zu ihnen entwickeln. Sie behalten ihre Wirkung sozusagen auf der Vorstufe zur bewussten Orientierungshandlung und rücken zunächst nicht in den Aufmerksamkeitsfokus vor. Gleichwohl kann sich aber in Folge durchaus ein diffuses Gefühl der Bedrückung einstellen, wie es nicht nur bei mir in der geschilderten Situation der Fall war, sondern wie wir es auch in autobiographisch-narrativen Interviews häufig wieder finden werden. Und wie ich am Beispiel meiner eigenen Erfahrungen gezeigt habe, wird der Betroffene versuchen, dieser dem Charakter nach depressiven Grundstimmung entgegenzuwirken. Dabei werden in der Regel Wirkmechanismen freigesetzt, die in der alltäglichen Orientierungs- und Handlungsplanung Ausweichstrategien und Tabuisierungen gegenüber potentiellen Interaktionspartnern und -tableaus, die an die belastenden Erlebnisse erinnern könnten, hervorbringen. So war es ja damals auch bei mir, als ich mir die besonderen Orte Mittelfrankreichs, die mit angenehmen Anfangserfahrungen verbunden waren, selbst fremdgemacht habe, indem ich auf die größeren Städte ausgewichen bin.

Wir können davon ausgehen, dass das Vergessen von Erfahrungen selbst dann, wenn wir sie analytisch durchgearbeitet haben, niemals total sein kann. Auf der Erinnerungsfolie bleiben die Konturen erhalten, auch wenn das Eigentliche der belastenden Erlebnisse aus der autobiographischen Gesamtschau verschwindet. Derartig belastende oder sogar traumatische Erlebnisse können nun aber in einem kontextualisierten Erinnerungsvorgang hinsichtlich ihrer Ereignis- und Bedeutungsgehalte durchaus reflektiert werden. Als ich Jahre später meinem Doktorvater von meinen frühen Frankreicherfahrungen erzählte, ist ein solcher Reflexionsprozess in Gang gesetzt worden, der schließlich auch mein besonderes Interesse an den Phänomenen des Fremdgemacht-Werdens und des Sich-selbst-fremd-Werdens geweckt hat. Kurzum - die Dynamik des Stegreiferzählens stellt den Rahmen für reflexive Erinnerungsarbeit bereit. Als interviewender Forscher sollten wir jedoch den Erinnerungsvorgang in der Interviewsituation immer nur dann fördern, wenn in der Darstellungsarbeit des Erzählers Hinweise daraufhin deutlich werden, dass er sich selbst Klarheit verschaffen will und wenn er uns an diesen Erlebnissen erkenntnisfördernd teilhaben lassen will. So kann eine derartige Bereitschaft beispielsweise dann gegeben sein, wenn es sich um Erlebnisse handelt, mit denen a) der Informant als ehemals Betroffener zwar schon abgeschlossen hat, die er aber andererseits b) der Wissenschaft oder aber der jungen Generation zwecks reflexiver bzw. analytischer Bearbeitung zur Verfügung stellen möchte. So zum Beispiel mein Vater, der mich immer wieder als geduldigen Zuhörer für seine bedrückenden Kriegserlebnisse gewinnen konnte. So aber auch einer meiner späteren Interviewpartner, der mir ausführlich die Geschichte seiner dramatischen Migrationserfahrung und seine Reaktionen und Haltung darauf erzählt hat. Beide waren sie u.a. daran interessiert, dass ihre Erfahrungen der kollektiv-historischen bzw. der wissenschaftlichen Reflexion und Analyse zur Verfügung gestellt werden. Ich bin in meiner Forschung wiederholt mit solchen Interessen konfrontiert worden. Einen Fall möchte ich exemplarisch und auf die hier in Rede stehende Merkmalsausprägung begrenzt kurz porträtieren.

Herr Walter ist zum Zeitpunkt des Interviews 70 Jahre alt. Er ist Experte für die städtebauliche Entwicklung von K.-Stadt und ihm ist ganz besonders daran gelegen, mir seine Lebensgeschichte zu erzählen. Um es vorwegzunehmen, es ist eines der längsten und ungewöhnlichsten Interviews, das ich bisher geführt habe. Als Horst W. in seiner biographischen Darstellung bei den ersten Kontakten mit Jugendorganisationen der Nationalsozialisten anlangt, entfaltet sich eine Besonderheit in seiner Stegreiferzählung, die für das gesamte weitere Interview charakteristisch wird: in den Haupterzählstrom werden von nun an ungewöhnlich lange Expansionen und wiederholt Hintergrundskonstruktionen eingelagert. Das Handlungsschema Erzählen wird immer häufiger durch argumentative Passagen unterbrochen.

Schon bald wird deutlich, dass die Zur-Schau-Stellung und das ausgeprägte Imponiergehabe der Nazis eine besondere Sogkraft auf den Jugendlichen auszuüben beginnen. Immer tiefer lässt er sich in die Organisationsstrukturen des diktatorischen Regimes hineinverstricken und seine diesbezügliche Argumentation läuft auf die Figur eines günstigen biographischen Passungsverhältnisses hinaus: biographisch steht der Eintritt in das Berufsleben an, aber die desolate Arbeitsmarktsituation der 30er Jahre macht es dem Beamtensohn schwer, überhaupt eine Ausbildungsstelle zu finden. Als er nach langem Suchen schließlich doch eine Lehrstelle im Handwerk erhält, kommt das aus der Wahrnehmungsperspektive der Beamtenfamilie einem sozialen Abstieg gleich. Parallel zu seinen Erfahrungen in der Lehre beginnen nun die Fixierungsmechanismen der nationalsozialistischen Organisationsstrukturen und die ihm darin suggerierten Aufstiegschancen zu wirken. Horst W. gerät selbst unbemerkt immer tiefer in das Netz einer Funktionärsmaschinerie. Mit 17 Jahren wird er als jüngstes Mitglied in eine elitäre Sturmtruppe aufgenommen. Von nun an häufen sich die Verlaufskurvenpotentiale, die auf dem Hintergrund von prozessierenden Wirkmechanismen in Gang gesetzt werden und seine weitere biographische Planung und Handlungsorientierung zu überformen beginnen.

Die Erzählsequenzen, in denen er das Erleben als junger Soldat im Zweiten Weltkrieg schildert, erstrecken sich über mehrere Stunden. Die biographisch-narrativen Anteile werden dominiert vom Kriegserleben und den darin aufscheinenden dramatischen Ereignissen, die der Geschichtenträger jedoch über die Kapitulation hinaus aus der Haltung des Kriegsgewinners präsentiert. Wiederholt verlässt der Erzähler zu diesem Zweck die Haupterzähllinie und arbeitet sich an der Produktion von Erklärungs- und Legitimationstheorien im Hinblick auf seine damalige Handlungsorientierung ab. So wird beispielsweise das Erleben der Konfrontation mit den Not leidenden Frauen und Kindern in einem russischen „Partisanendorf" zu einer groß angelegten Geschichte innerhalb der Darstellung seiner Lebensgeschichte ausgebaut. Aufgrund meines Kontextwissens um die Funktions- und Organisationsstrukturen der kämpfenden Truppe im „Dritten Reich" bin ich mir bereits zu diesem Zeitpunkt im Interview relativ sicher, dass der Geschichtenträger damals in einer SS-Einheit gekämpft haben muss. Der Erzähler selbst kann jedoch zu diesem Zeitpunkt sowohl sich selbst als auch mir gegenüber seine damals speziell auf Zerstörung und Vernichtung ganzer Dörfer einschließlich der dort lebenden Menschen angelegte Funktion noch nicht thematisieren. Stattdessen rahmt er die Darstellung dieses Erlebnisses einleitend mit einem suprasegmentalen Markierer, der den Charakter einer „glücklichen Fügung" bekommt. Und die abschließende Ergebnissicherung zu dieser Geschichte fällt dann auch entsprechend aus: in der Konfrontation mit den DorfbewohnerInnen habe sich eine freundschaftliche Beziehung entwickelt. Die Symbole für diese sozialen Beziehungen werden in der Darstellung durch zusätzliche Stilisierungsmittel betont hervorgehoben. Über das eigentliche Ziel seines Einsatzes dort - das Aufspüren und Töten der Partisanen - kann der Informant zu diesem Zeitpunkt nur in das eigene Erleben kontrastierenden Erfahrungen von Kameraden berichten, die ganze Dörfer dem Erdboden gleichgemacht hätten. Horst W. löst also die selbsterlebten Erfahrungen aus seiner Perspektivität heraus und lässt die anschließende Darstellungssequenz sozusagen durch die Perspektive seiner Kameraden laufen. Wie ich später noch zeigen werde, handelt es sich hier um eine **Perspektivenveräußerlichung**.

In dieser Interaktionssituation in der Rolle des Interviewers durfte ich also auf keinen Fall den Versuch unternehmen, eine Schilderung gegen seine noch offensichtliche Darstellungsbarriere und Ausblendungshaltung hinsichtlich der Gräueltaten, an denen er sehr wahrscheinlich selber beteiligt gewesen ist, einzufordern. Wie sich dann später zeigen sollte, vermochte der Erzähler am besten einzuschätzen, woran er faktisch beteiligt war und was er sich zu welchem Zeitpunkt in der Interviewsituation bezüglich der Darstellung rekonstruierter Erinnerung an das eigene Erleben zumuten konnte.

Dass sich seine Ausblendungsversuche und Umgehungsstrategien nicht auszahlen, wird ihm selber immer deutlicher und er will sich schließlich über das Erzählen des erlebten Desasters eine Chance zur Vergegenwärtigung und darüber hinaus analytische Klarheit verschaffen. Mehrfach hat er bereits bemerkt, dass der Erzählvorgang als solcher immer wieder reflektorische und evaluative Stellungnahmen provoziert. Und auch ich habe seine hartnäckige Bedrücktheit und seine systematischen Umgehungsstrategien bemerkt, was ihm sicherlich nicht endgültig verborgen geblieben ist, wenngleich ich mich in der Haupterzählung nicht zu expliziten Nachfragen hinreißen lasse. Es gibt schließlich einen zweiten Typus des Kommunikationsarrangements für die Auslösung von Erzählaktivitäten, der nonverbal indirekt wirkt. Allein die Mimik und Gestik des Interviewers können eine entsprechende Auslösefunktion haben.

Nachdem dann nach Stunden die Erzählung der Lebensgeschichte zu Ende gebracht werden kann, lädt mich Herr W. in sein einsam am Waldrand gelegenes Wochenendhaus zu einem weiteren Gespräch ein. Diese besondere Situationsrahmung erachtet der Erzähler für notwendig, wie ich später feststellen werde, um den Versuch unternehmen zu können, über die ihn bis heute belastenden schuldbeladenen Handlungen im Krieg und sein Verstricktsein darin reden zu können. Auf einem Spaziergang nach dem Kaffee entlang des Waldrandes, wo er sich nicht nur sicher sein kann, dass kein Dritter zuhören wird, sondern wo er auch ohne ausdrückliches Ausbitten davon ausgehen kann, dass kein Tonband mitlaufen und das Gesprächsarrangement eine völlig andere Qualität haben wird, thematisiert er dann noch einmal sein Erleben im Krieg. Der in diesem besonderen kontextuellen Rahmen von ihm in Gang gesetzte Erzählvorgang ist natürlich immer noch nicht ganz frei von Erinnerungshemmungen, von Ausklammerungstendenzen und Barrieren gegen Stellungnahmen, die unter anderem in seinem mehrmals stockenden Redefluss, in vagen Allgemeinformulierungen und rationalisierenden Selbstkorrekturen zum Ausdruck kommen. Jedoch hat er zu keiner Zeit, was nicht unbedingt selbstverständlich ist, den Versuch unternommen, aus dem selbstbegonnenen Erzählvorgang auszusteigen. Hier erfahre ich nun von seiner SS-Zugehörigkeit, von den Exekutionskommandos, denen er angehört hat, und auch von den erfolglos gebliebenen Versuchen zu Beginn der 50er Jahre, sich im Kreise der noch lebenden Kriegskameraden heimlich zu treffen. Und in diesen Darstellungszusammenhängen erzählt Herr W. auch ausführlich über die Ursachen seiner chronisch verlaufenden Krankheitskarriere, die in den wiederholt längeren Aufenthalten in den gefährlichen Sumpflandschaften Russlands im Zuge der Partisanenbekämpfung gegründet sei und die letztendlich auch dafür gesorgt hätte, dass seine Ehe kinderlos geblieben sei. So ist denn auch eine seiner zentralen Erklärungstheorien für seine Leidenserfahrungen nach dem Krieg so angelegt, dass er auf diese besondere Art und Weise für seine schuldbeladenen Handlungen während des Krieges seit nunmehr vierzig Jahren „bezahlen" müsse. So weit die exemplarisch skizzierte Fallgeschichte für eine Überfokussierung auf die Kriegserfahrungen im autobiographisch-narrativen Interview und die darin aufscheinenden Wirkmechanismen der Ausblendung. Ich werde jetzt am selben Fallbeispiel noch einmal auf die bereits mehrmals thematisierte Hintergrundskonstruktion als ein Mittel der Vergewisserungsarbeit eingehen.

7.2 Hintergrundskonstruktionen

Hintergrundskonstruktionen sind in die Haupterzähllinie eingelagert. Dabei handelt es sich jedoch um eine besondere Darstellungsaktivität, die auf einer Nebenerzähllinie abgearbeitet werden muss. Wir können uns das folgendermaßen vorstellen: Im Strom der vom Erzähler rekonstruierten Erfahrungsaufschichtungen ist es zu Unordnungen gekommen, die er nun an einer späteren Stelle im Zuge seiner Darstellungsarbeit auf einer Nebenerzähllinie mittels nachgereicht-erläuternder Erzählsequenzen, Beschreibungen oder auch durch argumentative Passagen beheben will. So wird beispielsweise mit einer Hintergrundserzählung eine Ereigniskonstellation nachgereicht, in der sich der Erzähler stark verunsichert, hilflos oder verletzt erlebt hat. Er hat zunächst versucht, diese Ereigniskonstellation aus seiner ursprünglichen Erzählintention auszuklammern. Nun wurde aber gerade dadurch seine Darstellung unplausibel und nicht mehr nachvollziehbar. Zu einem späteren Zeitpunkt versucht er nun mit einer Hintergrundserzählung diesen Darstellungsmangel zu beheben. Er ermöglicht damit dem Zuhörer und auch sich selbst ein verständiges Miterleben dahingehend, wie im Strom der rekonstruierten Erfahrungsabläufe eins zum anderen gekommen ist. Ich werde nun die Funktionsweise und den Stellenwert von Hintergrundskonstruktionen für die analytische Betrachtung von Erfahrungsaufschichtungen an einem Beispiel aus dem autobiographisch-narrativen Interview mit Herrn W. deutlich machen.

Auszug aus dem transkribierten autobiographisch-narrativen Interview mit Herrn Horst Walter (6/25-7/11)

> *„Und dann bei dem äh/äh Großangriff auf K-Stadt hatt' ich dadurch Glück gehabt, dass ich äh... <u>ich muss noch erzählen, ich lag ja in äh.. bei W-Stadt in J.-Stadt in einem Kloster. Das war als Lazarett ausgebaut, beziehungsweise war ich da äh.. von Russland kommend nach J.-Stadt gebracht worden. Und äh... bin dann.. bin ich an dem Tag entlassen worden und habe in.. in äh... bei W.-Stadt äh.. nicht den Anschluss/nicht den Zug bekommen, der zurzeit des Bombenangriffs in K.-Stadt.. der sollte dann hier in K.-Stadt sein. Ich hatte schon meinen Angehörigen Bescheid gesagt.. geschrieben: Ich komme am Soundsovielten nach K.-Stadt. Aber äh.. dadurch, dass ich den Zug, den Fronturlauber „Lazarizzo" in W.-Stadt, wo wir hingebracht worden sind von J.-Stadt, nicht mehr bekam, der war überfüllt und musste dann eine Nacht dort bleiben,</u>*

im Bahnhof dort. Und dadurch kam die ganze Verspätung, sodass ich dann nicht am zweiundzwanzigsten Oktober nach K.-Stadt kam, sondern erst am Sonntagmittag... äh bis zum W.-Bahnhof. (Unterstreichung zur Kennzeichnung der eingelagerten Hintergrundserzählung)

Herr Walter will an dieser Stelle seiner Darstellungsarbeit von der Konfrontation mit einem tragischen historischen Ereignis erzählen. Dieses Erleben soll in Kontrastanordnung zu dem zunächst einen Tag zuvor geplanten Wiedersehen seiner Heimatstadt und mit dem Charakter einer „glücklichen Fügung" präsentiert werden. Vom Erzähler wird nun allerdings gegenüber dem Interviewer ein explizites Wissen um den historisch betrachtet bisher größten Unglückstag für K.-Stadt vorausgesetzt. In diesem Fall kann er aber weitgehend von einem gemeinsam geteilten Wissen über den Bombenangriff auf K.-Stadt am 22. Oktober 1943 ausgehen, in dessen Folge über 10.000 Menschen ihr Leben durch Ersticken verloren und die gesamte historische Fachwerkbebauung der Altstadt den Flammen der detonierenden Phosphorbomben zum Opfer fiel. Der Erzähler fasst dieses tragische historische Ereignis symbolisch und auf einen einzigen Begriff gebracht mit der Kategorie „Großangriff". Während des Erzählens in der Interviewsituation wird dem Informanten noch einmal die glückliche Fügung äußerer Umstände deutlich, ohne die er sehr wahrscheinlich als Soldat auf Urlaub in seiner Heimatstadt, und eben nicht an der Front, den zerstörenden Wirkmechanismen des Krieges zum Opfer gefallen wäre. Und er muss sich nun selbst noch einmal, aber auch dem Zuhörer, vor Augen führen, wie es zum Heimaturlaub und zu dieser glücklichen Fügung kommen konnte. Es handelt sich also um ein doppelt gelagertes Glück im Unglück. Aber um nun dem Zuhörer und sich selbst noch einmal ein emotionales und verständiges Mitgehen mit dem rekonstruierten Erlebnisstrom zu ermöglichen, muss er zusätzliche Hintergrundsinformationen nachreichen, die er eigentlich schon an einer früheren Stelle im Darstellungsablauf hätte bringen müssen. Und so erscheint dann nicht nur im Hinblick auf seine eigene Vergewisserungsarbeit die Behauptung als solche, es habe sich hier um einen außergewöhnlichen Glücksfall gehandelt - denn ein Heimaturlaub auf dem dramatischen Höhepunkt des Krieges erscheint zunächst ebenso unwahrscheinlich wie das Überleben eines Infernos - unbedingt begründungspflichtig.

Auf einer Nebenerzähllinie spannt nun der Informant in einer kondensierten Erzählung den Hintergrund für die äußeren Rahmenbedingungen auf, unter denen es zum Heimaturlaub überhaupt, und zur glücklichen Fügung hinsichtlich der Ankunft in seiner Heimatstadt, die der vorgesehene Zug ja unmittelbar vor dem Inferno erreicht hätte, kommen konnte. Auf meine explizite Nachfrage nach Ende der Haupterzählung wird die Vorgeschichte für den Lazarettaufenthalt in J.-Stadt, die der Erzähler ja bisher aus seiner Darstellung auszublenden versucht hat, deutlich: Im Zuge der Partisanenbekämpfung, die er ja nur wie bereits gezeigt extrem verharmlosend im Sinne sozialer, freundschaftlicher Kontakte mit der russischen Bevölkerung schildert, hatte sich Herr Walter das lebensgefährliche Sumpffieber zugezogen. Als der Krankheitsverlauf schon nach kürzester Zeit lebensbedrohliche Symptome aufweist, wird der Soldat von der kämpfenden Einheit in Russland in Heimatnähe nach O.-Land in ein Lazarett verlegt, um seine Überlebenschancen zu steigern. Vor diesem Hintergrund hatte sich Herr W., wenn auch unter dramatischen Umständen, bereits seinem Heimatland angenähert und sollte nun anschließend nach erfolgreicher ärztlicher Behandlung einen kurzen Heimaturlaub antreten.

Wie können wir nun bei der Analyse des Datenmaterials aber sicherstellen, dass es sich hier um eine Hintergrundskonstruktion und nicht etwa um eine detaillierende Expansion handelt? Zu diesem Zweck müssen wir uns stets zwei Fragen beantworten können:

1. An welcher früheren Stelle auf der Haupterzähllinie hätte dieses Ereignis bereits im geordneten Ablauf präsentiert werden müssen?

2. Warum schildert der Erzähler erst jetzt dieses (traumatische oder besonders heikle) Ereignis?

Für die hier vorliegende Hintergrundskonstruktion können die beiden Fragen folgendermaßen beantwortet werden:

1. Herr W. hätte die dramatisch verlaufende Erkrankung an Sumpffieber bereits im Zuge seiner Schilderung von der Partisanenbekämpfung in Abschlussposition erzählen müssen, um auf diese Weise die zeitliche Abfolge der Ereignisse einhalten zu können. Aber genau an dieser Stelle in seiner Darstellung ist der Erzähler ja, wie ich gezeigt habe, damit beschäftigt, seine eigene Schuldverstrickung in die Kriegshandlungen weitestgehend auszublenden bzw. zu beschönigen. Die faktisch mit der Partisanenbekämpfung einhergehenden schuldbeladenen Handlungen werden in der Darstellung des Erzählers ausgeblendet und dahingehend abgeändert, dass er das Erleben dieser Ereignisse ausschließlich auf die von ihm wahrgenommenen positiven sozialen Kontakte mit den in den Dörfern zurückgebliebenen BewohnerInnen fokussiert. Der Darstellungsduktus seiner Gesamterzählung ist ja zunächst auf die Präsentation der Reihung von vielen glücklichen Fügungen angelegt. Für den Zuhörer soll auf diese Weise folgender Eindruck vermittelt werden: Der Soldat Horst Walter hat sozusagen wiederholt Glück im Unglück. Und so fällt dann auch die Darstellung der Erfahrungsaufschichtung seiner Kriegserlebnisse entsprechend aus: Die destruktiven Wirkmechanismen werden ausgeblendet oder extrem marginalisiert, während das Bild vom wohltätigen braven Soldaten Platz greifend die entworfenen Szenarien dominiert.

2. Die zweite Frage, die sich der analytisch arbeitende Forscher beantworten muss, um sicher sein zu können, dass es sich hier um eine Hintergrundskonstruktion handelt, habe ich ja bereits weiter oben schon beantwortet. Der Erzähler muss die Darstellung dieses traumatischen Ereignis-

ses der lebensgefährlichen Erkrankung im Zuge der Partisanenbekämpfung - wenn auch wie hier nur andeutungsweise und auf den äußeren Rahmen beschränkt - nachreichen, weil ohne diesen Wissenshintergrund sein glücklicherweise verspätetes Eintreffen in der Heimatstadt, die ja unmittelbar zuvor durch massive Bombardierung in weiten Bereichen zerstört worden ist, nicht plausibel wird. Aus diesem Grund wird an dieser Stelle eine äußerst kondensierte Hintergrundserzählung nachgereicht, in der jedoch weiterhin die konkreten Hinweise auf die eigentliche Dramatik des Krankheitsverlaufs ausgeblendet bleiben. Erst auf die explizite Nachfrage des Forschers im zweiten Teil des Interviews, mit der die Begründung für den Lazarettaufenthalt eingefordert wird, werden die Ursache für den Ausbruch der Krankheit, der dramatische Krankheitsverlauf, die monatelange Stationierung im Lazarett und die Folgeschäden der Krankheit, die bis heute seine Handlungsorientierung weitgehend dominieren, vom Erzähler nachgereicht. Und nur so ermöglicht er dem Forscher und sich selbst schließlich ein emotionales und verständiges Mitgehen mit dem rekonstruierten Erlebnisstrom.

Der entscheidende Grund für die Barrierewirkung im Darstellungsablauf ist die Befürchtung, der Zuhörer könne einen Einblick in die Tiefen seiner damaligen Identität bekommen. Die Haltung derjenigen, die damals als Mitglied der SS-Sonderkommandos die Partisanenbekämpfung durchgeführt haben, dürfte hinlänglich bekannt sein, wenn auch einschränkend berücksichtigt werden muss, dass es sich beim Geschichtenträger um einen sehr jungen Soldaten und ein Mitglied der Hitlerjungen-Generation handelt. Blockierend wirkt aber hier ebenso die Befürchtung, der Erzähler selbst würde auf diese Weise noch einmal mit der inzwischen von ihm abgeschlossen geglaubten Schuldfrage konfrontiert werden, und er würde so erneut in einen Strudel von extrem schwieriger Reflexionsarbeit und Rechtfertigungszwänge hineingesaugt werden. Er ist sich in diesem Moment noch nicht sicher, ob er dieser erneuten Belastung, die er damals weitgehend unreflektiert aus seiner Aufmerksamkeit und auch von der Erinnerungsoberfläche verdrängt hat, heute noch gewachsen wäre. Und so bleibt dann auch in dieser kondensierten Hintergrundskonstruktion seine besondere Verwendung als Soldat im Zweiten Weltkrieg weiterhin ausgeblendet. Er kann noch nicht über seine Zugehörigkeit zu den Sonderkommandos erzählen. Andererseits wird aber schon formal in seinem Stottern und dem wiederholten Ansetzen in seinen Darstellungsbemühungen für den aufmerksamen Forscher angedeutet, dass es sich bei diesem Lazarettaufenthalt und den besonderen Rahmungen, die diese stationäre Behandlung eingefordert haben, um eine besonders bedrückende, wenn nicht sogar traumatische Erfahrung gehandelt haben muss. So weit das Belegbeispiel für die Funktionsweise und den besonderen Stellenwert einer Hintergrundskonstruktion im Hinblick auf die Analyse autobiographisch-narrativen Interviewmaterials.

7.3 Die Selbstvergewisserungsfunktion des Stegreiferzählens

Nun habe ich ja schon wiederholt auf den Aspekt der Selbstvergewisserungsarbeit, so wie er in Stegreiferzählungen aufscheint, hingewiesen. In meinem Argumentationszusammenhang habe ich jetzt die blockierenden Wirkmechanismen in den Blick genommen. Bezüglich der Selbstvergewisserungsfunktion wäre zu sagen, dass sie auch gerade deshalb begrenzt sein kann, weil die sozialen Konstellationen und Beziehungsgeflechte, die die entsprechend belastenden, beschämenden oder auch schmerzhaften Ereignisse damals hervorgerufen haben, auch zum Zeitpunkt des Erzählens noch fortbestehen. Wir sehen das beispielsweise an der Haltung des Vaters in unserer Beispielserzählung, bei dem die reflexive Wahrnehmung hinsichtlich der sozialen Milieuwirklichkeit, die er ja offensichtlich durch sein unkontrolliertes Verhalten mitgestaltet hat, auch weiterhin blockiert ist, obwohl er ja seit kurzer Zeit abstinent lebt. Dennoch erlebt er sich weiterhin alltäglich konfrontiert mit den sozialen Konstellationen und beschämenden Ereignissen, die er ja bisher selbst mit hervorgebracht hat. Dass er selbst ein Teil dieses Milieus ist, in dem sich das Chaos konstituieren kann und deren Mitglieder er über Typen kategorisiert („Penner und Kanaken"), von denen er sich in jeder Beziehung distanziert wissen möchte, blendet er insbesondere deshalb aus, um sich der Rechtfertigungszwänge zu entledigen. Stark vereinfacht ausgedrückt würde ich so sagen: es ist ihm faktisch noch nicht gelungen, dem Milieu, das so sehr „schmerzt", weil es immer wieder an die alte Identität erinnert, zu entkommen. Noch muss er dort wohnen, auch wenn er sich schon sehnsüchtig mit den Mitgliedern einer anderen sozialen Welt identifiziert, zu denen er sich hoffentlich in kürzester Zeit dazurechnen kann. Aber aktuell ist das Schmerzhafte sozusagen noch unmittelbar vor der Wohnungstür, und deshalb möchte er auch um jeden Preis die vertraglich abgesicherte Zusage für die neue Wohnung bekommen. Zum Zeitpunkt des Erzählens jedoch bestehen die beschämenden und schmerzhaften bisherigen Erlebenskontexte noch fort.

Im Fall von Herrn Walter ist es nun so, dass die Mitglieder seiner Generation (und damit auch die damaligen Mitakteure) bereits weitgehend verstorben sind. Die Vermutung liegt nahe, dass er auf dem Hintergrund der damit veränderten sozialen Kontextbedingungen und aufgrund seines hohen Alters nun wieder allmählich über seine schuldbeladenen Handlungen im Zweiten Weltkrieg reden kann. Hinzu kann weiterhin kommen, dass ihm die Endlichkeit seiner biographischen Planungsperspektive vor Augen steht und er sich im Hinblick auf die verbleibende Restzeit - möglicherweise im Kontrast zu seinen inzwischen schon verstorbenen ehemaligen Kriegskameraden - von der nach wie vor bedrückenden Lebensstimmung befreien möchte. Und schließlich könnte in der einsetzenden Vergewisserungsarbeit auch eine moralisch-belehrende Komponente enthalten sein, über die er das

Erleben von hohen biographischen Kosten, die im weiteren Ablauf seiner Darstellung immer deutlicher zu Tage treten, sozusagen als Moral seiner eigenen frühen lebensgeschichtlichen (Fehl-) Entwicklung der jungen Generation im Sinne einer Warnung mitteilen möchte.

Schließlich möchte ich in diesem Darstellungszusammenhang noch die biographische Besonderheit einer Situationsrahmung erwähnen, die wir uns auch ohne ausführliche Porträtierung des Geschichtenträgers vorstellen können. Es ist die Situation, in der sich ein Rentner nach einer glücklich erlebten Ehe befindet, dem einige Monate vor dem Interviewtermin unerwartet die Ehefrau gestorben ist. In diesem Fall ist verständlicherweise die Selbstvergewisserungsfunktion aufgrund des schmerzlichen und noch nicht überwundenen Verlustes einer hochsignifikanten anderen noch sehr stark eingeschränkt. In der Transkription des autobiographisch-narrativen Interviews, das ich mit dem alten Mann geführt habe, treten zwar alle von mir angesprochenen Vergegenwärtigungsschwierigkeiten und Darstellungsunordnungen einschließlich seiner erfolglosen Versuche zur Bearbeitung deutlich zutage, aber der alte Mann kann diese noch nicht zum Anlass einer sorgfältigen Reflexion werden lassen. Der von ihm extrem schmerzlich und endgültig erlebte Verlust seiner geliebten Frau steht ihm noch zu nahe. Und so blieb es denn auch weitgehend bei rationalisierenden allgemeinen Behauptungen. Seine Versuche, der Dynamik des Erzählvorgangs durch Verzögerungspausen, durch das Absinken des Detaillierungsgrades seiner Darstellung und wiederholten Versuchen, das ihm in der Aushandlungsphase übertragene Rederecht abzugeben, um so den Zugzwängen zu entkommen, werden im Transkriptionstext ganz offensichtlich. Natürlich habe ich seine Umgehungs- und Ausblendungsversuche bereits in der Interviewsituation bemerkt. Und so habe ich dann auch angesichts seiner andauernden Leidens- und Verlusterfahrungen darauf verzichtet, seine Aufmerksamkeit darauf zu lenken und ihn zur Reflexion anzuregen. Aber all diese Markierer können schließlich vom Forscher, der ein solches Datenmaterial bearbeitet, nachträglich analysiert und auf die Besonderheiten von Erkenntnisbarrieren hin untersucht werden.

Wie ich bereits im Fall von Herrn Walter gezeigt habe, versetzt die Dynamik des Stegreiferzählens den Betroffenen aber auch in die Lage, dass er sich allmählich aus dem Gefangen-Sein in den damaligen überwältigenden Ereignissen befreien kann. Ich werde jetzt etwas ausführlicher auf die narrative Rekonstruktion von übermächtigen Ereignisabläufen, die der Betroffene zunächst noch gar nicht überschauen kann, eingehen.

7.4 Die narrative Rekonstruktion von übermächtigen Ereignisabläufen

Wenn wir uns die Transkription narrativer Interviews genauer ansehen werden wir feststellen, dass der Erzähler in seiner Darstellung Erlebnisse thematisiert, die er selbst noch nicht so recht begriffen hat. Auch in unserer Beispielserzählung schildert der Vater wiederholt Ereignisse entlang seiner Lebensgeschichte, von denen er bis heute nicht so recht weiß, wie sie zustande kommen konnten. Dieses Phänomen ist in der dem Erzählvorgang zu eigenen Dynamik gegründet. Würde der Informant diese Ereignisse aussparen, dann würde seine Darstellung dem Zuhörer unplausibel oder in manchen Fällen vielleicht sogar völlig unverständlich erscheinen. Er erlebt sich also im Darstellungsvorgang aufgefordert, Rahmenbedingungen und Hintergrundsereignisse in seiner Stegreiferzählung zu berücksichtigen, die im Marginalbereich der darzustellenden Geschichtenereignisse liegen. Dieser Zugzwang wirkt, ohne dass er ihn zuvor in seiner Darstellungsplanung kalkulieren konnte, weil derartige Rahmungen und Hintergrundsereignisse den zu berichtenden Ereignisablauf in irgendeiner Form, die er für sich selbst noch nicht geklärt hat, mitbeeinflusst haben. Dabei handelt es sich immer wieder um Bedingungen und Ereignisse, deren Entwicklung und Wirkung der Geschichtenträger nicht beeinflussen und mitgestalten konnte. Sie lagen außerhalb seiner Kontrollmöglichkeiten. In solchen Fällen war der Betroffene derart mit sich beschäftigt und durch die eigenen Handlungs- und Erleidensverstrickungen in Anspruch genommen, dass er sich ihren Wirkmechanismen nicht entziehen konnte.

Denken wir hier noch einmal an die sich selbstläufig dramatisch entwickelnden Kontrollverluste des betrunkenen Vaters. Er war in solchen Situationen so sehr mit sich selbst und den unerbittlichen Forderungen der Sucht beschäftigt, dass er für den Alkohol aus dem Fenster gesprungen ist und seine Familie geschlagen hat, wenn sie ihn auf dem Weg zur Erreichung seines Ziels stoppen oder stören wollte. Trotz wiederholter Versuche ist es dem Vater zunächst nicht gelungen, dem Bannkreis der Sucht zu entkommen. Er war dermaßen mit seinem Leiden und seiner Alltagsorganisation beschäftigt (vermutlich musste er in bestimmten Zeitabständen eine bestimmte Menge Alkohol besorgt und getrunken haben, worauf ja der Sprung aus dem Fenster hinzudeuten scheint), dass er schon gar nicht mehr realisieren konnte, wie die Wirkmechanismen der Sucht ihm Frau und Kind derart fremdmachen, dass er sie schließlich wie gefährliche Feinde behandelt hat. Diese Rahmenbedingungen und Hintergrundsereignisse haben seine Kontrollmechanismen außer Kraft gesetzt, was er zunächst aber gar nicht erkennen konnte. Sie haben seine ursprünglichen Erwartungen von einer glücklichen Familie mit einem Kind durchkreuzt und ihm das Interaktionsfeld (die Familie) fremd gemacht.

Schütze spricht in diesem Zusammenhang von „heteronomen Systembedingungen des Handelns"[40]. Solche Rahmenbedingungen werden durch strukturelle Veränderungstendenzen gesetzt. Noch deutlicher dürfte es für den einen oder anderen werden, dass es sich hier um von außen auf das eigene Handeln einwirkende systemische Bedingungen handelt, wenn wir uns die Folgen der deutsch-deutschen Wiedervereinigung vor Augen führen. Die mit der Grenzöffnung in Gang gesetzten Transformationsprozesse sind dem unmittelbar kontrollierbaren Interaktionsfeld der meisten Menschen in den neuen Bundesländern fremd. Ich habe in meinen autobiographisch-narrativen Interviews mit Hochschullehrern aus der ehemaligen DDR als Folge dieser heteronomen Systembedingungen des Handelns wiederholt die Phänomene des Fremdgemacht-Werdens, des Sich-selbst-fremd-Werdens und der Identitätsirritation bis hin zur Identitätskrise gefunden. Dort wird besonders deutlich, wie sich die ErzählerInnen einen Reim auf die ihnen teilweise bis heute unbegriffenen Ereignisabläufe, ihre Rahmenbedingungen und die kollektiv-historischen Hintergründe dafür zu machen versuchen, und wie sie dann im Erzählvorgang selbst wiederholt mit der Übermacht und der Undurchschaubarkeit der Ereignisse konfrontiert werden.

Ich erinnere in diesem Zusammenhang vor allem an die schmerzlich und/oder auch beschämend erlebten Evaluierungsverfahren, oder besser bekannt unter dem Begriff „Abwicklungsverfahren". In diesen Interviewsituationen konnten die ehemaligen GeschichtenträgerInnen in ihrer Rolle als ErzählerInnen, die ja das Darzustellende bereits erlebt hatten, beobachten, wie sich die Ohnmachtserfahrungen der Ereignisse auf die Durchführung ihrer eigenen Erzählung ungeplant ausgewirkt haben. Sie bekamen in der aktuellen Interviewsituation gewissermaßen empirische Hinweise für eine analytische Betrachtung, die ihr Verständnis für die damaligen Erlebnisse, in die sie mehr oder weniger stark involviert waren, zu fördern begann. So erlebte sich beispielsweise Herr Brakel[41] durch dieses schrittweise Bewusstwerden der Wirkungen der wiedererinnerten überwältigenden Erlebnisse im aktuellen Erzählvorgang in die Lage versetzt, sozusagen auf das berichtete Geschehen der Montagsdemonstrationen, an denen er aktiv beteiligt gewesen war, wie auch auf das seiner engagierten Mitarbeit in der Kommission für die Evaluierungsverfahren von oben hinabzusehen - gewissermaßen neben sich stehend und sich noch einmal in den damaligen Interaktionssituationen beobachtend. Und aus dieser Perspektive hat er dann bereits in der Interviewsituation argumentierend den Versuch unternommen, einen Überblick über die zuvor unübersehbaren und teilweise unbegriffenen sozialen Interaktionstableaus und die in ihnen ablaufenden überwältigenden Ereignisse zu bekommen.

---

40 Vgl. hierzu Schütze, Fritz, 1975: Sprache soziologisch gesehen. Fink-Verlag, München.

41 Der Name des Hochschullehrers ist maskiert.

Wenn auch nicht immer so intensiv und offensichtlich wie in dem gerade zitierten Fall, so werden fast alle Erzähler und ehemalige Geschichtenträger in ihren Stegreiferzählungen mehr oder weniger mit noch unbegriffenen Geschehensabläufen und ihren Hintergrundsereignissen konfrontiert. Und genau darin ist ja eine zentrale Funktion des Erzählens gegründet. Die Erfahrungen auf den ehemaligen Interaktionstableaus werden noch einmal vor dem inneren Auge lebendig und ins Fließen versetzt. Und auf diese Weise können sie dann einem besseren Verständnis des Erzählers wie auch dem Verständnis seines Zuhörers zugeführt werden.

7.5 Das Konzept der Verlaufskurve

Wir haben ja nun wiederholt und auf dem empirischen Hintergrund erzählter lebensgeschichtlicher Erfahrungen Zustandsentwicklungen in den Blick genommen, aufgrund derer der Betroffene an der Gestaltung von Ereignissen nicht mehr durch aktives Planen und Eingreifen teilnehmen kann. Er kann lediglich noch auf die äußeren Rahmenbedingungen, die ihm von den übermächtigen Ereignissen diktiert werden, reagieren. Auf diese Weise erlebt beispielsweise der Vater unserer Beispielserzählung die Ereignisse seines Handlungsfeldes durch konditionelle Relevanzen miteinander verknüpft. Und auch der im Evaluierungsverfahren befindliche Hochschullehrer erlebt die prozessualen Ereignisse des Verfahrens durch von außen auferlegte Bedingungskonstellationen miteinander verwoben. Als unmittelbar Betroffener erlebt er den Verfahrensablauf so, als ob ein Ereignis das andere mit Notwendigkeit bedinge und er der Verfahrensmächtigkeit nicht mehr entkommen könne. Hier haben wir ein Phänomen, dass wir bereits aus der griechischen Mythologie kennen, wenn wir die Irrfahrt von Odysseus und die darin aufscheinende Unmöglichkeit des Entkommens erinnern. In diesen und ähnlichen Erfahrungen wird das Übermächtige und Unentrinnbare der Verlaufskurve deutlich: jemand erlebt sich von etwas verfolgt in einer unglücklichen Verkettung von Ereignissen, denen er nicht entrinnen kann. Die Biographieforschung hat die analytische Kategorie „Verlaufskurve“ aus dem englischen Begriff „trajectory“ (die Flugbahn eines Geschosses) entlehnt. Damit haben wir das Bild von einem einmal in Gang gesetzten Geschoss, das - einmal auf den Weg gebracht - nicht mehr gestoppt werden kann, vor Augen. Und eben diese fremdgesteuerte, selbstläufige Dynamik charakterisiert die Verlaufskurve, von der sich der Betroffene gefangen erlebt. Wir können mit dem Konzept der Verlaufskurve das individuelle Erleben der Alkoholkrankheit ebenso erklären wie das kollektive Erleben der Schuldverstrickung (in den Handlungen der Akteure im Zweiten Weltkrieg) oder der Identitätsirritation (beispielsweise in der Ohnmächtigkeit vieler Menschen aus den neuen Bundesländern gegenüber den mit der Wiedervereinigung in Gang gesetzten Transformationsprozessen).

Wenn also beispielsweise der alkoholkranke Vater versucht, innerhalb der durch die Bedingungen der Sucht gesetzten Ereignisabläufe zu handeln und sie unter Kontrolle zu bringen, stellt er im Nachhinein fest, dass die Handlungsergebnisse keineswegs seinen ursprünglichen Handlungsplänen („Ich wollte ja ein guter Vater sein äh.. für's Kind und für die Frau da sein... 75/16-17) entsprechen. Die von ihm zunächst eingegangenen Handlungsverpflichtungen gegenüber der Familie sind durch die unerwartet eingetretenen übermächtigen Ereignisse (Kontrollverluste aufgrund des übermäßigen Alkoholkonsums) weitgehend abgeändert und sogar gebrochen worden. Und dann sind sie auch durch seine eigenen Fehlentscheidungen und seine inkompetenten Handlungen zerstört worden. In vielen Fällen sind die Diskrepanzen zwischen Handlungsplanung und dem faktisch eingetretenen Ereignis nicht so gravierend, dass sie vom betroffenen Akteur sogleich bewusst registriert würden. Wir haben diese Variante am Fallbeispiel Heinrich Beyer kennen gelernt. In seiner elliptischen Argumentation schwingt ein unbestimmtes Gefühl der Dumpfheit und des Verhängnisses mit. Und dieses unbestimmte Gefühl behindert den klaren Blick auf die Geschehensabläufe und die eigene Gefangenheit in ihnen. Heinrich Beyer ist überfokussiert auf das längst für alle anderen Familienmitglieder obsolet gewordene familiäre Handlungsmuster, das nach wie vor vom einstigen väterlichen Auftrag, das Haus um jeden Preis dem Familienbesitz zu erhalten, dominiert wird. Und so erlebt der heimgekehrte Migrant Beyer nicht nur sein Wohnumfeld und Interaktionsfeld, sondern auch die Interaktionspartner und insbesondere seine eigene Innenwelt weitgehend fremd. Und wie wir an den von mir skizzierten Beispielen der ehemaligen DDR-Hochschullehrer sehen können, wird das Fremdheitserleben umso stärker, wenn sich die Verlaufskurvenerlebnisse in Interaktionsfeldern konstituieren, in denen ein dramatischer Wandel infolge der deutsch-deutschen Wiedervereinigung das Handlungstableau der ehemaligen DDR-Bürger total verändert hat. Das betrifft vor allem ihre Interessenkonstellationen, ihre Wir-Gemeinschaften, ihre Interaktionstableaus, auf denen sich soziale Reziprozität generieren konnte, ihre Alltagsorganisation und ihre Routinepraktiken für ihr alltägliches Handeln. In vielen Fällen hat es die bisherigen langfristig angelegten soziobiographischen Großplanungen und Entwicklungsperspektiven dieser Menschen ad absurdum geführt. In den Lebensgeschichten der ehemaligen wissenschaftlichen Mitarbeiter im so genannten Mittelbau können wir all diese schmerzlich erfahrenen Veränderungen und Auflösungsprozesse bis hin zur Identitätskrise feststellen. Letzteres Phänomen insbesondere dann, wenn sie sich in ihrer Mittelbauposition auf Dauer eingerichtet hatten, so wie es ja im Hochschulmilieu der ehemaligen DDR gang und gäbe war, und nun mit der massiven hochschulstrukturellen Veränderung, orientiert am westdeutschen Vorbild, regelrecht vor der Existenzfrage stehen.

Verlaufskurvenerfahrungen, in denen sich der Betroffene überwältigt und ohnmächtig erlebt, sind immer mit Prozessen des Fremdwerdens verbunden. Dem bisherigen Akteur wird das ihn umgebende Interaktionsfeld fremd. Fremd werden ihm aber nicht nur die zunächst als vertraut erwarteten Interaktionspartner, fremd wird ihn auch seine eigene Innenwelt. Dieser Entfremdungsprozess kann schließlich in einen Orientierungszusammenbruch einmünden, der wiederum typisch für einen Verlaufskurvenhöhepunkt ist. In unserer Beispielserzählung kommt der Orientierungszusammenbruch des Vaters folgendermaßen zum Ausdruck: er erlebt sich aufgrund seiner Alkoholabhängigkeit durch das Kind in einer besonders belastenden Situation, verliert die Kontrolle über sich, brüllt Frau und Kind an und schlägt schließlich noch auf seine Frau ein. An diesem Beispiel wie auch an vielen aus den autobiographisch-narrativen Interviews mit den Hochschullehrern aus den neuen Bundesländern und besonders auch in denen mit Arbeitsmigranten der ersten Generation wird deutlich, dass während des Orientierungszusammenbruchs nicht nur die sozial-räumliche Welt, sondern auch die konkreten Interaktionspartner fremd werden. Der Vater beispielsweise versteht sich selbst und seine Reaktionen nicht mehr.

Wie es insbesondere in den Interviews mit den ostdeutschen Hochschullehrern immer wieder festzustellen ist, ist die Fremdheit, mit der der von der Verlaufskurvenentwicklung Betroffene konfrontiert wird, mehrdimensional. Diese mehrdimensionale Fremdheitserfahrung wird durch die Wirkmechanismen der äußeren fremdaufgesetzten Rahmenbedingungen hervorgebracht - sei es nun durch das Evaluierungsverfahren, sei es durch die Umstrukturierung der Hochschullandschaft oder sei es durch institutionell vorgegebene, den Menschen bisher fremde Rahmenbedingungen. Die Fremdheit ist aber ebenso in der kulturhistorischen Verschiedenheit gegenüber den Menschen und Institutionen in den alten Bundesländern und in den entmutigten Reaktionen der von der Verlaufskurve Betroffenen gegründet.

Die Schilderung einer Verlaufskurvenerfahrung kommt hin und wieder in einer Darstellungsbesonderheit zum Ausdruck, die ich bereits erwähnt habe. Es handelt sich dabei um das Phänomen der Perspektivenveräußerlichung - also um eine Perspektivenveränderung im Erzählvorgang. In einem solchen Fall - ich erinnere hier noch einmal an das autobiographisch-narrative Interview mit Herrn Walter - werden die Ereignisse nicht länger aus der Perspektive des Ereignisträgers dargestellt. Der Erzähler schaut nun gewissermaßen aus einer verfremdenden Außenperspektive auf das zu berichtende Geschehen. Er kann sich mit der damaligen Ereignisentwicklung nicht identifizieren und sie hinsichtlich seiner aktuellen handlungsleitenden lebensweltlichen Orientierung nicht in seine Erlebnissphäre integrieren. Eindeutige Indikatoren für eine Perspektivenveräußerlichung werden uns immer wieder in autobiographischen Erzählungen ehemaliger Kriegsteilnehmer begegnen, deren Leben über weite Strecken von dem Bemühen um Schuldabarbeitung geprägt war oder noch ist. Ich verweise in diesem Zusammenhang noch einmal auf die groß angelegte internationale Forschung von Fritz Schütze zu den „Erfahrungen amerikanischer und deutscher Soldaten und

Kriegsbetroffener im Zweiten Weltkrieg, ihre Verstrickung in die Kriegsereignisse als Lebensphase, ihre Bedeutsamkeit für den weiteren Lebenslauf und ihre Auswirkungen auf den politisch-symbolischen Diskurs der heutigen amerikanischen und deutschen Gesellschaft", die er vor dem Hintergrund einer kollektiven Verlaufskurve in einem ersten Zugang[42] beschreibt.

In meinen bisherigen Ausführungen zum Konzept der Verlaufskurve dürfte deutlich geworden sein, dass die Markierer von Verlaufskurvenerfahrungen im Erzählvorgang für den Erzähler selbst die Chance beinhalten, sich dem engen Rahmen seines damaligen Erlebens und der Hintergründe für die damit einhergehenden Erkenntnisbarrieren allmählich bewusst zu werden. Andererseits kann es aber auch so sein, dass die durch das Verlaufskurvenpotential hervorgerufene Perspektivenverengung auch noch in der aktuellen Interviewsituation wirkt, wie wir das am Fallbeispiel Beyer gesehen haben. Herr Beyer wird sich der Verlaufskurvenindikatoren im Erzählvorgang nicht bewusst und erlebt daraufhin die Irritationen und Barrieren erneut.

42 Vgl. Schütze, Fritz, 1989: Kollektive Verlaufskurve oder kollektiver Wandlungsprozess. Dimensionen des Vergleichs von Kriegserfahrungen amerikanischer und deutscher Soldaten im Zweiten Weltkrieg. In: BIOS, Heft 1/1989; Seite 31-109.

Literatur

Becker, Howard, S.; Geer, Blanche; 1979: Teilnehmende Beobachtung. Die Analyse qualitativer Forschungsergebnisse. In: Hopf, Chr.; Weingarten, E.; (Hrsg.): Qualitative Sozialforschung; Stuttgart.

Bohnsack, Ralf, 1991: Rekonstruktive Sozialforschung. Eine Einführung in Methodologie und Praxis qualitativer empirischer Forschungsverfahren; Opladen.

Cicourel, A.; 1975: Sprache in der sozialen Interaktion; München.

Dreier, V.; 1994: Datenanalyse für Sozialwissenschaftler; München/Wien.

Eco, Umberto; 1990: Über Spiegel und andere Phänomene; München.

Frake, Charles O.; 1973: Die ethnographische Erforschung kognitiver Systeme. In: Arbeitsgruppe Bielefelder Soziologen (Hrsg.): Alltagswissen, Interaktion und gesellschaftliche Wirklichkeit; Reinbek bei Hamburg.

Friedrichs, Jürgen; 1973: Teilnehmende Beobachtung abweichenden Verhaltens; Stuttgart.

Garfinkel, Harold; 1973: Das Alltagswissen über soziale und innerhalb sozialer Strukturen. In: Arbeitsgruppe Bielefelder Soziologen; (Hrsg.): Alltagswissen, Interaktion und gesellschaftliche Wirklichkeit; Reinbek bei Hamburg.

Giordano, Ralph; 1987: Die zweite Schuld oder von der Last Deutscher zu sein; Hamburg

Glaser, Barney und Strauss, Anselm, 1967: The Discovery of Grounded Theory; Aldine (USA)

Glinka, Hans-Jürgen; 1992: Veränderungen im Erleben älterer Wohnquartiere bei ihren Bewohnern und die Orientierungsrelevanz ortsgeschichtlicher Erinnerungen - Kollektive und biographische Bedingungen und Prozesse. Dissertation; Kassel.

Glinka, Hans-Jürgen; 1993: Ein „Fall" in der Sozialen Arbeit und seine Transformationsstrukturen - Interaktionsprozesse und Interaktionsgeschichte zwischen Klientel und Sozialpädagogen/Sozialarbeitern.

Glinka, Hans-Jürgen; Jakob, Gisela; Olk, Thomas; 1994: Ehrenamt und Caritas - Eine biographieanalytische Untersuchung ehrenamtlichen Engagements innerhalb des Deutschen Caritasverbandes; Halle.

Glinka, Hans-Jürgen, 1994: Professionelles Handeln in der Sozialen Arbeit und seine Paradoxien; Kassel

Glinka, Hans-Jürgen; 1995: Orientierungs- und Wissensmilieus in der deutschen Hochschullandschaft. Ihre biographische, soziale und kulturhistorische Relevanz für Wissenschaftler aus den neuen Bundesländern in lebensgeschichtlichen Übergangssituationen vor und nach der deutsch-deutschen Wiedervereinigung; Forschungsantrag

Glinka, Hans-Jürgen, 1997: Veränderungen in den Orientierungsmilieus von städtischen Bewohnern - Eine biographie- und milieuanalytische Studie; Aachen.

Glinka, Hans-Jürgen, 1996: Innovationswerkstätten - Ein besonderer Lern- und Lehrort zur Hervorbringung erkenntnisgenerierender Verfahren für das professionelle Handeln in sozialen und pädagogischen Berufen; Kassel

Goffman, Erving, 1977: Rahmenanalyse - Ein Versuch über die Organisation von Alltagserfahrungen; Frankfurt.
Kallmeyer, Werner; Schütze, Fritz; 1976: Konversationsanalyse. In: Wunderlich, Dieter (Hrsg.): Studium Linguistik, Heft 1.
Kallmeyer, Werner; Schütze, Fritz; 1977: Zur Konstitution von Kommunikationsschemata der Sachverhaltsdarstellung; Bielefeld.
Mead, G.H.; 1968: Geist, Identität und Gesellschaft; Frankfurt.
Mitscherlich, Margarete und Alexander; 1967: Die Unfähigkeit zu trauern - Grundlagen kollektiven Verhaltens; München/Zürich
Oevermann, U.; Allert, T.; Konau, E.; Krambeck, J.; 1979: Die Methodologie einer objektiven Hermeneutik und ihre allgemeine forschungslogische Bedeutung in den Sozialwissenschaften. In: Soeffner, H.G.; (Hrsg.): Interpretative Verfahren in den Sozial- und Textwissenschaften; Stuttgart.
Riemann, Gerhard; Schütze, Fritz; 1987: Some Notes on a Student Research Workshop on Biography Analysis, Interaction Analysis and Analysis of Social Worlds. In: Hoerning, E.; Fischer, W.; Newsletters No. 8 (Biography and Society).
Schnell, R.; Hill, P.B.; Esser, E.; 1993: Methoden der empirischen Sozialforschung. München/Wien.
Schütz, Alfred; 1971: Gesammelte Aufsätze, Bd. 1: Das Problem der sozialen Wirklichkeit; Den Haag.
Schütze, Fritz; 1975: Sprache soziologisch gesehen; München.
Schütze, Fritz, 1984: Professionelles Handeln, wissenschaftliche Forschung und Supervision. In: Lippenmeier, N. (Hrsg.): Beiträge zur Supervision, Bd. 3, Kassel
Schütze, Fritz, 1987: Symbolischer Interaktionismus. In: Ammon, U. u.a. (Hrsg.): Sociolinguistics - Soziolinguistik; Ein internationales Handbuch zur Wissenschaft von Sprache und Gesellschaft; Berlin/New York.
Schütze, Fritz; 1987: Die Rolle der Sprache in der soziologischen Forschung. In: Ammon, U. u.a. (Hrsg.): Soziolinguistik - Ein internationales Handbuch zur Wissenschaft von Sprache und Gesellschaft; Berlin/New York.
Schütze, Fritz; 1987: Das narrative Interview in Interaktionsfeldstudien 1; Studienbrief für die Fernuniversität Hagen.
Schütze, Fritz; 1988: Professional Schools: ein Entwicklungspotential für die Zukunft der GhK? 8. Gießhausgespräch (hrsg. vom Präsidenten der Gesamthochschule Kassel); Kassel.
Schütze, Fritz; 1989: Kollektive Verlaufskurve oder kollektiver Wandlungsprozess - Dimensionen des Vergleichs von Kriegserfahrungen amerikanischer und deutscher Soldaten im Zweiten Weltkrieg. In: BIOS, 1/89
Schütze, Fritz; 1991: Biographieanalyse eines Müllerlebens. In: Scholz, Th. H.-D. (Hrsg.): Wasser und Windmühlen in Kurhessen und Waldeck-Pyrmont.
Schütze, Fritz, 1992: Sozialarbeit als „bescheidene Profession“. In: Dewe u.a. (Hrsg.): Erziehen als Profession; Opladen.
Schütze, Fritz; 1994: Das Paradoxe in Felix` Leben als Ausdruck eines „wilden“ Wandlungsprozesses. In: Koller und Kokemohr; (Hrsg.): Lebensgeschichte als Text; Weinheim.
Schütze, Fritz; 1994: Ethnographie und sozialwissenschaftliche Methoden der Feldforschung. In: Groddeck, N.; Schumann, M.; (Hrsg.): Modernisierung Sozialer Arbeit durch Methodenentwicklung und -reflexion; Freiburg.

Schütze, Fritz; 1995: Das Erkenntnispotential der Chicago-Soziologie und des Symbolischen Interaktionismus für die Untersuchung von Modernitätserscheinungen in komplexen Gesellschaften. In: Bohnsack, Riemann, Schütze und Weymann: Die Chicago-Soziologie und die Modernität.

Strauss, Anselm; Fagerhaugh, Shizuko; Suczek, Barbara; Wiener, Carolyn; 1985: Social Organization of Medical Work; Chicago und London.

Strauss, Anselm; 1994: Grundlagen qualitativer Sozialforschung; München.

Turner, Victor; 1989: Das Ritual - Struktur und Anti-Struktur; Frankfurt am Main/New York.

Turner, Victor; 1989: Vom Ritual zum Theater. Der Ernst des menschlichen Spiels; Frankfurt a. Main/New York.